刑事法入門

[第2版]

木村光江 [著]

東京大学出版会

Introduction to Criminal Law and Procedure (2nd Edition)
Mitsue KIMURA
University of Tokyo Press, 2001
ISBN 978-4-13-032322-2

はしがき

　本書の初版が刊行されたのは約5年前，1995年であった．この年は，1月に阪神淡路大震災が発生し，3月に地下鉄サリン事件，警察庁長官狙撃事件が起こった．今から思えば，1995年はわが国にとって大きな曲がり角であった．初版の第1章は「安全神話は崩れたか？」という副題で，わが国が欧米諸国と比較し極めて低い犯罪率であることを示し，安全神話は崩れていないと書いた．たしかに，諸外国との相対評価で見れば，わが国は未だに「安全」である(本書2頁)．しかし，国内の犯罪状況は1990年，すなわち平成に入った頃から徐々に変わってきていた(本書3頁)．1990年から凶悪犯が増加に転じ，そして窃盗罪のような相対的に軽微な犯罪は，既に1970年代に「犯罪の増加の始まり」を迎えていた．1995年から2000年までの5年間は，この「犯罪の増加の始まり」がまさに目に見える形で現れた時期であったといえるであろう．

　企業社会においても，もはや「年功序列」「終身雇用」は崩れ，何事にも「自己責任」が問われる時代となった．戦後社会の終焉である．そして，1995年からの5年間で，犯罪の領域においても「戦後社会の終焉」が訪れた．これは，単に犯罪状況が悪化したというにはとどまらない．従来余りにもないがしろにされてきた被害者の権利が徐々にではあるが認められるようになり，また多くの特別法(児童買春等処罰法や不正アクセス禁止法など．第4章参照)が制定され，改正がほとんどなされてこなかった刑事法の世界にも「風穴」が空いた観がある．本書の改訂に当たっても，このような時代の変化をできる限り多く取り込むよう心がけた．

　初版以来の世の中の最大の変化は，インターネットの普及であると思う．改訂に当たっても，紙の書物にできることは何かを問い直さざるを得なくなった．本書の特色の1つは，視覚に訴える情報を多く提供することである．ただ，視覚情報のインパクトという点では，インターネットには太刀

打ちできない．そこで，「紙版」にしかできない武器は何かを考えた．インターネットの盲点は，情報過多，情報の錯綜・不整序である．そこで，本書では初版以上に「情報の整序」を心がけた．具体的には，第1章から8章までで刑事司法の全体像，第9章から12章までで犯罪の一般論，第13章以降で各犯罪類型の内容を示す構成とした．そして，各章冒頭にいわば「入り口」としての概要を示し，またより深く学ぶ際の手がかりとして，各章末尾に読書案内・HP案内を付した．

　本書の約200点に及ぶ図版，写真はほとんどがオリジナルであるが，転載許可をいただいたものも多い．とりわけ警察庁，警視庁，法務省，日本弁護士連合会，また長谷川町子美術館及び漫画家いしいひさいち氏には，写真や作品の転載につき，ご懇切なお取りはからいをいただいた．厚く御礼申し上げる．また，初版執筆に当たってお世話になった東京大学出版会の小山美和さんに加え，第2版では特に同編集部の角田光隆氏に多大のご尽力をいただいた．心より御礼申し上げる．

2001年1月

　　　　　　　　　　　　　　　　　　　　　　　　　　木村　光江

目次

はしがき

1 現代の犯罪と刑罰──戦後社会の終焉 …………………………………… 1

犯罪・刑罰・刑法(2) 現代の犯罪状況(2) 犯罪の増加の始まり(3)
検挙率の低下(5) 犯罪の「主役」(6) 裁判に係るのは「犯罪のエリート」(8)
刑法の改正(9)

2 現代日本の犯罪の具体像 ……………………………………………… 11

犯罪の地域的特色(12) 人は夜殺される──犯行時間(13) 年齢と犯罪(14)
性と犯罪(15) 寒いときには犯罪は少ない(17) 曜日と関係のある犯罪(19)

3 刑事司法の直面する課題 ……………………………………………… 21

暴力団犯罪(21) けん銃(23) 薬物犯罪(24) 来日外国人犯罪の増加(25)
外国人犯罪の特色(27)

4 犯罪被害者保護と刑事司法 …………………………………………… 31

被害者と刑事司法(31) 児童買春・児童ポルノ処罰法(33)
ストーカー規制法(35) 不正アクセス禁止法(36)

5 警察と検察 ……………………………………………………………… 41

犯罪捜査と警察組織(41) 捜査の端緒(44) 捜査の実行(45)
任意捜査と強制捜査(46) 物の押収・捜索(47) 検証と身体検査(49)
逮捕(49) 現行犯逮捕と緊急逮捕(51) 検察における捜査(53)
捜査と勾留(54) 代用監獄(55) 事件処理(55)

6 裁判所──刑事裁判はどのように行われるのか ……………………… 57

裁判の開始──起訴(57) 公判(60) 裁判所(62) 証拠調べ(64) 証拠法(65)
自由心証主義(66) 自白(67) 伝聞法則(67) 裁判の終局(69) 上訴審手続(69)

7 日本の行刑——現在刑罰はどのように執行されているのであろうか ……… 71

刑罰の種類(71) 日本の現行の刑罰(72) 法定刑と処断刑(73) 宣告刑(73)
執行猶予(74) 死刑の執行(75) 死刑を科す犯罪(76) 懲役，禁錮，拘留(76)
自由刑の執行(78) 仮釈放(78) 罰金と科料(79)

8 犯罪を犯した少年はどのように扱われているのか ……………… 83

少年の凶悪犯の急増(83) 戦後少年犯罪は増え続けてきた(84)
少年と少女(85) 少年に多いのは盗品等の罪(86) 少年非行の低年齢化(87)
少年法による処分(87) 刑事処分(89) 保護観察(90) 少年院(90)
少年法の精神(92) 少年法の改正(92)

9 刑罰と犯罪に関する考え方の歴史——なぜ人は人を処罰しうるのか ……… 95

近代日本の刑法理論(95) 近代ヨーロッパ刑法学の生成(96)
カント，フォイエルバッハ，ヘーゲル(98)
新しい犯罪現象と新派刑法学の登場(99) 日本の新派と旧派(101)
刑罰論の現代的意義(102) 相対的応報刑論(103)

10 犯罪とは何か——罪刑法定主義と犯罪理論 ………………… 105

罪刑法定主義——変化する原則(105) 民主主義と自由主義(106)
法律主義と事後法の禁止(107)
明確性の理論と実体的デュー・プロセス(108)
新しい罪刑法定主義の実現(109)
刑法解釈の特色——類推解釈と拡張解釈(109)
犯罪論体系の意義と役割——犯罪の「本質」(111)
ベーリングの三分説から構成要件の実質化へ(111)
現代の犯罪理論体系——犯罪の実質的要件(112)
構成要件と違法性・責任の関係(113)

11 構成要件要素——犯罪の骨格 …………………………… 115

構成要件の主要構成要素(115) 構成要件結果(116) 実行行為(117)
不作為犯(119) 因果関係(120) 相当因果関係説(121) 故意(123)
認識と結果のズレ(錯誤)(124) 抽象的事実の錯誤(126)

12 処罰を制限する事由と拡張する事由——阻却事由・未遂・共犯 ……… 129

違法阻却事由(129) 法令による正当行為(130) 業務行為(131)
正当防衛(133) 防衛のための行為と防衛行為の相当性(135)
緊急避難(136) 責任能力(137) 未遂犯(137) 共犯(139)
独立性説と従属性説(140)

13 生命・身体に対する罪——刑法で守るべき最も重要な利益 ……… 143

「法益」とは何か(143) 人の始まりと終わり(144)
殺人罪・自殺関与罪(147) 安楽死と尊厳死(147) 傷害罪(149)
遺棄罪(150)

14 事故と犯罪——過失とは何か ……… 153

事故死(154) 自動車交通事故(155) 医療過誤(157) 過失犯の理論(160)
新過失論(161) 不安感説(危惧感説)(162) 予見可能性の重要性(163)

15 刑法で保護される自由と名誉——私生活の平穏も刑法上の法益 ……… 165

監禁罪——身体の移動の自由を奪う罪（166） 逮捕・監禁の方法（166）
略取・誘拐罪（167）
未成年者略取・誘拐罪の被害者は親権者か未成年者本人か（168）
性的自由に対する罪（170） 住居の平穏（171） 刑法と「秘密」（172）
名誉毀損と報道（173） 信用・業務を害する罪（174）

16 財産犯の構造——犯罪の大半は財産に関するもの ……… 177

財産犯の分類(177) 領得罪と毀棄罪(178) 窃盗罪と強盗罪(179)
詐欺罪と恐喝罪(181) 横領罪と背任罪(182)
直接領得罪と間接領得罪(183) 利益も保護される(184)

17 現代的経済犯罪——詐欺，横領，背任 ……… 187

詐欺罪——新しい犯罪類型(188) 悪徳商法と刑罰(189)
騙す行為(「欺罔行為」)(191)
業務上横領罪と背任罪——地位がなければ犯せない犯罪(194)
不正融資——横領と背任の限界(195)

18 偽造罪——カード犯罪とその対策 ･････････････････････････ 199

偽造罪の構造(199) 通貨偽造罪の法益(200)
通貨の偽造・変造と模造(201)
有価証券偽造罪とテレホンカードの偽造・変造(203) 文書偽造罪(205)
文書偽造罪と名義人の承諾(206) 肩書きの冒用(207)
電磁的記録と文書(209)

19 社会秩序に対する罪——刑法が保護する社会秩序・道徳秩序 ･････････ 211

社会に対する罪の意義(211) 公衆の安全に対する罪(212) 放火罪(213)
耐火性建造物と焼損の意義(215) 往来を妨害する罪(217)
風俗秩序に対する罪(218) 賭博罪・富くじ罪(220)

20 賄賂罪——国家制度の侵害は国民の利益の侵害 ･････････････････ 223

国家の存立に対する罪と国家の作用に対する罪(223) 公務員犯罪(225)
賄賂罪の現状(226) 賄賂罪の構造(227) 社交的儀礼と賄賂(230)
ロッキード事件とリクルート事件(232)

❶ 現代の犯罪と刑罰
戦後社会の終焉

　犯罪とは，何であろうか．実は，厳密に考えると難しい問題である．それはまず国民の生活を脅かすものであり，禁圧すべき行為であるといえよう．しかし，禁圧すべき行為であっても処罰されない行為は数多くある．では，犯罪をより厳密に定義しようとするとどうなるのだろうか．刑法学の世界では，「刑罰の科されることが法律に定められた行為」という，形式的な定義から出発することになる．この，犯罪（とそれに対する刑罰）を定めた法が「刑法」である．刑罰を科すと法が定めた行為が犯罪であるとしても，いかなる行為をどのように処罰すべきかは，時代とともに動く．本章では，現在の日本の犯罪状況を概観し，現代における犯罪とは何かを探る．

2000.5.5（日経）

犯罪・刑罰・刑法

　刑法とは，犯罪とそれに対していかなる刑罰が科されるかを定めた法である．そして，そのような広い意味での刑法の中でも，主要な犯罪を定めた，まさに刑法の中の刑法が「刑法典」である．殺人罪や放火罪，強盗罪などの典型的な犯罪が規定されている．単に「刑法」と呼ぶときは，この刑法典を指すことも多い．明治40(1907)年に作られ，現在も妥当している．ただ，覚せい剤取締法のように，刑法典以外にも重要な犯罪行為を規定したものは多い．

> **一般刑法・特別刑法**　刑法典は，1条から72条に，具体的な各犯罪類型に共通する事項や刑罰に関する「総則」を置いている．そして，刑法8条は「この編の規定は，他の法令の罪についても，適用する」と定め，広く刑罰法規一般の総則的な規定であることを明らかにしている．そこで，刑法典のことを**一般刑法**ないし普通刑法と呼び，その他の刑罰法規を**特別刑法**と呼ぶ．特に近年は，数多くの重要な特別刑法の立法がなされ(→4章参照)，また実際の犯罪検挙でも特別刑法の占める割合は高い(特に覚せい剤取締法違反事件など→3章参照)．

現代の犯罪状況

　日本は治安の良い国と言われてきたが，最近のマスコミ報道を見ていると「本当にそうであろうか」との疑問が生じる事件が目立つ．たしかに20世紀後半の日本は，例えばG7諸国の中で，とびぬけて犯罪の発生する率の低い国だったといってよい．日本の1996年の犯罪率(人口10万人当

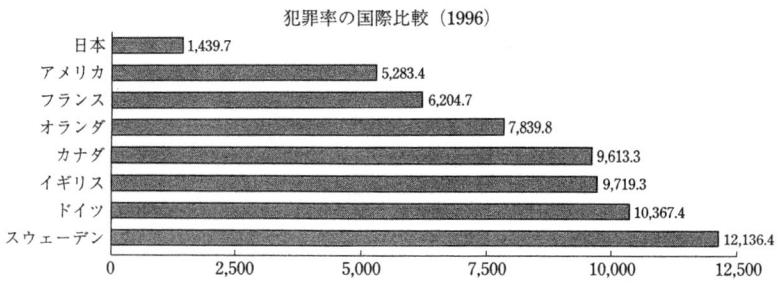

犯罪率の国際比較 (1996)

国	犯罪率
日本	1,439.7
アメリカ	5,283.4
フランス	6,204.7
オランダ	7,839.8
カナダ	9,613.3
イギリス	9,719.3
ドイツ	10,367.4
スウェーデン	12,136.4

たりの犯罪発生件数)は1,440であるのに対し，アメリカは5,283(ただし指標犯罪という重要犯罪に限った数)，イギリスは9,719，フランスは6,204，ドイツは10,367であった．スウェーデンに至っては12,136である(例えば強盗罪の犯罪率は，日本はイギリスの1/100だった)．そして，何より重要なのは，裁判所で有罪を言い渡される人の割合が，戦後一貫して減少し続けてきたことである．

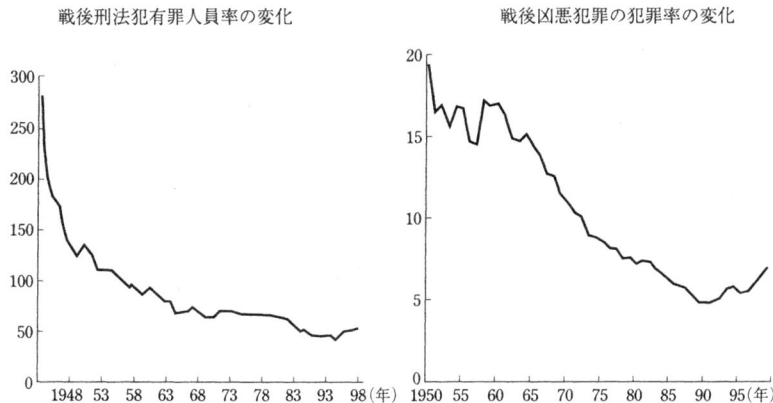

戦後刑法犯有罪人員率の変化　　　戦後凶悪犯罪の犯罪率の変化

犯罪の増加の始まり

しかし，実はバブル崩壊後，すなわち1990年代の日本社会は，犯罪状況に関してそれまでとは全く異なる動きを開始していた．有罪人員率も，極端な形ではないが，90年代に増加に転じている．もっとも，この程度の増加はこれまでも見られなかったわけではなく，「流れが変わった」とまでは言い切れなかった．

しかし，凶悪犯(殺人，強盗，強姦，放火)の犯罪率の変化は，戦後の犯罪状況が方向転換したことをはっきりと示している．犯罪率は，有罪人員率より早く社会の動きに反応する．有罪が確定するまでに一定の時間がかかるからである．そして，裁判にかかるのは発生した犯罪のごく一部，主として重大な犯罪に限られるという事実が重要である．軽微な犯罪は，裁判所に来る前にふるい落とされていく．一方，凶悪犯罪はかなりの部分が起

訴されて裁判を受けるので，実際の犯罪の変化と有罪人員率とが近似した変化を示すことになる．

　しかし，もう少し厳密に見ると，刑法犯全体の状況も実は1970年代に転換期を迎えていたことがわかる．下図の全刑法犯の犯罪率の変化を見ると，実は犯罪が減り続けていたのは1970年代までで，刑法犯全体については80年以前から増加が始まっていたのである．なぜこのような時間的ズレがあるのかといえば，全刑法犯のグラフは刑法犯の中の圧倒的多数（約7割）を占める窃盗罪の動きに左右されるからである．つまり，窃盗罪は，凶悪犯などより10年以上早く増加を開始していたことになる．

　この変化は，失業率の推移とも連動しているが，高度経済成長の終わった時期から，窃盗罪は増加を始めていた．ただ，国民の意識の上では，万引きや自転車窃盗が増えても「さほど気にしなければならないほどではない」と考えられてきたのであろう．しかし，ここ一連の凶悪犯罪の増加は，明らかに日本人の犯罪に対する意識を変えようとしている．そして，犯罪状況の悪化をもたらした主たる原因は，少年犯罪と外国人犯罪と考えられる（→3章，8章参照）．

　ここ100年の統計を俯瞰してみると，昭和の末期が最も凶悪犯の少ない時代であったといってよい．明治時代は，刑法がかなり異なっていたので単純に比較できないが，犯罪の発生件数は，現在の10倍以上であった．その後，社会は安定し，大正から昭和初期にかけて，有罪人員の少ない治

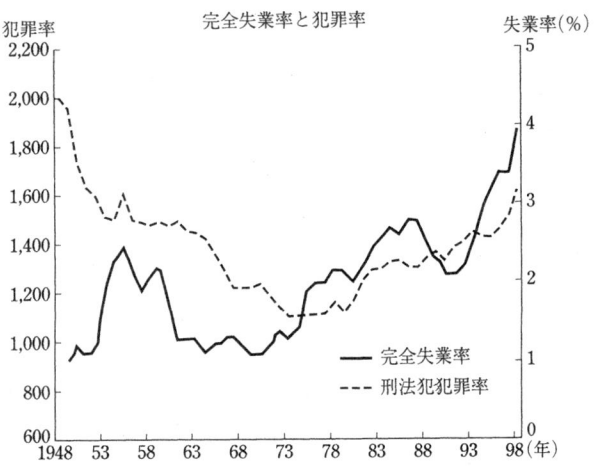

安の良い時代をむかえる．しかし，第2次大戦後の社会の混乱は，再び犯罪の多発をもたらした．そして，戦後日本社会の発展・安定とともに，犯罪の数は70年代に向かって徐々に減少していく．その後，前頁図に示したように，経済状況に敏感な窃盗などを中心に犯罪は増加に転じた．ただ，国民が治安の悪化を感じるような凶悪犯の増加は，つい最近までは見られなかったのである．その結果，昭和50年代以降の凶悪犯の少なさは，まさに近代日本の中で最も優れた水準に達した．しかし，平成に入り明らかに犯罪状況の流れは変わってしまった．刑事法の理論は，この新しい流れに対応するものでなければならない．

検挙率の低下

発生した犯罪として警察などが認識した事件が解決されることを**検挙**という（必ずしも犯人を逮捕するとは限らない→5章参照）．犯罪が発生したと認知された件数に対しての検挙された事件の割合を**検挙率**という．

現在の刑事司法を考える上では，犯罪率の上昇以上に，検挙率の低下が問題である（下図）．検挙率は，平成に入り窃盗罪を中心に著しく低下し，1988年までは60％前後であったものが，現在33.7％（1999年）となったことが注目される．ちなみに，1997年の主要国の刑法犯の検挙率は，アメリカが21.6％，イギリスが28.2％，フランスが29.5％，ドイツが50.6％

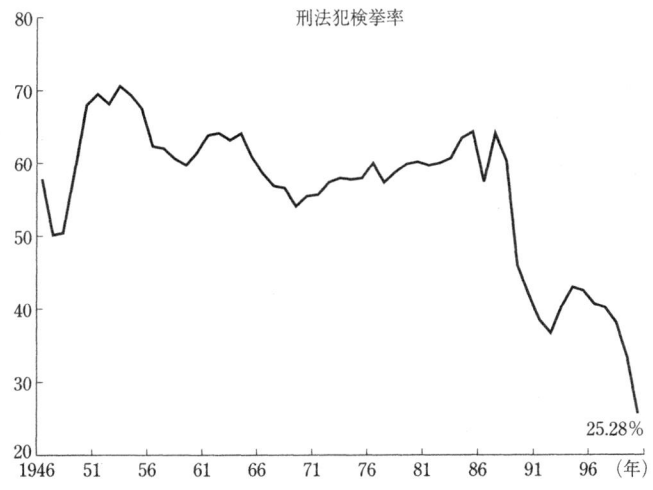

1 現代の犯罪と刑罰 5

である．平成12(2000)年前期の検挙率は25％台にまで落ちているので，「日本は検挙率の高い国」とはいえなくなった．この検挙率低下傾向は，必ずしも軽微な犯罪についてのみではなく，重大な犯罪にも見られることに注意しなければならない．犯罪が増える一方で，犯人が捕まらなくなってきているのである．

犯罪の「主役」

それでは，現在の日本においてどのような犯罪が，どれだけ発生しているのであろうか．もう一歩踏み込んで概観することにしたい．

現在の刑法典に定められた犯罪，すなわち刑法犯の認知件数の割合は，下図にあるように2つの犯罪で90％以上を占める．全体の1/4を占める業務上過失致死傷罪（業過）とは，意図的でなく不注意で人を死亡させたり怪我をさせたりする罪であるが，そのほとんどは交通事故に際しての死傷である．そして同図から，窃盗罪が刑法犯の中心であることがよく分かる．刑法犯の2/3が窃盗だからである．そして，この点は世界各国で共通に見られる傾向である．

それ以外の犯罪を見てみると，遺失物（占有離脱物）横領罪，詐欺罪，器物損壊罪，恐喝罪といった財産に関する犯罪（→16章参照）が上位を占める．住居侵入罪も，窃盗の際に犯されることが多い罪である．刑法の議論では，財産犯が主役であるといってよい．

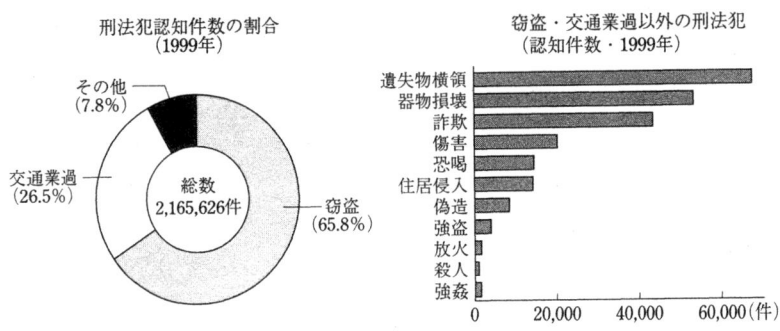

ただ，数の上では少ないものの，殺人，放火，強盗，強姦等の犯罪は重要である．これらの犯罪を「凶悪犯罪」と呼んで，特に統計上重視してい

る.

　特別刑法としては,実に多くの法規が存在するが,実際に機能している法規は一定のものに限られる.そして,道路交通法を中心とした交通取締法規違反の罪が圧倒的に多い(99年の送致件数は110万件余りである).その他ではいわゆるシンナーを中心とした毒・劇物関係,薬物関係,風俗関係が大きなウェートを占める(下図参照).そして,特別刑法のうち特定のもののみを「狭義の特別刑法」と称することがある.具体的には,六法全書の「刑法編」に掲載されている軽犯罪法,破壊活動防止法,暴力行為等処罰に関する法律,爆発物取締罰則,人の健康に係る公害犯罪の処罰に関する法律などのことで,自然犯・刑事犯的色彩の明瞭な刑罰法規を指す.

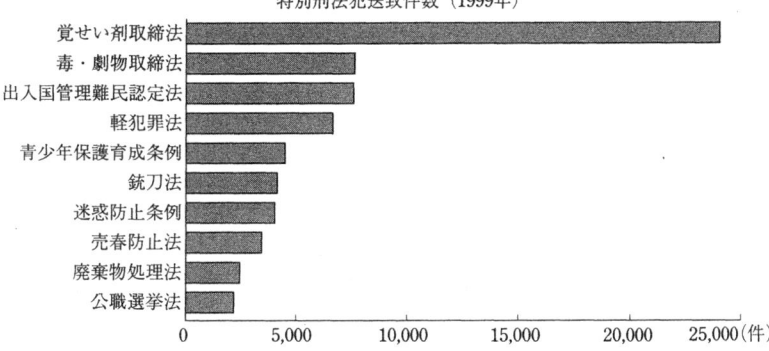

自然犯と法定犯　犯罪は,行為が有する反倫理性・反社会性が国民一般に認識されている自然犯(刑事犯)と,法規の定めに違反するが故に犯罪性・反道義性が生じる法定犯(行政犯)に大別されるとされてきた.前者は「それ自体の悪(mala in se)」を含む犯罪で,ほぼ一般刑法犯と狭義の特別刑法犯に対応するのに対し,後者は「禁じられた悪(mala prohibita)」としての犯罪で,その他の特別刑法犯を指すといえよう.

　しかし,国民の規範意識・道徳意識は流動するものであり,どの犯罪類型が自然犯かは判然としなくなってきている.たとえば,賭博や堕胎(共に刑法犯)の反倫理性は明らかだが,選挙犯罪や税務犯罪(共に行政犯)の反倫理性は国民の規範意識に根ざしていないといえるのであろうか.そこで,学説上も両者の区別の相対化が指摘されている.両者の差は,質的ではなく量的なものにすぎない.また,道義や倫理という面では重要性の低い行政犯であっても,国民生活にとって非常に重要な意義を持つものは多い.

裁判に係るのは「犯罪のエリート」

　日本の刑事司法システムにおいては，一般に犯罪と考えられるであろう行為のごく一部のみに正式な「犯罪」のレッテルを貼るにすぎない．下図に示したように，警察で検挙され，検察に送られ，通常の裁判にかけられる人員は，検挙人員の僅か17％にすぎない．

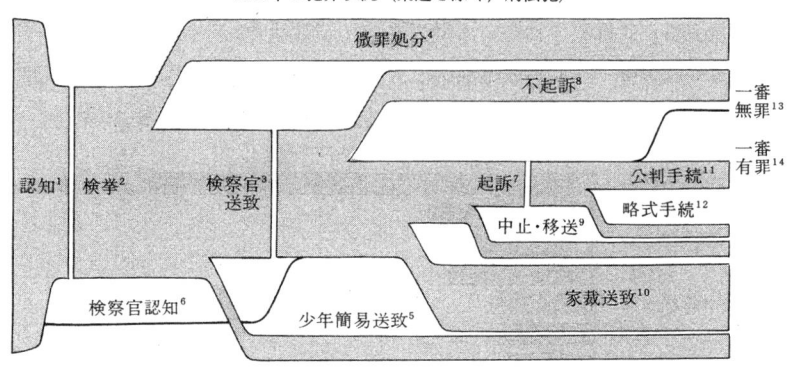

1999年の犯罪状況（業過を除く，刑法犯）

1：2,165,626件　2：731,284件（315,355人）　3：166,789人　4：85,244人
5：63,323人　6：3,677人　7：75,560人　8：51,630人　9：31,749人
10：142,790人　11：59,985人　12：15,575人　13：38人　14：40,864人

前田雅英『刑法総論講義(第3版)』参照．

　警察段階では，窃盗罪等特定の犯罪に限定されているが，軽微な犯罪行為を**微罪処分・少年簡易送致**として，処罰の対象から除外する形で決着が付けられる(検挙人員の38％)．さらに警察から検察庁に送られても，検察段階では不起訴という形で，殺人などの重要犯罪も含め多くの犯罪行為が刑事システムからふるい落とされていく(送致人員の21％)．

　このように，刑事事件の処理を，刑罰を科すことの有無，つまり有罪・無罪の判定に向けての通常の流れから離脱させて処理することを**ディバージョン**と呼ぶ．たとえば，①家庭内・学校内の非行を警察に届けず「叱る」だけで済ませるとか，②**微罪処分**，③**不起訴処分**などが挙げられる．

　微罪処分　犯罪事実が極めて軽微で処罰の必要がないことが明らかな場合に司法警察員の判断で事件を検察官に送らず，訓戒して処理することをいう．各地の検事正が指定した軽微な財産犯などに限って認められる．
　少年簡易送致とは，少年に関する微罪処分に相当するもので，事件が軽微

> で少年の性格などから再犯のおそれがなく刑事・保護処分の必要がないと認められる場合に，毎月一括して検察官に送致して簡便に処理することをいう．

　裁判の段階に至っても，犯罪の軽重などによって，手続はいろいろの形態がある．まず，略式手続が，軽微な犯罪の処理を中心に大きな役割を果たしている．簡易裁判所が，公判を開かず書面のみの審理による**略式命令**により，原則として50万円以下の罰金を科すことができる(刑訴法461条)．また，激増する交通事犯に対処するため昭和29(1954)年の「交通事件即決裁判手続法」で設けられた「即決裁判」は，交通事件についての簡易手続を定めたものである．さらに，少年事件の手続は，刑事裁判手続からはずれ，家庭裁判所で処理される(→8章参照).

> **即決裁判**　昭和37(1962)年には約40万件を処理し，重要な役割を果たしていたが，昭和43(1968)年から施行された「道路交通法の一部を改正する法律」で設けられた**交通反則通告制度**にとって代わられ，近時はまったく行われていない．交通反則通告制度は道路交通法違反の行為者に対し反則金の納付を通告し，その者が一定の期日までにこれを納付したときは，刑事訴追を行わないという制度で，刑事裁判の負担軽減のために導入されたシステムである．もっとも，反則を通告した件数は9,008,992件に及び(平成11(1999)年)，しかも反則金が現実的には刑罰的機能を営んでいることに注意しなければならない．
>
> **少年事件の刑事訴追**　検挙人員の実に47％は少年(20歳未満の者)である．ただ，少年に対しては，はじめから刑事訴追をすることは許されず，必ず家庭裁判所に事件を送致し(少年法42条)，保護処分の要否を判断する．家庭裁判所から検察庁に事件を送致して(いわゆる逆送)はじめて，刑事訴追が許される(少年法45条5号)．ただし，逆送は死刑，懲役，禁錮にあたる罪に限られ，しかも平成12年改正前には少年が16歳以上であることが必要であった．また，犯罪時に18歳未満であった者には死刑をもって処断すべき場合でも無期刑とする(少年法51条1項)．また，少年については，相対的不定期刑が認められている(少年法52条1項)(→8章参照).

刑法の改正

　日本の刑法典の重要な特色は，明治40(1907)年の制定以来全面的な改正

を一度も経験していないという点である．もちろん細かな改正はなされたし，大規模な改正の動きもあった．改正の動きとしては大正 10(1921)年にわが国固有の道徳，美風良習に鑑みての改正の必要性が問題とされ，併せて人身・名誉の保護の強化，刑事政策の改善が諮問された．その結果，「改正刑法仮案(総則)」が昭和 2(1927)年に，「同(各則)」が昭和 15(1940)年に完成した．しかし，このうち賄賂罪，失火罪等が現行刑法に取り入れられた以外は日の目を見なかった．

第 2 次大戦後，憲法の変化に伴い，治安維持法，出版法の廃止に加え，刑法典でも不敬罪などの条文の廃止を中心とした一部改正が行われたが，刑法の基本的部分はそのまま維持された．さらに，昭和 30 年代以降も凶器準備集合罪の新設や業務上過失致死傷罪の重罰化，電磁的記録関係の犯罪(コンピュータ関連犯罪)の創設など細かな刑法の改正がなされてきが，明治 40(1907)年の刑法典は現在まで維持されている．もっとも，昭和 31(1956)年に小野清一郎博士を中心に「刑法改正準備会」が結成され，昭和 36(1961)年には「準備草案」，同 49(1974)年には「改正刑法草案」が作成され，刑法の全面改正の動きが高まった．しかし，その内容に批判もあり，大幅な改正作業は停滞している．ただ，明治の法律のため，用語があまりにも古めかしく，平成 7(1995)年 4 月にその口語訳化の作業が完成した(その際に，尊属殺規定などが削除された)．このように，刑法をほとんど改正せずに対応することができたところに，日本の犯罪状況の特色があるといってもよい．

しかし，現代社会のめまぐるしい変化は，新たな立法を要求している．最近の買春等処罰法や，ストーカー防止法はその現れといってよい．刑法典に規定された犯罪行為についても，「情報」をいかに扱うのか等，新しい問題への対処が迫られている(→4 章参照)．

*読書案内　現在の日本の変わりつつある社会状況を，刑事法の視点から検討するという新しい視座を提起した読み物として，前田雅英・藤森研『刑法から日本をみる』(東京大学出版会，1997 年)がある．

* HP 案内　東京都立大学亀井源太郎助教授 http://www. and. or. jp/~kamei/ 刑事法全般につき，有益なサイトが数多く紹介されている．

各犯罪の発生率——低い県（1999年）

	全刑法犯	殺人	強盗	詐欺	強姦	放火	強制わいせつ
1	長崎	島根	山形	北海道	秋田	広島	大分
2	青森	山形	徳島	埼玉	山形	富山	三重
3	佐賀	青森	高知	和歌山	大分	愛知	群馬
4	島根	福島	岩手	佐賀	岩手	兵庫	静岡
5	山形	三重	鹿児島	兵庫	福島	佐賀	岡山
6	秋田	大分	愛媛	神奈川	熊本	岡山	愛知
7	石川	石川	長野	山梨	奈良	山形	福井
8	岩手	富山	鳥取	鹿児島	長野	長崎	岩手
9	鹿児島	宮城	富山	石川	佐賀	大分	宮城
10	富山	香川	福島	富山	福井	和歌山	佐賀

その地域的な特色は，殺人のように明確ではない．

また地域的特色として全刑法犯と相関性を持たないのが強姦罪である．和歌山や大阪など犯罪全体の発生率が高い県も含まれるが，宮崎，石川といった「安全」とされる県も高い発生率を示す．強姦罪は都市型犯罪ではないし，また単純に農村型犯罪ともいえない．さらに，強姦罪と類似した罪質と考えられやすい強制わいせつ罪の犯罪発生状況は，強姦罪とは全く異なり，大都市の周辺地域に目立つ．このように，犯罪の地域的特色は，犯罪類型によって全く異なるのである．

人は夜殺される——犯行時間

犯罪は，その種類によって，実行される時間帯が異なる．通常は，人々が活動している昼間に犯罪が多発するように考えられるし，実際にも詐欺罪などの知能犯は10時から16時に集中して発生する（1999年，認知件数）．横領罪や背任罪などもやはり昼間型の犯罪である．

それでは，殺人罪も人が活動している時間帯に主として発生するのかというと，そうではない．人は「夜」殺される確率が高いのである．殺人は，夕方6時過ぎから深夜2時までの間がもっとも多く，夜明けと共に減少する．

強姦罪は，常識的にも夜間に犯さ

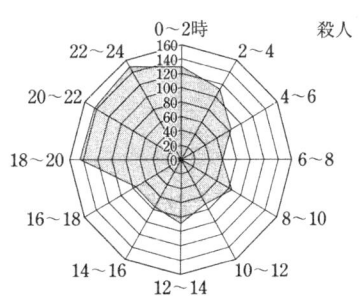

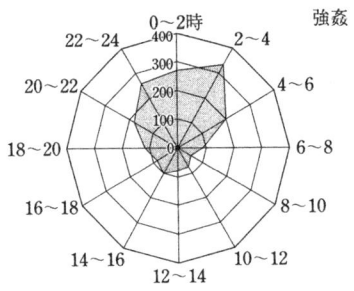

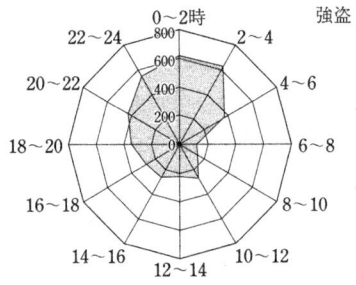

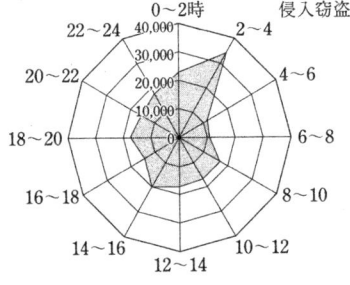

れる犯罪と考えられるが，実際，午前中はほとんど発生していない．そして，たしかに午後10時以降に多発するが，深夜の午前2時からの2時間に極端に集中している点が，他の犯罪類型には見られない強姦罪の特色である．午後8時頃までは，比較的被害は少ない．

強盗も夜型犯罪の典型である．銀行強盗などを念頭におくと，昼間の犯罪のようにも思われるが，午後10時から午前4時までの間に多発し，早朝はほとんど発生していない．

それに対して，窃盗の典型である侵入盗も夜型のように思われがちである．たしかに，早朝から昼時までは，犯される割合は低い．しかし，深夜と並んで，午後にも高い割合で発生している．

さらに，統計上，窃盗事件は週末に多発する傾向が見られるが，侵入盗はむしろウィークデーに多い．強盗も同じ傾向を示す．それに対し，強姦が最も多発するのは日曜日(それも午前2時過ぎ)である．

年齢と犯罪

少年の犯罪は，改めて詳しく説明するが(→7章)，わが国の犯罪の半数近くは，20歳未満の少年により犯されている．ここでは，成人における犯罪と年齢の関係を分析する．図は，各年代10万人(窃盗のみ50万人)当たり，年間何人検挙されたかをグラフ化したものである．まず，60歳以

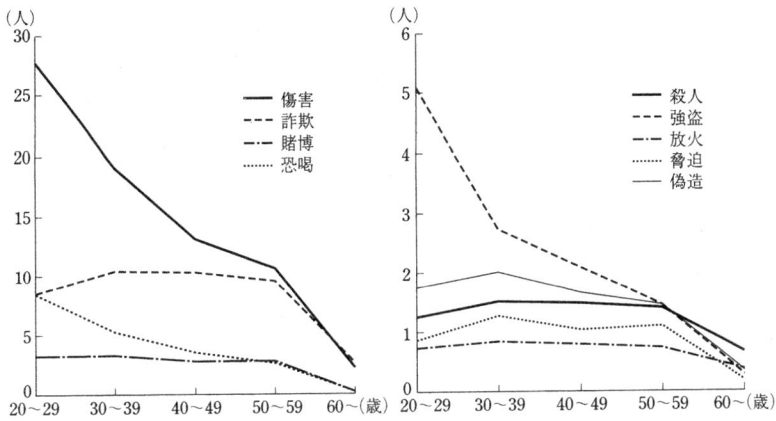

上の年代になると各犯罪共通に，犯罪を犯す割合が低下する．そして，強盗，恐喝，傷害のように，20歳代から高齢化するに従い，次第に犯罪を犯す率が減少する類型と，20歳代から50歳代まであまり差がない類型に大別される．

強盗は，最も明確に年齢と検挙人員率が逆比例する犯罪である（これに対し窃盗は，20歳代が最も多いが，40歳代，50歳代になってもかなりの割合で犯している）．そして，特に少年の率の高い犯罪類型である傷害，暴行，恐喝などの粗暴犯も若いほど犯しやすい罪である．これに対し，詐欺や賭博，放火等は，むしろ40歳代で犯す割合も相対的に高い．特に賭博罪は，中年以降の犯罪とすらいえる．また，殺人罪も，年齢に比較的影響されない犯罪といえよう．

性と犯罪

わが国では，女性が人口の半数以上を占めているにもかかわらず，検挙は全刑法犯人の約2割にすぎない．現在でも全体としては，男性の方が犯罪を犯す割合が高いことは疑いない．しかし，高度経済成長期は犯罪全体は減少する時期であったにもかかわらず，全検挙者中に占める女性の割合は倍増した．女性の社会進出と犯罪率の増加とは一概に結びつけられないが，傾向としては相関性が見られる．

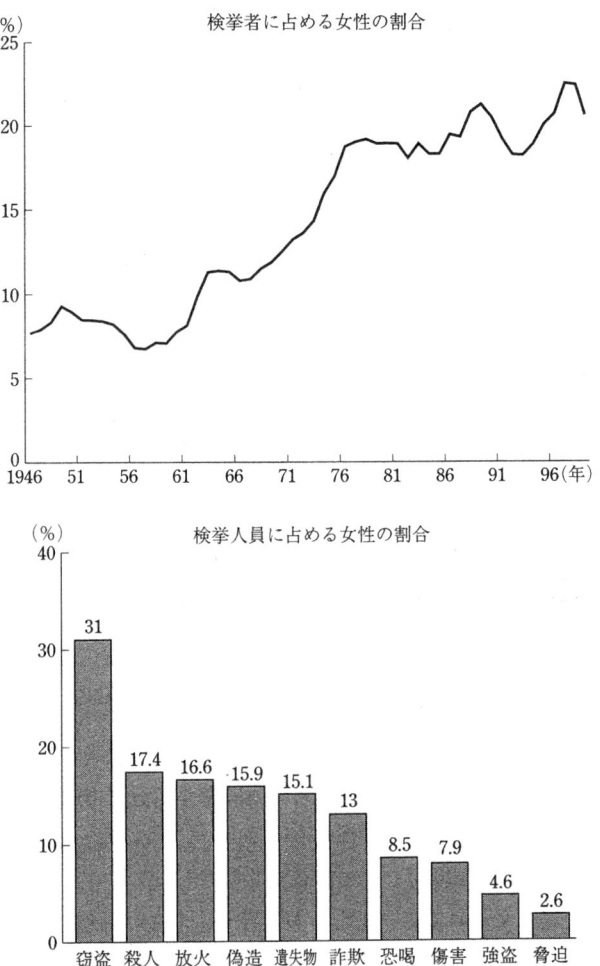

　女子の犯罪件数の絶対数は，男子のように広い増減の幅は認められないものの，戦後全体を俯瞰すると，男子は減少傾向にあるのに比し，女子は若干，増加傾向にあるといえよう．個々の犯罪についてみると，たしかに，嬰児殺のように，9割以上が女性の犯人である場合もないわけではないが，主要な犯罪類型についてみると，窃盗の31％が最も高く，殺人，放火，偽造がそれに続く．強盗罪や傷害・脅迫などの粗暴犯は少ない．問題は，少女の犯罪が急増した点にある(→8章参照)．

寒いときには犯罪は少ない

犯罪は，季節によってもかなりの変化を見せる．1994年と1995年の各月別の犯罪認知件数の平均値をグラフ化してみると，興味深い事実が明らかになる．

まず，刑法犯全体についてみると，1月，2月に最も発生数が少なく，7月から10月にかけて最も多くなる．春と秋はその中間である．夏型の犯罪の典型は，強姦罪と傷害罪である．特に強姦罪は，7,8月にピークがある．冬はかなり少ないが，1月には増える．傷害罪も冬に少なく，気候が良くなると多発する犯罪類型であるが，ピークが春夏秋に散っているところに特色がある．

殺人罪は，季節的な特色の比較的に少ない犯罪類型であるが，5月に多く，11月，12月に相対的に少ない．

これに対し，冬型犯罪の代表が放火罪である．1月にピークが見られる．ただ，4月にも多発期が存在することに注意しなければならない．放火罪にやや類似して，寒い時期に多いのが，強盗罪である．ただ，そのピーク

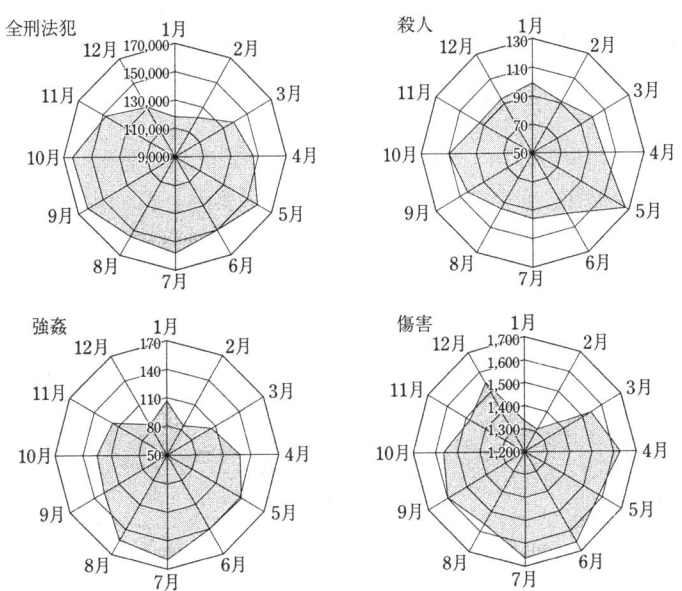

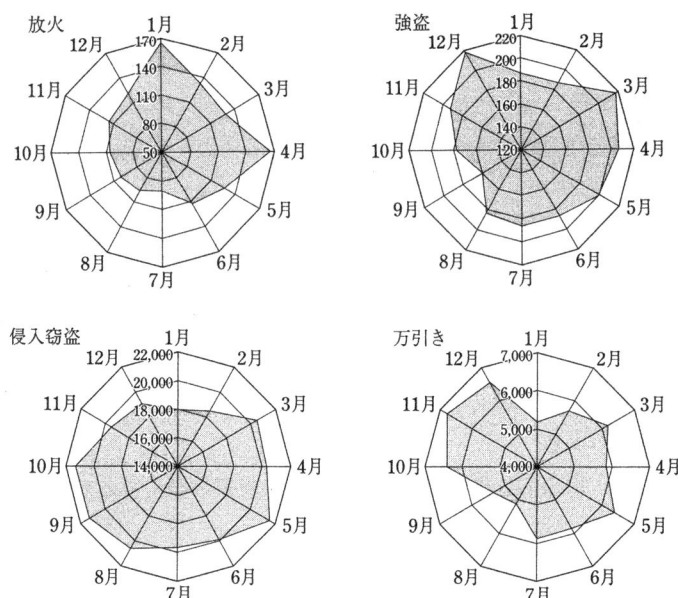

が，放火罪より1ヵ月ずつ早く，年末の12月と年度末の3月に最も多くなる．そこには，経済的な要因も推定される．

これに対し，窃盗は，その手口により若干異なる．侵入窃盗は，春と秋に多く，夏と冬に少ない．万引きのピークは，それより若干遅れる．そして，1月と8月にかなり減少する．

詐欺罪は，春に多い．そして，12月に極端に少なくなる．同じような動きは，賄賂罪にも見られ，特に3月と4月に集中する．

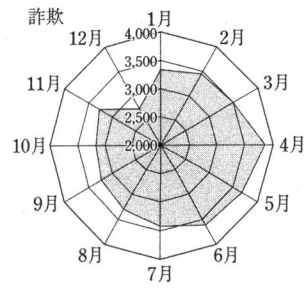
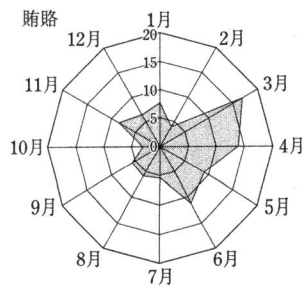

曜日と関係のある犯罪

　犯罪の発生は，曜日と関係があるのであろうか．刑法犯全体としてみると，金・土曜日の週末に多い傾向が見られる．殺人罪などは，曜日とは余り関係がないように思われるが，月，水，金が火，木より多いのは興味深い．放火や強姦も，曜日との強い結びつきは少ないように思われる．ただ，あえて指摘すれば，放火は日曜日に多く土曜日に少ない．強姦は，どちらかといえば週末に多いといえよう(1999年，認知件数)．

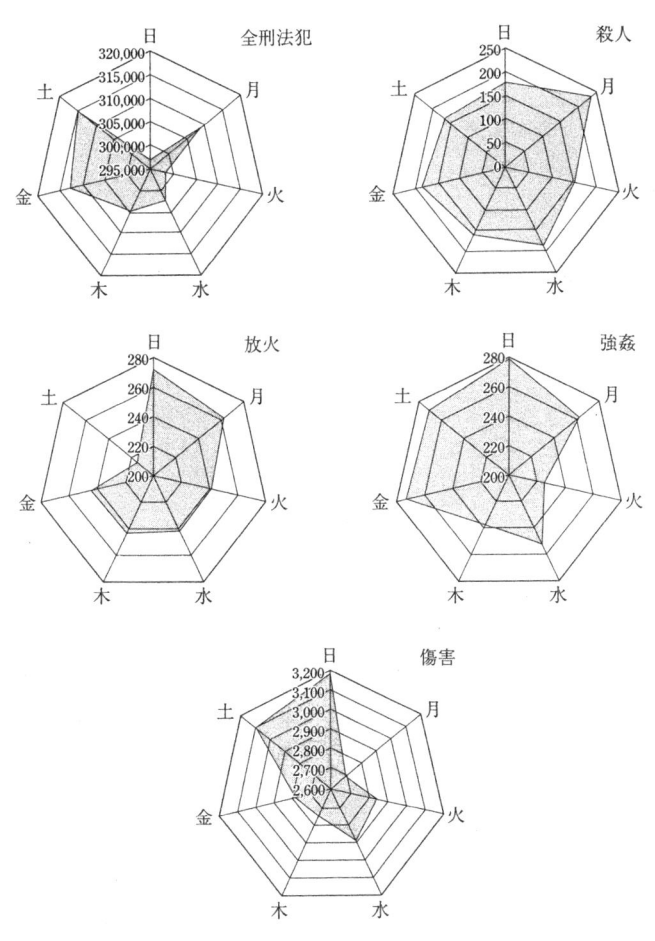

詐欺罪や偽造罪のように平日に犯す犯罪は，いくつか考えられる．横領罪や賄賂罪がその例である．これらは「平日型犯罪」と呼ぶことができよう．

　これに対し，土日に多い「休日型犯罪」の典型が傷害罪である．月曜日が最も発生数が少なくなるのである．

　窃盗は，手口により，侵入盗のような平日型と，万引きのような休日型に分かれる．強盗や詐欺も平日型犯罪であるが，侵入盗も併せ，週の始まりと週末が比較的，発生率が高い．

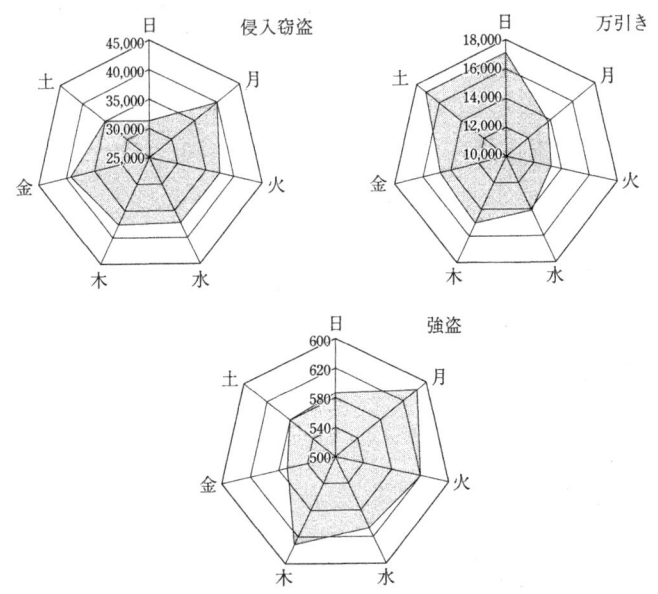

　＊読書案内　現在の日本の犯罪状況を最も客観的にみるには法務省法務総合研究所『犯罪白書』が適している．例年11月頃に改訂される．

　＊HP案内　警視庁 http://www.mpa.go.jp/ 法務省 http://www.moj.go.jp/ 最高裁判所 http://www.courts.go.jp/ これらのサイトでは統計資料も掲載されている．また，首相官邸のHP http://www.kantei.go.jp/ も各種の統計，白書についてのリンクが充実しており，官報の概要も見ることができる．

③ 刑事司法の直面する課題

わが国が現在直面する犯罪現象・犯罪対策として，近時特に問題となっているのが少年事件と被害者の保護である．現在，検挙人員の約半数が少年であり，少年による犯罪行為をいかに扱うかは極めて重要である（→8章参照）．一方，被害者の保護に関しても，「声なき被害者」が声を挙げたことにより，多くの立法，改正が現実のものとなってきている（→4章参照）．そこで，これら2点は個別に一章を設けて検討することとし，本章ではそれ以外の，従来，わが国の犯罪が直面してきた重大犯罪現象としての薬物犯罪，銃器犯罪，来日外国人犯罪をとりあげる．前二者はいずれも暴力団の主要な資金源となっている．そして，暴力団は現在でも依然として刑事政策の最重点課題である．

暴力団犯罪

わが国の犯罪現象・犯罪対策の主要な問題としての薬物犯罪，銃器犯罪，外国人犯罪には，「組織暴力団」の影が色濃く見られる．警察庁によれば，いわゆる暴力団に所属する者は，準構成員も含め83,100人と推定されている（1999年末現在）．これは，全人口の0.07％にすぎない．しかし，平成11（1999）年の全検挙人員中，暴力団員の占める割合は8.4％に上る．暴力団員はその他の国民の約130倍の割合で検挙されていることになる．しかも，この130倍という数値は，犯罪の過半を占める窃盗罪に関して暴力団員の占める割合が相対的に低い（一般の27倍）ことによるもので，殺人，傷害，強盗，強姦等の凶悪な

暴力団員の検挙の割合(1999年)	
競馬法違反	1,374倍
賭博	1,032倍
脅迫	878倍
覚せい剤取締法	663倍
恐喝	472倍
銃刀法	418倍
殺人	354倍
詐欺	350倍
売春防止法	324倍
傷害	321倍
暴行	301倍
強盗	256倍
強姦	203倍
風営適正化法	130倍
放火	118倍
窃盗	27倍
全犯罪	130倍

犯罪に関しては，一般の200から300倍もの割合を示す．さらに，覚せい剤取締法違反に関しては600倍で，競馬法違反，賭博，脅迫に関しては約1,000倍の数値となる．まさに，「犯罪者集団」と呼ぶべき実態が見られる．

わが国では，永年にわたり暴力団対策を刑事政策の重要な柱とし，そして，平成3(1991)年5月「暴力団員による不当な行為の防止に関する法律（**暴力団対策法**）」が公布され（平成4年3月施行），暴力団の弱体化がめざされた．具体的には，一定の要件を満たす団体を公安委員会が指定し，その構成員の「みかじめ料」（一種の用心棒代）の要求などの不当な行為に対し中止命令等を出す権限を与えることにより，従来明確に犯罪とはならなかった行為につき，警察の関与を認めるものである．平成11年度中に2,275件の中止命令が出された（平成10年は1,900件で年々増加している）．

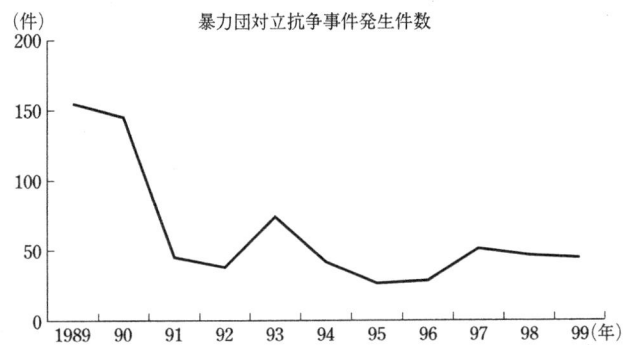

指定団体は平成12(2000)年現在25であるが，そのうち最も有力なものは，山口組，稲川会，住吉会の3つで，全構成員数の約7割を占める．

図は，暴力団対立抗争事件の発生数である．暴対法施行直後は沈静化も見られ，その後も増加傾向は見られないが，暴力団勢力（構成員・準構成員数）は平成9(1997)年から10(1998)年にかけて1.5％増加した．

最近の顕著な傾向として，暴力団員が金融・不良債権に関連した事件で検挙される例が増加している．特に目立つのが，競売入札妨害や強制執行妨害等である．暴対法の施行により，暴力団の資金源が金融事犯へと移行している状況が窺える．

けん銃

　暴力団と密接な関連を有するのが，銃器関連犯罪である．警察庁長官狙撃事件(1995年)や，八王子スーパー射殺事件(同年)のようにけん銃使用の凶悪事件がしばしば報道されている．国民に銃器に対する不安感が広がったことは否定できない．図に示したように，押収されたけん銃数のピークは平成7(1995)年であったが，近時は特に，暴力団員以外からの押収数が多い．一般市民の中に銃器が広まりつつあるのである．もっとも，銃器を使用した犯罪数そのものは，増加しているわけではない．しかし，銃器の危険性は他の凶器に比較にならない面を持つ．そして，欧米の治安状況の悪化は銃器犯罪によるところが大きいことを考えれば，銃器に対し徹底して厳しい態度で臨む必要がある．

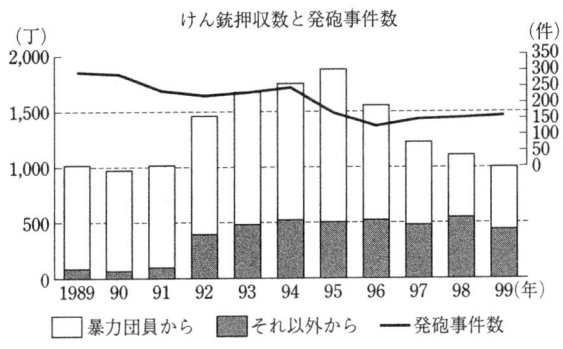

　平成5(1993)年7月に銃砲刀剣類所持等取締法と武器等製造法の一部を改正し，けん銃の所持や輸入行為の罰則を強化し，けん銃を提出して自首した場合の減軽措置を盛り込み，銃器を国民から遠ざけるための工夫がなされた．さらに，平成7(1995)年4月には，発射罪や実弾の所持・密売罪を新設し，銃器の摘発を容易にする新たな捜査方法を盛り込んだ法改正が行われた．発射罪は，人が傷つくおそれのある場所での発砲を，公共の安全を脅かすものとし，3年以上無期懲役の法定刑が定められている．弾丸の所持は5年以下の懲役となる．ただ，銃器の摘発に関しては，「泳がせ捜査」「おとり捜査」等の捜査手法の導入が重要な意味を持つ．

薬物犯罪

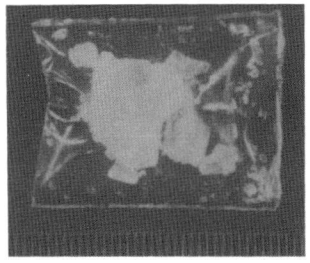
覚せい剤

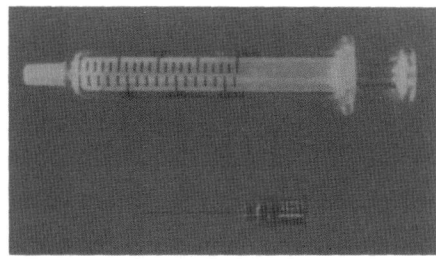
注射器

　昭和50年代以降，刑事司法の最大の課題は薬物犯罪と考えられており，最近でも平成5(1993)年以降覚せい剤事犯が増加傾向を見せ，平成10(1998)年の検挙人員は22,445人に達し，第3次覚せい剤乱用期と位置づけられている．他方，他の薬物事犯，すなわち，ヘロイン，コカインを中心とした麻薬取締法違反の事案も急増している．特に近時は，密輸量が大量になっていること，来日イラン人による薬物密売事件が多いこと，暴力団が関与している場合が多いこと，初犯者の割合が増加し，乱用者のすそ野が広がっていることなどの問題が指摘されている．また，シンナー等の有機溶剤乱用の検挙人員は，その約7割を少年が占める．

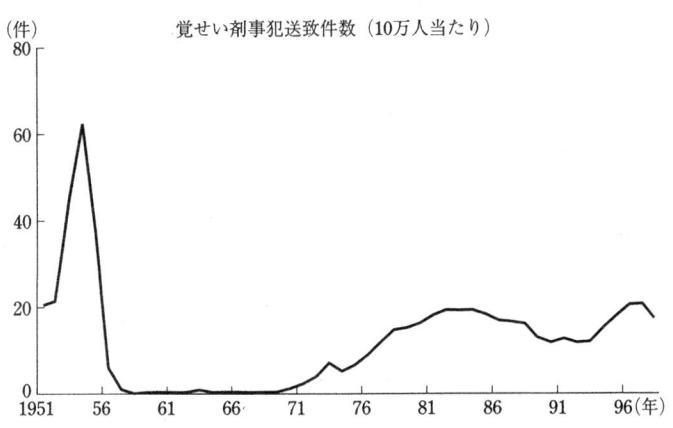
覚せい剤事犯送致件数（10万人当たり）

近年の麻薬・大麻事犯の増加，向精神薬を取締の対象にする必要性等から，平成2(1990)年8月から「麻薬及び向精神薬取締法」が施行され，さらに薬物に対する取締強化の国際的潮流の中で，「麻薬及び向精神薬の不正取引の防止に関する国連条約」を国内的に実施するため，いわゆる「麻薬二法(「麻薬及び向精神薬取締法等の一部を改正する法律」と「国際的な協力の下に規制薬物に係る不正行為を助長する行為などの防止を図るための麻薬及び向精神薬取締法等の特例等に関する法律」)」が平成4(1992)年7月から施行された．そこでは，けん銃の捜査にも採用されることになった「**泳がせ捜査(コントロールド・デリバリー)**」が認められ，**マネー・ローンダリング**の処罰が新設された．

> **コントロールド・デリバリー**　入国時に，違法な薬物を所持する疑いが判明しても，薬物犯罪の捜査に関しその者の上陸が必要である旨の検察・警察の要請があり，かつ監視体制が確保されているときに，上陸を許可することをいう．同様に，物の輸出入に際し，捜査に必要がある場合に薬物を通関させ，その移動状況を捜査することも含まれる．
>
> **マネー・ローンダリング**　薬物犯罪などの違法行為により得られた金銭を，一旦銀行などを経由することにより「洗浄」することをいう．麻薬二法では，薬物などに関する不正収益を，それと知って受け取ったり，その処分について事実を仮装したり，隠すなどの行為を処罰している．

来日外国人犯罪の増加

　平成に入り来日外国人犯罪が急増し，その傾向は現在も続いている．差別につながるような外国人排斥の議論は許されないが，逆に「捜査当局は外国人を差別的に逮捕している」という議論も誤りである．来日外国人の急増という事実を踏まえ，冷静な対処が要請される．イギリスやドイツのように，外国人犯罪による刑事司法の混乱が生じた後で，対策を考えるのでは遅いからである．

> **ドイツにおける外国人犯罪**　わが国の来日外国人犯罪の増加傾向と対比して参考にしておかねばならないのがドイツの状況である．1970年代に外国人労働者の流入とともに始まった外国人犯罪の増加傾向は，わが国の増加率よ

り緩慢なものであったが，1980年代に入ると，その勢いが加速し，現在では，実に検挙人員(全犯罪)の28.3%が外国人によって占められるに至っている(1996年)．そしてドイツ全体の犯罪率も急上昇し，1996年には8,125に達し，1970年の倍になった．また，ドイツの外国人犯罪が，偽造罪及び強盗・強姦・殺人等の凶悪犯罪に特に集中している点にも注目しておく必要がある．この傾向は，日本と全く同じだからである．

わが国の外国人犯罪は，平成に入り質的に大きく変化した．戦後一貫して外国人犯罪数は減少してきたが(例えば有罪人員は，人口の変化などを無視し絶対数で比較しても昭和30(1955)年の1/4に減少している)，増加に転換した．そして，従来はいわゆる定住外国人(80%以上が在日韓国・朝鮮人を主体とし，昭和20年代，30年代にはそれに加えて在日米軍関係が目立った存在であった)が中心であったのに対し，来日外国人が主役になり，殺人，強盗，強姦という凶悪犯罪及び偽造罪の割合が増加し，国籍も多様化した．

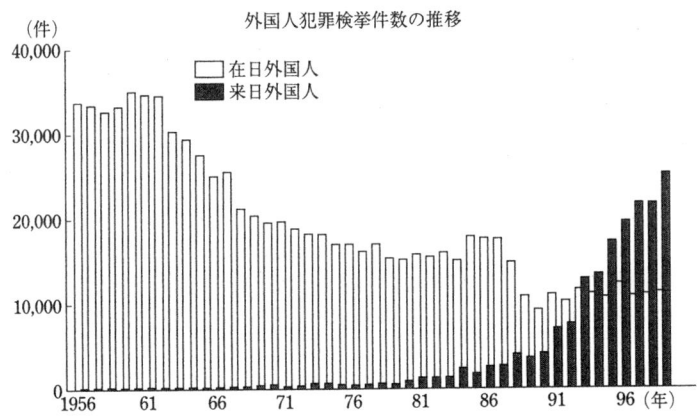

外国人犯罪検挙件数の推移

わが国の1999年の来日外国人検挙人員は，警察庁の統計によれば，刑法犯5,963人(特別刑法犯7,473人)で，それぞれ日本人を含む全検挙人員の1.9%(11.8%)を占めている．来日外国人検挙人員は1989年は2,989人(1,629人)であったものが，この10年間でそれぞれ2.0倍，4.6倍に増加した．そして，1980年には全外国人検挙人員9,647人中わずかに782人(8%)にすぎなかった来日外国人の割合が，1991年には9,606人中の

4,813人を占め過半数を超え，さらに1998年には9,291人中8,036人となり，86.5%を占めるに至った．しかも，来日外国人犯罪か否かは犯人を逮捕しなければわからないので，検挙率が低下している現在では，来日外国人による犯罪の増加は統計に現れた以上に激しいものと考えられる．さらに検挙件数では，平成元(1989)年と比べ実に5.4倍になっている(前頁図)．

外国人犯罪と刑事司法 このような来日外国人犯罪の急激な増加は，刑事司法制度の中では，まず通訳問題としてあらわれる．しかし，より根本的な問題は，「異なったタイプの被疑者・被告人」の増加による刑事手続の変形だといえよう．捜査の困難性・自白率の低さや，法廷での態度など，刑事訴訟に与えるインパクトは今後ますます拡大していくと思われる．平成11年には，地裁・簡裁の被告人73,402人中8,277人が外国人で占められ，東京地裁・簡裁にいたっては，11,161人中2,077人と18.7%を外国人が占める．捜査手法の変化をも含めた「新しい刑事司法のあり方」が要請されるように思われる．

外国人犯罪の特色

来日外国人による犯罪には目立つ特徴がある．平成11(1999)年の刑法犯

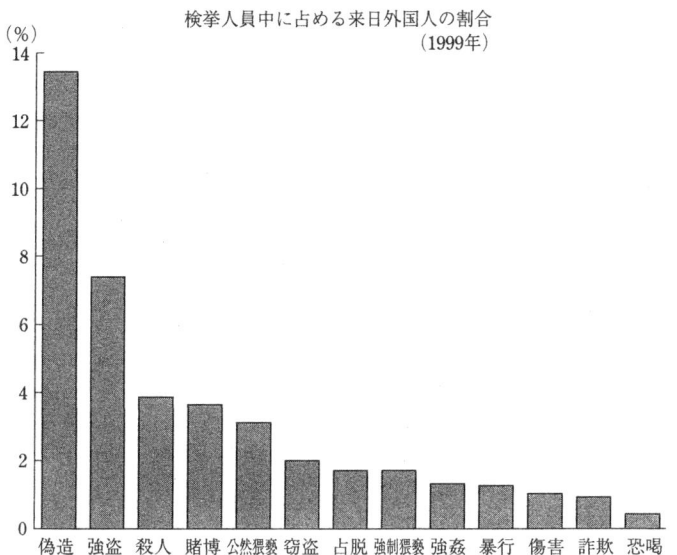

検挙人員中に占める来日外国人の割合 (1999年)

の総検挙人員は315,355人であり，来日外国人の5,963人はその1.9%にあたる．ところが，殺人罪の割合は3.8%，強盗罪は7.4%，偽造罪は13.4%を占める．この他，来日外国人の犯す割合の高い犯罪としては，遺失物等横領，強姦を挙げることができる．これに対し，恐喝罪や横領罪などは0.3%にすぎない．

　来日外国人が犯罪を犯す率を日本人のそれと厳密に比較をすることは，来日外国人の実数を知り得ないので不可能である．ただ，警察庁が来日外国人数を98万人(1992年)と推定しているので，それを基に，外国人が犯罪を犯して検挙される割合(10万人当たりの検挙人員)を日本人のそれと比較してみると，窃盗や放火，さらに賭博や暴行等は日本人と同じ割合で検挙され，詐欺は半分，恐喝は1/5にすぎないということが推測された．だが，偽造罪は約15倍の率で検挙されている可能性があり，強盗は8.5倍，殺人は7.4倍，強姦も2.4倍なのである．そして，凶悪犯の57%が不法残留者によって犯されたものであるという点も，注視しなければならない．1999年の統計において，来日外国人の刑法犯の検挙人員の多い国は，中国(台湾を含む)，ブラジル，韓国・朝鮮である(下図)．これらの国々で，検挙人員の75%を占める．

　ただ，中国や韓国の入国者数は非常に多いので，検挙数が多いのは当然である．そこで正規入国者10万人当たりの検挙人員数を算出してみると，非常に興味深い数値が得られる(次頁図)．まず，欧米諸国の「検挙人員率」はほぼ10前後で，全体の平均値110に比して著しく低い．そこで，

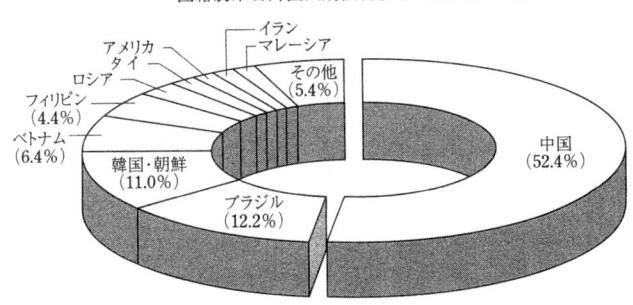

国籍別来日外国人刑法犯検挙人員 (1999年)

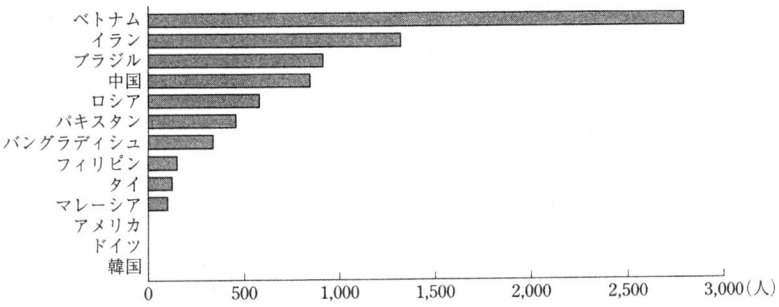

正規入国者10万人当たりの刑法犯検挙者数（1999年）

欧米の検挙人員率を1として各国の検挙人員率の比を求めると，日本で刑法犯を犯す割合の高い国々が浮かび上がってくる．高い倍率を示すのがベトナム，イラン，パキスタン，バングラディシュであり，それに次いでロシア，スリランカ，マレーシアである．これらの国々は，平成11(1999)年のみ高い数値を記録しているのではなく，ここ数年同様の傾向を示していることにも注目する必要がある．

この中でまず注目すべきなのは，英米等の280倍以上の率で検挙されているベトナムである．いかに，入国者数が実際の来日外国人数と同じではないといっても，これだけ他の国とかけ離れた数値が得られるということは，何らかの原因が存在するように思われる．ベトナム人の不法残留者数は850人前後と推定され，正規の入国者に対する比率が平均よりかなり高いことも，その際の重要なポイントだと思われる．今後の検討には，刑事政策の視点からのみでなく，社会学・社会政策学的な対応も要請されよう．

イラン，ブラジル，中国の数値も高いが，これらの国々も不法残留者の数が非常に多い．また，アジア諸国の中に混じってロシアの数値が高い点も注目に値する．ただこの中では，やはりイランが絶対数が多く，しかも1990年代に急増した点を重視しなければならない．そして，ごく最近の沈静化傾向及びイランに対しての査証等の扱いの変化と併せて考えると，入管の取り扱いが犯罪状況にかなり直接的に影響するように思われる．

　＊**読書案内**　来日外国人犯罪問題に関し，法廷通訳の諸問題に焦点を当てたのが

渡辺修他『外国人と刑事手続』(成文堂，1998年)である．法廷通訳の確保は裁判所にとっても悩みの種のようで，特に英，独，仏，スペイン語以外となると人材は極めて限られる．『法窓余話』(司法協会，2000年)129頁以下には，裁判官の通訳確保の苦労話が書かれている．戦後日本の外国人・日本人の犯罪組織の実態に迫ったノンフィクションとしてロバート・ホワイティング『東京アンダーワールド』(角川書店，2000年)がある．

薬物については，鈴木陽子『麻薬取締官』(集英社新書，2000年)がある．麻薬取締官の経歴を持つ医師という異色の著者によるもので，資料・統計も充実している．

＊**HP 案内**　ミシガン大学図書館　http://www.lib.umich.edu/libhome/Documents.center/foreign.html　諸外国の官公庁，法律関係のサイトが多数紹介されている．

④ 犯罪被害者保護と刑事司法

　　平成11，12年度は，極めて多くの刑事法関連の特別法が成立した．主要な法令だけでも平成11年5月に児童買春等処罰法，同年8月に不正アクセス禁止法，平成12年5月にストーカー規制法，刑訴法等の改正法，犯罪被害者保護法，児童虐待防止法等，まさに目白押しである．これらの特別法に共通するキーワードは，被害者保護である．そして，現代社会の犯罪現象を象徴するのがハイテク犯罪である．コンピュータ社会の到来と共に，それを利用した犯罪も社会に極めて重大な影響を与えるようになった．不正アクセス禁止法は，他人になりすましてのアクセスや安全網を破る侵入を禁止するにとどまるものではあるが，ハイテク犯罪に対処する第一歩をわが国もようやく踏み出したことになる．

被害者と刑事司法

　近時，犯罪被害者の保護をめぐる議論が急速な高まりを見せている．特に，行方不明者の家族がその捜索を警察に依頼したものの十分な捜査がなされず，結果的に被害者が死亡した栃木県の事件(1999年)や，ストーカー行為に悩まされていた者の訴えに対して警察の関与が十分なされず，結果的に被害者が死亡した埼玉県桶川の事件(同年)などが立て続けに発生し，「被害者の保護」が世論の大きな注目を集めた．また，交通事故で幼児を亡くした両親が，運転手に対する検察の不起訴処分を不服としてマスコミに訴え，検察審査会の起訴相当処分を経て有罪判決が出された事件(2000年)でも，起訴・不起訴の処分をはじめとした事件処理の経緯が被害者に説明されないなどの実態が，改めて問題とされた．

　このような社会情勢の中で平成12(2000)年5月に刑訴法等改正法(「刑事訴訟法及び検察審査会法の一部を改正する法律」)並びに被害者保護法(「犯罪被害者等の保護を図るための刑事手続に付随する措置に関する法律」)が成立，公布された．前者は，刑事手続における被害者保護の観点から，①性犯罪の告

訴期間の撤廃, ② 証人尋問の際に, 証人の負担を軽減するための諸措置(証人への付添い, 証人尋問の際の遮へい(衝立を置くなど), ビデオリンク方式による証人尋問(テレビモニターを介しての証人尋問等)), ③ 被害者等による公判廷での意見の陳述を規定した. また, 検察審査会法の改正では, これまで審査申立権者として認められていなかった被害者遺族を含むこととし, さらに申立人からの意見書等の提出を明文で認めることとした.

他方, **被害者保護法**は被害者等(「犯罪により害を被った者(＝被害者)」(1条)と, 被害者が死亡した場合や心身に重大な故障がある場合には「その配偶者, 直系の親族若しくは兄弟姉妹」を含む(2条))の被害の回復のための措置を定め, その保護を図ることを目的とする(1条). 具体的には, 被害者等又は被害者の法定代理人に対し, ① 公判手続の傍聴に際しての特別傍聴券の交付, ② 公判記録の閲覧及びコピーが認められるようになった. さらに, ③ 被害者と被告人との間で, 刑事訴訟の過程で示談が成立した場合, 被害者と被告人とが共同して和解の申立てをし, その内容が公判調書に記載されれば, その調書に民事上の和解と同等の効力を持たせることとした(強制執行が可能となる).

犯罪被害者給付金制度 従来法的になされてきた犯罪被害者保護の代表が, 犯罪被害者給付金制度(昭和55(1980)年, 平成13(2001)年改正の「犯罪被害者等給付金の支給等に関する法律」による)である. 本来的には加害者によりなされるべき損害賠償が, 加害者の無資力のために実現しない実態を受けて, 殺人, 重傷害などの遺族, 被害者に対し, 国が見舞金を支給する制度である. 平成13年改正により, 遺族給付金が引き上げられ(200万円〜1,079万円が, 320万円〜1,576万円となった), 被害者の障害給付金も引き上げられるとともに, 給付範囲が拡大された(傷害等級1〜4級までだったのが, 14級までとなった).

犯罪被害者支援 犯罪被害者保護が公的・法的な措置であるとすると, それに先駆けて, わが国でも主として民間ボランティアにより担われてきた犯罪被害者支援の活動があった. 犯罪被害者は, これまで「国家からも法制度からも忘れられた存在」であるとされてきた. しかし, 1990年代に入ると, 各地に犯罪被害者支援センターが開設されるようになる. 1992年に東京医科歯科大学に犯罪被害者相談室が設置され, 1995年に水戸, 大阪, その後石川, 北海道, 和歌山, 広島, 静岡, 京都, 北見, 愛知, 長野が加わった.

そして 1998 年にはこれらが「全国犯罪被害者支援ネットワーク」を結成している．また，被害者・遺族による自助グループとして，全国交通事故遺族の会(1991 年)，少年犯罪被害者当事者の会(1997 年)が結成されている(宮澤浩一他『犯罪被害者支援の基礎』(2000 年)66 頁以下)．さらに近年，警察による犯罪被害者対策も推進されるようになり，平成 8(1996)年に「犯罪被害者対策要綱」が制定された(『新版・警察の犯罪被害者対策』(2000 年)参照)．

修復的司法(損害回復的司法) 「忘れられた存在」としての被害者を刑事司法の中で積極的に位置づけ，被告人と被害者との間で謝罪・被害弁償がなされ，被害回復に関する和解が成立すれば刑事手続をうち切るとする考え方．わが国の近時の手続への被害者関与も，修復的司法の側面を持つ．ドイツでは 1994 年から，和解が成立した場合の刑の減軽，免除を認めている．しかし，国家による「公的応報」としての刑法の根幹を揺るがしかねない考え方であり，刑事法・民事法の限界も含めた大きな枠組みで検討する必要がある．

児童買春・児童ポルノ処罰法

　従来わが国においては「犯罪被害者」として認知すらされてこなかった存在が，児童買春，児童ポルノの被害児童であった．同法は，このような被害者の法的救済をめざすものである．児童買春・児童ポルノ処罰法は実質的には 2 つの側面をもつ．日本人による児童買春等に対する世界的非難に応えるという側面と，国内における「援助交際」と称される行為に対する価値観の変更を迫る側面である．1995 年以降は，戦後の自由放任・価値相対主義が大きく変革を迫られた時期であると解されるが，その 1 つの象徴が児童買春等処罰法の制定である．

　児童買春・児童ポルノ処罰法(「児童買春，児童ポルノに係る行為等の処罰及び児童の保護等に関する法律」)は平成 11(1999)年 5 月に成立し，11 月から施行された．本法は，わが国が児童ポルノの輸出国であり，児童買春ツアーをアジア諸国に送り出す加害国として，国際的に厳しく批判されてきたことを受け，超党派の議員立法として成立した．① 児童買春の罪，② 児童ポルノの規制，そして ③ 児童買春・児童ポルノに関連した人身売買等の罪を規定する．対象となる児童は 18 歳未満の者である．立法の契機はア

> **児童買春処罰法案 成立へ**
>
> **海外の行為も対象**
> **今国会、超党派で議員立法**
>
> 援助交際が社会問題化する中、十八歳未満の子供に金銭を払って性行為をするなどを禁じた児童買春処罰法案が、与野党の賛成による今国会で成立する見通しとなった。自民党など超党派でつくる児童買春問題勉強会が三十日、児童買春をした者を三年以下の懲役または百万円以下の罰金に処すことなどを定めた法案の中身について合意、三十一日にも議員立法として参議院に提出することを決めた。
>
> 法案の正式名称は「児童買春、児童ポルノに係る行為等の処罰及び児童の保護等に関する法律案」。行為を周旋した者も保護者に金銭的利益を与えた者もそれぞれ処罰対象となる。児童買春を周旋・勧誘した者は三年以下の懲役または三百万円以下の罰金。事業として周旋した場合は五百万円以下の懲役または罰金。
>
> 現在の売春防止法は売春をした者やさせた者を処罰対象としており、買う側の処罰を主目的とした初めての法規制となる。海外での行為も処罰対象で、東南アジアなどで批判の強い買春ツアーへの歯止めになりそうだ。
>
> 児童の対象年齢は十八歳未満とし、年齢を知らなかったことは処罰を逃れる理由にできなくなる。対象は児童の性器を触る類似の性的行為とその類似行為。児童に自己の性器を触らせる行為…など。国外での行為も処罰対象
>
> 「児童買春問題勉強会」であいさつする座長の山中貞則元文相（中央）＝30日午後、衆院第一議員会館
>
> 1999. 3. 31（日経）

ジアの児童を保護することにあった。しかし施行以来、現実には主として国内での児童買春、児童ポルノ事犯が処罰されている。

　① **児童買春罪**は、対償（金品、飲食等の利益）を供与し、またはその約束をして、児童に対し性交その他の性交類似行為を行うことをいう（4条．3年以下の懲役又は100万円以下の罰金）。児童本人の他、児童の保護者に対償を供与する場合も含む。さらに、児童買春の周旋（仲介行為．5条）、児童買春の勧誘（6条）も処罰される。「買春」行為は児童の意思に反して行うわけではないことから（意思に反せば強姦、強制わいせつとなる→170頁）、処罰すべきではないとの議論もあった。しかし、いかに「同意」があったとしても買春行為は児童を虐待するものであるとして処罰すべきであるとするのが本法の立法趣旨である。

　児童との性交・性交類似行為については、金品の供与の如何にかかわらず、従来各県の青少年保護育成条例において処罰の対象とされてきた。本

法は，そのうち金品の供与ないしその約束がある場合に限って処罰の対象としたものである（金品の供与のない場合には各条例の処罰対象となりうる）．

② **児童ポルノ**については，児童ポルノの頒布，販売，業としての貸与，公然陳列を処罰し（7条1項），それらの目的での製造，所持，運搬，輸入，輸出（同2項）を処罰する（3年以下の懲役又は300万円以下の罰金）．日本国民が，日本を経由することなく外国において児童ポルノを輸出入する行為も処罰される（同3項）．③ 買春の相手方や児童ポルノの対象として児童を売買する行為は，1年以上10年以下の懲役として重く処罰される（8条1項）．

児童ポルノについても，「表現の自由」の観点から処罰の対象とすべきでないとする主張もないわけではない．しかし，児童ポルノの作製自体，対象となる児童に対する重大な人権侵害に他ならない．

児童虐待防止法　平成12年5月に「児童虐待の防止等に関する法律」が成立し，同年11月から施行された．児童虐待は暴行罪，傷害罪，さらに強制わいせつ罪や強姦罪，また育児放棄は保護責任者遺棄に該当するが，実際には家庭内の密室で行われ発覚しにくく，「しつけ」との限界づけが困難であった．一方で，児童の保護は「児童福祉法」により規制されるべきだとの主張も根強かった．しかし，パチンコに熱中している間に自動車内の子どもが死亡したり，育児ストレスから子どもを虐待死させる事件などが頻発し，社会的にも注目を集め，児童虐待防止法の制定に至った．本法は，身体的・精神的傷害，わいせつ行為，監護を怠ることを児童虐待と定義して禁止し，教職員や医療関係者らに児童虐待を発見した場合の児童相談所への通告義務を課し，児童相談所が警察官の援助を求めることを容易にしている．さらに，刑法上の犯罪に当たる場合に，親権者であることを理由に処罰を免れることを認めない趣旨の規定も盛り込まれた．

ストーカー規制法

被害者保護の問題と密接に関連しつつ成立したのがストーカー規制法（「ストーカー行為等の規制等に関する法律」）である（平成12年5月成立，同年11月施行）．本法は，まず**つきまとい等**を規制の対象とし，それが反復された場合を**ストーカー行為**と呼ぶ（2条）．つきまとい行為とは，「特定の者に対する恋愛感情その他の行為の感情又はそれが満たされなかったことに対

する怨念の感情を充足する目的」で，特定の被害者自身やその家族等につきまとう行為をいう(2条1項)．恋愛感情に限定した点が特色で，マスコミ活動や組合活動，宗教活動に伴う行為などは規制の対象外となる．つきまとい行為は，待ち伏せる，立ちふさがる，見張る，住居に押し掛ける行為を始め，面会の要求や，連続して電話をかける行為，汚物等を送りつける行為，名誉を害する事項を告げる行為，性的羞恥心を害する文書を送りつける行為など幅広く認められている(同項)．

　本法では，ストーカー行為に対する警察・公安委員会の警告・禁止命令等に従わなかった場合の罰則の他，被害者の告訴により，警告等を経ずに直接処罰することも認められている(下図参照)．もちろん，当該行為が刑法上の脅迫罪，強要罪，暴行罪，名誉毀損罪，住居侵入罪などに該当する場合は，刑法犯として処罰される．

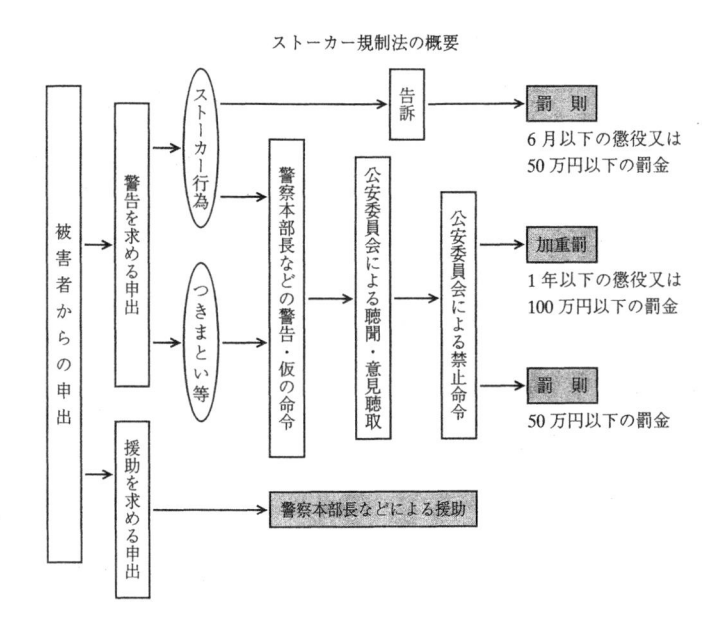

ストーカー規制法の概要

```
被害者からの申出 → 警告を求める申出 → ストーカー行為 → 告訴 → 罰則
                                                          6月以下の懲役又は
                                                          50万円以下の罰金
                  → つきまとい等 → 警察本部長などの警告・仮の命令 → 公安委員会による聴聞・意見聴取 → 公安委員会による禁止命令 → 加重罰
                                                                                                        1年以下の懲役又は
                                                                                                        100万円以下の罰金
                                                                                                      → 罰則
                                                                                                        50万円以下の罰金
              → 援助を求める申出 → 警察本部長などによる援助
```

不正アクセス禁止法

　現代型犯罪を最も象徴するのが，ハイテク犯罪である．ハイテク犯罪とは，一般に①コンピュータ犯罪及び②コンピュータ・ネットワークを介

した犯罪行為をいう．従来よりいわゆる①のコンピュータ犯罪として，コンピュータシステムの機能を阻害したり不正に使用するなどの行為が，刑法典上の処罰対象とされてきた(電子計算機使用詐欺罪(→181頁)，電子計算機損壊等業務妨害罪(→175頁)など)．しかし，近時はコンピュータ・ネットワークが個人レベルにまで広く普及し，それに伴い②のネットワークを介した犯罪行為が増大している．とりわけネットワーク上で直接不正行為が行われる類型の犯罪，例えばネットワーク上で他人を誹謗する文言を掲示する行為や，わいせつ情報を利用者がアクセス可能な状態に置く行為などが目立つ．

　これらの行為も，判例は刑法典上の名誉毀損罪やわいせつ図画公然陳列罪に該当するとして，処罰の対象としてきた．しかし，コンピュータ犯罪の最大の特色は匿名性であり，他人になりすまして犯罪行為を行うことが一般の犯罪に比べて格段に容易になる点が問題である．そこで，従来の刑法典で処罰の対象となる名誉毀損やあるいはコンピュータ使用詐欺行為により財産的損害が発生する以前の，不正アクセス行為(他人になりすましてアクセスする行為)自体を処罰する必要性が高まった．また，OECD参加国の中で，わが国のみが不正アクセス行為自体の処罰規定を欠いており，ハイテク犯罪の国際化と共に法の不備が問題となり，**不正アクセス禁止法**(「不正アクセス行為の禁止等に関する法律」)が平成11(1999)年8月に成立し，平成12(2000)年2月(一部につき7月)より施行された．

　本法が処罰対象とする不正アクセス行為とは，他人のID，パスワードを使用する等して他人になりすまして特定のコンピュータにアクセスする行為(3条2項1号)，並びにコンピュータシステムのアクセス制御機能による制限を免れてアクセスする行為(すなわちセキュリティー・ホールを突いて侵入する行為)(同2号，3号)に限られる．それ以外の，例えばアクセス権限を持つ者が権限外のアクセスをする行為等の無権限利用や，アクセス制御機能を侵害せずに不正にアクセスする行為は含まれない．すなわち，アクセス制御機能による利用制限の行われていないコンピュータに対する侵入行為は処罰の対象外となっている．

　本法施行後2000年末段階で，なりすまし型，セキュリティー・ホール侵入型併せて31件が検挙されている．

不正アクセスの態様

(1) なりすまし型(法3条2項1号)

　　他人の識別記号(ID・パスワード)を盗用

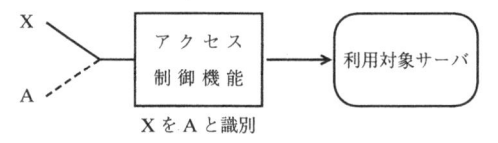

```
X
 \
  → [アクセス制御機能] → (利用対象サーバ)
 /
A
      XをAと識別
```

(2) セキュリティー・ホール攻撃型(法3条2項2号)

　　(利用対象サーバ自体にアクセス制御機能あり)

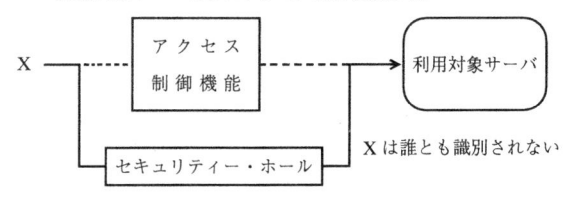

```
X ----- [アクセス制御機能] ----→ (利用対象サーバ)
            |
       [セキュリティー・ホール]   Xは誰とも識別されない
```

(3) セキュリティー・ホール攻撃型(法3条2項3号)

　　(利用対象サーバ以外のコンピュータに認証機能あり)

```
X →(利用対象サーバ)→ [アクセス制御機能] → (認証サーバ)
```

> **検挙事案の具体例**　テキサス州に設置されたオンラインゲーム運営会社のサーバに，会員のみに付された認識符号を無断入力して不正にアクセスした事例，インターネットサービス・プロバイダの正規会員でないのに会員の認識符号を無断入力してインターネットを利用できる状態にした事例，以前勤務していた会社の社内電子メールを盗み見るために，社員に付された識別符号を無断で入力して電子メールサーバに不正アクセスした事例などがある(檜垣重臣「ハイテク犯罪の現状と対策について」『自由と正義』2000年10月号26頁以下参照).

＊読書案内　児童買春・児童ポルノ処罰法に関しては，立法提案者の立場から森山眞弓『よくわかる児童買春・児童ポルノ禁止法』(ぎょうせい，1999年)があり，同法の問題点を指摘するものとして園田寿『解説児童買春・児童ポルノ処罰法』(日本評論社，1999年)がある．また，ストーカーについては岩下久美子『人はな

ぜストーカーになるのか』(文春文庫, 2001年)がある.

　犯罪被害者問題については, 犯罪被害者学会における長年の議論の積み重ねがある. 犯罪被害者学会の学会誌『犯罪被害者』はこれまでの議論の流れをつかむのに適している. また, 犯罪被害者の立場がいかに無力かにつき, 交通事故被害者の遺族の立場から訴えた書として, 二木雄策『交通死』(岩波新書, 1997年)がある.

　インターネットと法については指宿信・米丸恒治『法律学のためのインターネット2000』(日本評論社, 2000年)があり, 日本及び諸外国の法律関係のサイトの紹介も多い.

　＊HP 案内　法務省 http ://www. moj. go. jp/ 近年は各省庁が新立法を行う際, 各省庁のHPにおいて国民からの意見聴取をすることが多い. 本章で扱った犯罪被害者対策法なども, 法務省HPで意見聴取が行われた. 同サイト内には「犯罪被害者の方々へ」と題するコーナーもある.

　関西大学・園田寿教授 http ://w3. scan. or. jp/sonoda/ 不正アクセス防止法や児童買春等処罰法につき積極的な発言を行っており, これらの法律関係の情報が充実している.

❺ 警察と検察

　刑事司法の入口，犯罪の捜査を担うのが警察と検察である．捜査の多くは警察により開始される．そして，警察がさらに捜査すべきだと判断した事件について，検察官に送致する．検察官が捜査して処罰すべきだと判断した事件につき，裁判所に起訴する．そこから裁判が開始される．圧倒的な権力を持つ警察，検察に対し，他方の当事者である被疑者・被告人は一個人である．そこで，捜査に当たり人権の侵害をなくそうとする多くの規定が，刑事訴訟法により定められている．強制捜査に当たり裁判所による令状が必要とされるのは，その典型である．さらに近時，被疑者段階での国選弁護人制度について，導入に向けた動きが見られる．

犯罪捜査と警察組織

　わが国の犯罪のほとんどすべては，まず**警察**で取り扱われる．わが国の第一次的な犯罪捜査機関は警察なのである．捜査とは，犯罪を見つけだし被疑者を特定して，その者について裁判を提起するための準備行為の全体をいう．

　捜査機関の中心は警察官(司法警察職員)であるが，捜査の中心である**司法警察員**と，その補助者である**司法巡査**に大別される．ただ，わが国の警察組織は，各都道府県ごとの県(道府)警(地方公安委員会)の集合体で，それを統括する国家組織としての警

警視庁

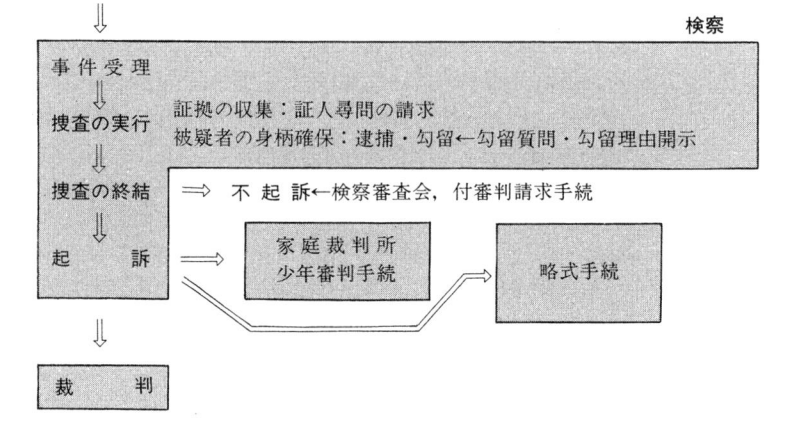

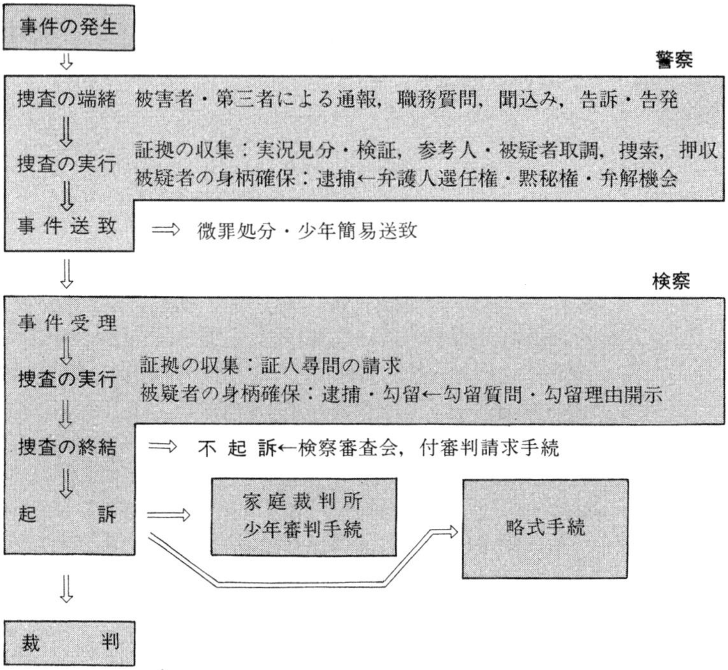

```
                                                                        警察
┌─────────┐
│事件の発生│
└─────────┘
    ↓
捜査の端緒   被害者・第三者による通報，職務質問，聞込み，告訴・告発
    ↓
捜査の実行   証拠の収集：実況見分・検証，参考人・被疑者取調，捜索，押収
             被疑者の身柄確保：逮捕←弁護人選任権・黙秘権・弁解機会
    ↓
事件送致   ⇒ 微罪処分・少年簡易送致
    ↓
                                                                        検察
事件受理
    ↓
捜査の実行   証拠の収集：証人尋問の請求
             被疑者の身柄確保：逮捕・勾留←勾留質問・勾留理由開示
    ↓
捜査の終結 ⇒ 不起訴←検察審査会，付審判請求手続
    ↓
起 訴  ⇒  ┌──────────┐     ┌──────────┐
           │家庭裁判所│     │略式手続  │
           │少年審判手続│   └──────────┘
           └──────────┘
    ↓
┌─────────┐
│裁   判  │
└─────────┘
```

警察庁機構図(2001年)

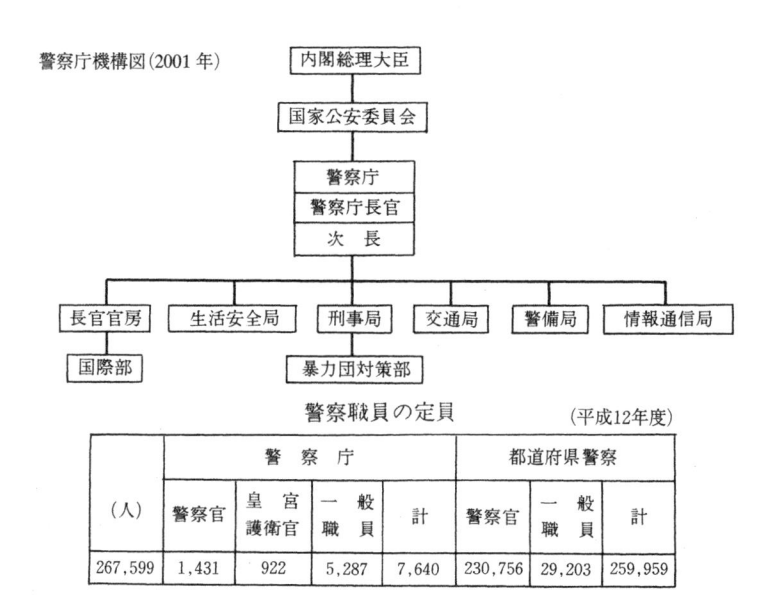

```
              内閣総理大臣
                  │
              国家公安委員会
                  │
                警察庁
               警察庁長官
                次 長
                  │
  ┌───────┬───────┼───────┬───────┐
長官官房 生活安全局 刑事局 交通局 警備局 情報通信局
  │                │
国際部          暴力団対策部
```

警察職員の定員 (平成12年度)

(人)	警察庁				都道府県警察		
	警察官	皇宮護衛官	一般職員	計	警察官	一般職員	計
267,599	1,431	922	5,287	7,640	230,756	29,203	259,959

警視庁の組織

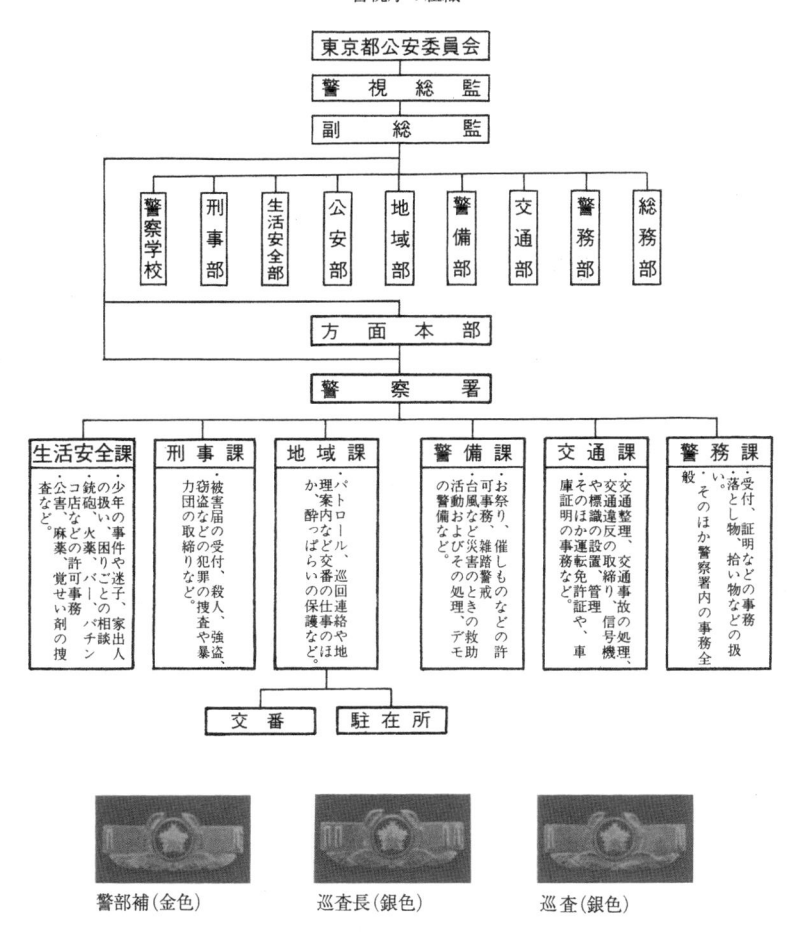

```
           東京都公安委員会
              警視総監
              副総監
┌──────┬──────┬──────┬──────┬──────┬──────┬──────┬──────┐
警察   刑事   生活   公安   地域   警備   交通   警務   総務
学校   部     安全   部     部     部     部     部     部
              部
              └──────┬──────┬──────┬──────┬──────┬──────┘
                        方面本部
                        警察署
┌────────┬────────┬────────┬────────┬────────┬────────┐
生活安全課 刑事課   地域課   警備課   交通課   警務課
```

生活安全課	刑事課	地域課	警備課	交通課	警務課
少年の事件や迷子、公害、麻薬、コバー、パチンコ店出入りなどの相談、銃砲刀剣類、火薬、覚せい剤、許可事務などの捜査公。	被害届の受付、殺人や強盗、窃盗などの犯罪の取締り、暴力団の捜査など。	パトロール、巡回連絡や地理案内、交番の仕事のほか、酔っぱらいの保護など。	お祭りや催しものなどの許可事務、雑踏警戒の活動、デモなどの警備、台風や災害時の救助などの処理。	交通事故の処理、交通違反の取締り、標識や信号機、ガードレールなどの設置、交通管理事務、運転免許証、車庫証明などの事務。	受付、落としもの、拾い物などの扱い。そのほか証明などの事務、警察署内の事務全般。

```
              ┌────┬────┐
              交番    駐在所
```

警部補（金色）　　巡査長（銀色）　　巡査（銀色）

察庁は，具体的な事件解決を行うわけではない．東京都の「県警」に相当するのが警視庁である．そして，警察組織はさらに縦に多くの層に細分化され，ピラミッド構造を形作っている．

　そして，種々の犯罪捜査は，主として政治犯・公安問題に関する**警備部**，一般刑事事件に関する**刑事部**，銃器や薬物，風俗営業などを対象にする**生活安全部**等により，一応の担当範囲が区別されている．

捜査の端緒

　捜査機関が捜査を開始するきっかけを**捜査の端緒**という．法的に特に制限があるわけではないが，人格の尊厳を害するような行為は許されない．被害者の届出(88.9%)が圧倒的に多く，その他，第三者の届出(7.9%)，警備会社からの届出(5.6%)，告訴・告発(4.1%)，さらに警察活動としての取調べ(4.1%)，職務質問(4.4%)，現認(0.2%)，聞込み(0.1%)等がある(1998年の実績)．

① 被害届：単なる被害の申告——これも捜査の端緒となる
② 告訴：被害者本人の捜査機関に対する処罰を求める意思表示
③ 告発：第三者が犯人の訴追を求める意思表示
④ 請求：請求権を持つ機関が捜査機関に犯罪事実を申告し訴追を求めること

　職務質問　捜査の端緒の中で，法的な問題が最も争われるのは，**警察官職務執行法2条**に基づく職務質問である．同法**2条Ⅲ項**は「身体の拘束」を禁じているが，不審者が呼び止めに応じないで立ち去ろうとした場合に何もできないというのでは，職務質問を認める意味がなくなってしまう．法が，「停止させて質問できる」と規定する以上，「職務質問を行うため停止させる方法として必要かつ相当な行為」であれば，身柄拘束にいたらない軽度の一時的拘束として許容されうる．

　また，職務質問の際に，どこまで**所持品検査**が許されるのかも，困難な問題である．国民個人が何を携帯しようと基本的には自由なはずで，**憲法35条**も捜索を受けない権利を認めている．これに対し，**警職法2条Ⅳ項**は，逮捕されている者につき凶器の有無を調べうる旨規定している．ただ，職務質問の実効性を高めるために，嫌疑の程度などに応じ必要な範囲で，一定の所持品検査は許されうる．重大な犯罪に関する濃厚な嫌疑が存在するような場合には，内容等についての質問を超えて，

自動車を検問する警察官(1995.4.13)
(毎日新聞社提供)

外部から軽く手を触れたり，内容の開示請求も許容されうる．

　職務質問の変形として，**自動車検問**がある．複数の警察官が一定の場所で通行者一般に対し職務質問をすることで，① 重大な犯罪の発生直後の緊急配備活動としての検問，② 道交法違反の取締目的の交通検問，③ 犯罪一般の予防・摘発のための警戒検問に大別される．特に，警戒検問は任意の協力を求める形で，自由を不当に制約することにならない方法・態様で行われなければならない．

捜査の実行

　捜査とは，公訴(裁判)を提起し，遂行するための準備行為一般であるが，重要なのは ① 証拠の収集と ② 被疑者の身柄確保(逮捕)である(ただし，多くの事件は，検挙した後も逮捕することなく在宅で取調べを行う)．

2つの捜査観　捜査の基本的な考え方に関し，捜査は国家機関たる捜査機関が行い，被疑者はその客体にすぎないという**糾問的捜査観**と，被疑者の防御権を重視する観点から，捜査の段階でも被疑者と捜査側は相対立する当事者として捉える**弾劾的捜査観**が対立する．前者は，捜査官が，有罪・無罪の証拠を含めて収集し事件の真相を明らかにするかわりに，被疑者を一方的に取り調べるものと考える．これに対し後者は，捜査機関と被疑者は原則として対等であり，事件の真相の解明は裁判所によるとする．しかし，この対立は「モデル論」であり，わが国の刑事訴訟法はいずれか一方の立場を徹底したものではない．効率的な捜査と被疑者の人権の調和のために，具体的な解釈が必要である．

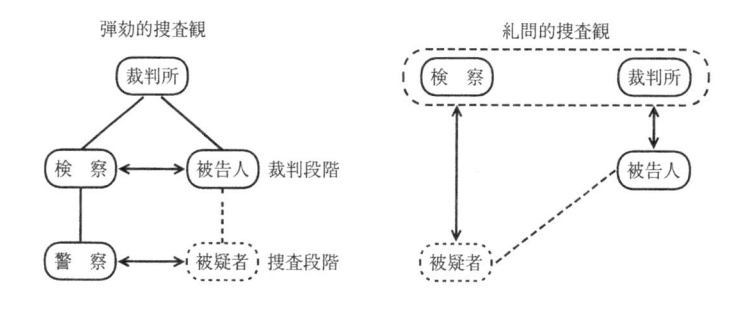

任意捜査と強制捜査

　捜査は，処分を受ける者の任意の同意を得て行う**任意捜査**と，処分を受ける者の同意の有無にかかわらず強制的に行う**強制捜査**に大別される．任意捜査の具体例としては，被疑者等への出頭要求，取調べ(198条)，鑑定などの嘱託(223条Ⅰ項後段)等，条文に規定されているものの他，聞込み，尾行，張込み，任意同行等が挙げられる．これに対し，強制捜査の典型例は通常逮捕，勾留，捜索・押収で，それぞれ裁判所の**令状**が必要となる．そして，現行犯逮捕，緊急逮捕，逮捕に伴う捜索・押収のように，令状なしで許される強制捜査も存在する．

任意捜査の限界　「任意」捜査だからといって，限界がないわけではない．被疑者の任意の取調べであっても，被告人を長期に宿泊させるなどして取り調べた場合は違法になる場合があり，**任意の同行**でも「実質上逮捕と同じ」であれば許されない．任意捜査でも「どの範囲で許されるのか」が問題なのである．判例は，捜査官の有形力の行使も，嫌疑の大小や質問の必要性，有形力の程度によっては，令状等がなくても，例外的に許されうると解している．そして，許される任意捜査の限界として最も問題になるのが**写真撮影**である．判例では，承諾なしに撮影されない自由(**憲法13条**)は認められるが，現行犯ないし準現行犯的状況下で，証拠保全の必要性・緊急性が高く，手段が相当であれば，許容されうるとされている．また，「令状があれば，いかなる強制捜査も許される」というわけではない．

被疑者の取調べ　被疑者を厳しく取り調べて証拠を集めるのは当然のことのように考えられがちであるが，①真実を歪める(虚偽の自白を誘発する)という危険と，②被疑者の人権が害されるという問題があるため，憲法上「何人も自己に不利益な供述を強要されない」という**黙秘権**が認められている(38条Ⅰ項)．

> **通信傍受法 15日に施行**
> **傍受状況パソコン表示**
> **全国に62台配備 報道は対象外**
>
> 2000.8.11（日経）

通信傍受 平成11(1999)年に「犯罪捜査のための通信傍受に関する法律」が制定され，強制処分の1つとして当事者の同意を得ないで行う電話（携帯，ファクシミリを含む）や電子メールの傍受・録音（記録）が認められることとなった．通信傍受はあらゆる犯罪に認められるわけではなく，薬物及び銃器の不正取引，組織的な殺人，集団密航に係る罪に限定される．そして，これらの犯罪が行われたと疑う十分な理由があり，かつこれらの犯罪に関する通信が行われるおそれがあり，さらに他の方法によっては捜査が著しく困難な場合に限って，裁判官の発する傍受令状に基づき実施される．

物の押収・捜索

　捜査機関は，犯罪の捜査をするにあたり必要があるときは，裁判官の発する令状（次頁参照）により差押，捜索又は検証をすることができる．**差押**とは，証拠物又は没収すべきと考えられる物の強制的な占有の取得であり，

捜索差押許可状	
被疑者の氏名及び年齢	東京都子　昭和34年3月23日生
被疑者に対する　傷害　被疑事件について、下記のとおり捜索及び差押をすることを許可する。	
捜索すべき場所、身体又は物	別紙捜索差押許可状請求書のとおり
差し押さえるべき物	別紙捜索差押許可状請求書のとおり
有効期間経過後は、この令状により捜索又は差押えに着手することができない。この場合には、これを当裁判所に返還しなければならない。有効期間内であっても、捜索又は差押えの必要がなくなったときは、直ちにこれを当裁判所に返還しなければならない。	
有効期間	平成 13 年 8 月 29 日まで

平成 13 年 8 月 22 日
　　　　東京簡易裁判所
　　　　　　　裁判官　　　町田一子㊞

請求者の官公職氏名　検察官 原田二郎　司法警察員 警部 佐藤三郎

身体検査令状	
被疑者の氏名及び年齢	東京都夫　昭和32年3月23日生
被疑者に対する　傷害　被疑事件について、下記の者の身体の検査を許可する。	
検査すべき身体	被疑者の身体
身体の検査に関する条件	
身体の検査を受ける者が正当な理由がなく身体の検査を拒んだときは、10万円以下の過料又は10万円以下の罰金もしくは拘留に処せられ、あるいは罰金と拘留を併科されることがある。	
有効期間	平成 13 年 8 月 29 日まで
有効期間経過後は、この令状により身体の検査をすることができない。この場合には、これを当裁判所に返還しなければならない。有効期間内であっても、身体の検査の必要がなくなったときは、直ちにこれを当裁判所に返還しなければならない。	

平成 13 年 8 月 22 日
　　　　東京簡易裁判所
　　　　　　　裁判官　　　町田一子㊞

請求者の官公職氏名　司法警察員　警部　佐藤二郎

防衛庁調達実施本部の背任事件での家宅捜索。東京地検の捜査に、地方などから数十人の応援検事が集められた＝98年9月、東京都港区赤坂の防衛庁で (2000.7.25)(朝日新聞社提供)

捜索とは，人の身体，物件又は住居その他の場所についての被疑者や証拠物などの発見のための強制的な処分である．被疑者にとって非常に重大な利益の侵害を伴う処分なので，捜索する場所及び押収する物を具体的に明示した，裁判所が発する令状なしには認められない．そして，具体的な被疑事実がありそれに基づいて対象が特定しているという意味での捜索押収の「必要性（理由）」が認められなければならない．なお，例外として，逮捕の場においては，令状によらない捜索・差押が認められる．

検証と身体検査

捜査官が直接自己の感覚作用により場所や物についてその性状などを認識し，強制的に証拠資料を得ることを**検証**という．死体を解剖したり，墳墓の発掘，物の破壊などの処分が許されており，令状が必要である（刑訴法218条Ⅰ項）．通常，**身体検査**は，物を発見するために着衣のまま外部から行う「身体の捜索」（刑訴法218条Ⅰ項，102条）を想起するが，狭義の身体検査は検証の一種である．体内まで調べるなどプライバシーの利益に深く関わるため，特に場所の指定，医師の立会等，適当と認められる条件を付けることのできる身体検査令状が必要とされる．血液・体液の採取も，検証として一定の要件の下で許される．鑑定の際にも，身体の検査が行われる（鑑定処分許可状）．

> **体液の採取**　飲酒運転の疑いのあるような場合に，**身体検査令状**（刑訴法218条）と**鑑定処分許可状**（同225条）を併用して採血が行われている．また，覚せい剤事犯等の捜査の際に強制的に採尿することができるかが争われたが，最高裁は①身体上，健康上の障害は少ないし，②精神的打撃も他の身体検査に比較して特に重大とはいえないとしてこれを認めたが，むしろ**捜索差押令状**を根拠とすべきであるとし，さらに身体検査と類似の性格を有するので身体検査令状を準用し，当該令状に「医学的に相当な方法によらねばならない」旨の記載が必要とされるとした．

逮捕

証拠の収集と並ぶ，捜査の重要な任務は，被疑者の身柄の確保である．身柄確保手段としての逮捕とは，被疑者の身体の自由を拘束し，引き続き

(別紙)

被疑者は，平成13年8月10日午前2時ころ，東京都八王子市南大沢1丁目1番地1−101号住宅内において，東京都夫(当43歳)に対し，金属バットで同人の両腕を数回殴りつけ，よって同人に対し，全治10日間を要する左右上腕部打撲の傷害を負わせたものである．

逮 捕 状 (通常逮捕)		
被疑者	氏　名	東京都子
	年　齢	41歳　　　昭和34年12月15日 生
	住　居	東京都八王子市南大沢1丁目1番1−101号
	職　業	会社員
罪　　　名		傷害
被疑事実の要旨		別紙のとおり
引致すべき場所		警視庁八王子警察署
有 効 期 間		平成 13 年 8 月 18 日まで

有効期間経過後は，この令状により逮捕に着手することができない．この場合には，これを当裁判所に返還しなければならない．
有効期間内であっても，逮捕の必要がなくなったときは，直ちにこれを当裁判所に返還しなければならない．

上記の被疑事実により，被疑者を逮捕することを許可する．
　　平成　13 年　8 月　11 日
　　東京簡易　裁判所
　　　　　　裁判官　　町田一子　印

請求者の官公職氏名	警視庁八王子警察署　司法警察員　警部　佐藤二郎
逮捕者の官公職氏名	
逮捕の年月日時及び場所	平成　年　月　日　午　時　分　　　　　　　　　　　　　　　　で逮捕
記 名 押 印	
逮捕の年月日時	
記 名 押 印	
送致する手続をした年月日時	
記 名 押 印	
送致を受けた年月日時	
記 名 押 印	

短時間の拘束を継続することである．**憲法33条**は，「何人も，現行犯として逮捕される場合を除いては，権限を有する司法官憲が発し，かつ理由となっている犯罪を明示する令状によらなければ，逮捕されない」としているが，この令状(逮捕状)を被疑者に示して行う逮捕を**通常逮捕**と呼ぶ．

　逮捕状が発せられるには，その者が罪を犯したと疑うに足りる相当な理由と，逮捕しなければ逃亡・罪証隠滅のおそれがあることが必要である．逮捕状には被疑者を特定するだけの必要な事項が記載されていなければならない(刑訴法200条Ⅰ項)．逮捕状は，ごく例外的な緊急な場合(緊急執行，201条Ⅱ項)を除いては，事前に提示して逮捕しなければならない．逮捕の際には，必要で相当な程度の物理力の行使はやむを得ない．逮捕した後には，①逮捕理由となった犯罪事実の要旨と，②弁護人選任権が告げられ，③弁解の機会が与えられる．そこで必要性があると認められると，検察に送るまで最大48時間の留置が認められる(刑訴法208条)．身柄を拘束された者は，立会人なしで弁護士と面接することができる(**接見**)．ただ，起訴前の段階では国選の弁護は認められておらず，実際上は，裁判以前の捜査段階における被疑者の権利保護が重要なので，いつでも弁護士に相談

できるよう，**当番弁護士制度**が全国の弁護士会で実施されている．

> **指名手配**　他の都道府県警に逮捕を依頼することを**指名手配**という．これに対し，容疑者及び捜査資料等について通報を求めるのみの相互協力は**事件手配**という．被疑者の引き渡しを求めず，事件の処理を委ねることは**指名通報**という．

> **被疑者の公的弁護制度**　当番弁護士制度が充実してきているものの，あくまで弁護士のボランティアに頼ったものであり，本来は被疑者段階での公的弁護制度が導入されることが望ましいとされている．司法制度改革審議会の意見書(平成13年6月)で被疑者段階での公的弁護制度の導入が示され，現在法整備作業が進んでいる．

8頁の図に示したように，検挙人員は約32万人で，うち約17万人が検察に送致され，15万人が微罪処分や少年簡易送致により，警察段階で放免されている．

手錠

接見室

現行犯逮捕と緊急逮捕

通常逮捕以外に刑訴法は2種類の逮捕を認めている．**現行犯逮捕**とは，現に罪を行い，または現に罪を行い終わった者を，令状なしで逮捕することで，一般人でも行える(刑訴法213条)．犯人であることが逮捕者に明ら

かで，誤認逮捕のおそれがなく，直ちに逮捕を許す必要性が大きいからである．犯人として追呼されているとき，盗品または明らかに犯罪の用に供したと思われる凶器その他の物を所持しているとき，身体又は被服に犯罪の顕著な証跡があるとき，誰何（すいか）されて逃走しようとするときには，現行犯人とみなされる（刑訴法212条Ⅱ項）．

　緊急逮捕とは，緊急な場合にする逮捕令状なしでの逮捕で（刑訴法210条），まず被疑者を逮捕し，事後的に令状を請求することが認められている．ただし，①死刑，無期，懲役3年以上の刑の犯罪で，②これらの罪を犯したと疑うに足りる「充分な理由」と（通常逮捕より高い嫌疑が必要），③逮捕の緊急な必要性があり，④直ちに逮捕状を請求することが必要である．通常逮捕・現行犯逮捕・緊急逮捕は，ほぼ5：4：1の割合で行われている．

別件逮捕　令状記載の被疑事実以外について取り調べる目的で，それより一般に軽微な犯罪を理由に逮捕することを**別件逮捕**という．これを広く認めると，令状主義を無意味なものとし，見込み捜査を許す危険がある．ただ，裁判所としては，令状請求時に逮捕の要件を備えている以上は，「他の重要犯罪の取調べの可能性」を理由に逮捕状を出さないわけにはいかない．あまりに軽微な事案の逮捕等をチェックするのみである．ただ，逮捕が他の犯罪の捜査に流用されれば，流用された罪の逮捕を認めない等の措置が考えられる．そして，逮捕状流用の有無は，別件（逮捕された罪）と本件（本当の対象である重要犯罪）の関連性，本件取調べの割合，本件を取り調べることの被疑者にとっての有利不利，被疑者が自発的に供述したか否か等を基礎に実質的に判断されなければならない．

警察刷新会議　神奈川県警で警察官の薬物所持事件を処理せず隠蔽した事件（1996年）や，埼玉県警や栃木県警で被害者側からの告訴や捜査依頼に対し十分な対応をせず，結果的に被害者が殺害される事件（1999年）に発展したなどの不祥事が続き，警察に対する国民の批判が高まった．これを受けて政府は，平成11（1999）年に「警察刷新会議」を設置し，同会議は平成12年7月に，公安委員会の活性化，警察職員の責任の自覚などを盛り込んだ緊急提言をまとめた．

検察における捜査

警察で取り調べられた事件は，検察庁に送られ(送検)，検察官がさらに捜査する．警察と検察の関係は，原則として独立である(刑訴法193条)．旧刑事訴訟法では，検察官が捜査の中心で，警察は補助機関にすぎないとされてきたが，現行刑事訴訟法下では互いに協力する関係とされている(192条)．

検察官制度は歴史的に見れば比較的新しい制度であるが，わが国では，明治以来定着している．ただ，戦前は，裁判官と並んで司法官であったが，戦後は行政官となった．検察組織は，裁判所組織(→62頁)に対応して，㋑最高検察庁，㋺高等検察庁，㋩地方検察庁，㋥区検察庁に分かれ，それぞれの長を，㋑検事総長，㋺検事長，㋩検事正，㋥上席検察官という．

法務省・検察庁(写真協力，法務省)

検察の機構

最高検察庁(1)
検事総長
次長検事
検事

高等検察庁(8)(支部6)
検事長
検事

地方検察庁(50)(支部203)
検事

区検察庁(438)
検事　副検事

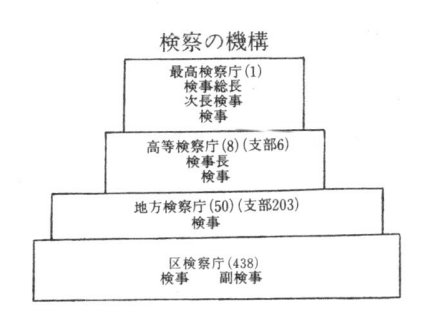

検察官のバッジ
(写真協力，法務省・検察庁)

検察官の職は，検事総長，次長検事，検事長，検事，副検事という，警察の場合と類似した階層構造になっている．

検察官は，捜査権限の他に，被疑者を裁判にかける(公訴提起)権限，公判で証拠を提出し，事実・法律につき意見を述べる権限，刑の執行の指揮をする権限を有する．

捜査と勾留

被疑者の身柄を拘束している場合，検察官は24時間(警察による逮捕時から数えて72時間)以内に勾留するか起訴するか釈放するかしなければならない．**勾留**とは，被疑者又は被告人を拘禁する裁判とその執行のことであり，相当な嫌疑と，定まった住居を有しないか，罪証隠滅のおそれないし逃亡のおそれが必要である．勾留の決定は，裁判官が被疑事実を告げ，被疑者の言い分を聞いて行う(この裁判を勾留質問という)．そして，逮捕された刑法犯の92.3％が勾留請求され，その99.8％が認められる(1999年)．勾留は10日間認められ，やむを得ない事情があれば10日の延長が可能である(刑訴法208条)．このように勾留は，逮捕に比較して大変長期の身柄拘束であるため，被疑者・弁護人らは裁判官に対し**勾留理由開示**を請求できる(刑訴法82条)．勾留理由の開示は，裁判所が公開の法廷で勾留の理由を説明し，被疑者らがそれに対し意見を述べることができる制度である．

捜査と身柄拘束 捜査機関は，最大で23日間の身柄拘束が可能である．そして，この期間における捜査の実際上の力点は「自白の獲得」に置かれがちである．しかし，被疑者には黙秘権があり，取調べ官は必ずその旨告知しなければならない．それ以上に，過去の冤罪事件の反省を踏まえ，自白重視の捜査の危険性を十分意識しなければならない．

警察・検察	検察	検察
留置	勾留	勾留
72時間	10日	10日

代用監獄

　勾留の場所は監獄(拘置所)であるが，監獄法1条III項で警察にある留置場を監獄に代用することが認められている(代用監獄)．拘置所に比べ留置場は数が多く，場所的にも捜査や弁護に便利な面があることから，地域によってはかなり多く使用されている．ただ，「警察の管理する留置場に勾留すると自白の強要や防御権の侵害が生じやすい」との批判もある．しかし，代用監獄を廃止してそれに対応する拘置所を建設することは非常に困難であり，さらに，指摘された問題は，代用監獄の改善により解決し得ないわけではない．昭和55(1980)年以降警察の取調べ部門と身柄管理部門が分離され，現在も留置施設とその運用の改善努力がなされている．

留置場

事件処理

　検察官は捜査終了後，少年事件を家裁に送致し(家裁送致は1999年の業過を除く刑法犯の47.3%を占める)，その余の事件に関し起訴するか(同25.0%)，不起訴とするか(同17.1%)の選別を行う．検察官の裁量の幅は非常に広く，たとえば殺人罪の起訴率(起訴人員/(起訴人員＋不起訴人員)×100)は62.1%にとどまる(1999年，次頁図参照)．しかも，起訴されたうちの79.4%のみが通常の刑事裁判にかけられ(**公判請求**)，残りは**略式手続**にかけられる．

業務上過失致死傷罪や特別刑法犯も含めると，公判請求は45.2％となる．

　検察官の裁量の幅が大きく，特に起訴するか否かの決定は被疑者にとって非常に重要であるから，これをチェックするための検察審査会や付審判請求手続(準起訴手続)が設けられている(→58頁)．最近も不起訴処分となった交通事故事件につき被害者の遺族が検察審査会に審査請求したことから，結果的に有罪判決が出された例(2000年)があるが，一般には十分機能しているとはいえない状況にある．

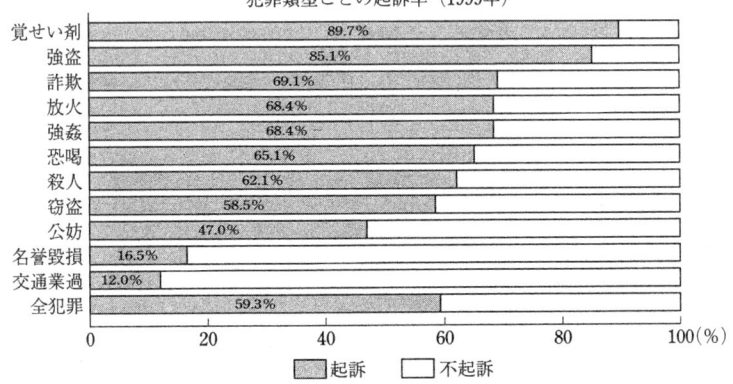

犯罪類型ごとの起訴率（1999年）

覚せい剤	89.7%
強盗	85.1%
詐欺	69.1%
放火	68.4%
強姦	68.4%
恐喝	65.1%
殺人	62.1%
窃盗	58.5%
公妨	47.0%
名誉毀損	16.5%
交通業過	12.0%
全犯罪	59.3%

＊**読書案内**　近時は警察に対し国民の厳しい目が向けられ，警察批判の書も多いが，久保博司他『日本の警察がダメになった50の事情』(宝島社，2000年)は，単なるバッシングではない内容を持つ．

＊**HP案内**　警察庁 http://www.npa.go.jp/ 各県警へのリンクがある．各県警のHPでは，交通取締りの予定などの情報も提供されている．

法務省 http://www.moj.go.jp/

⑥ 裁判所
刑事裁判はどのように行われるのか

　　　　わが国では犯人を起訴し裁判の場に立たせることができるのは検察官だけである．捜査段階での被疑者は，起訴された時点で「被告人」と呼ばれ，そこから裁判が始まる．裁判は冒頭手続，証拠調べ，論告求刑・弁論の順序で進行し，結審して判決へと至る．裁判の結論に不服があれば，被告人側だけでなく検察官にも上訴（控訴，上告）の機会が与えられている．
　　　　裁判官は，種々の証拠を自由に評価し有罪・無罪を決定する（自由心証主義）．ただ，自由といっても客観的合理性が必要であり，証拠調べにあたって自白法則（自白のみでは有罪とできない）や伝聞法則（伝聞証拠の排除）など，手続上の様々な原則がある．

裁判の開始——起訴

　日本では検察官だけが公訴を提起することができる（**国家訴追主義**，刑訴247条）．検察官は，犯人の性格，年齢及び境遇，犯罪の軽重及び情状並びに犯罪後の情況により訴追を必要としないときは，起訴しないことができる広い裁量権を持つ（**起訴便宜主義**→56頁起訴率参照）．このように重大な決定権を持つので検察官を「第2の裁判官」と呼ぶこともあながち誇張ではない．起訴すべき事件を厳密に選別するため，わが国の高い有罪率が生じている．このような検察官の起訴に関する裁量をチェックするシステムとして，**検察審査会**と**付審判（準起訴）手続**がある．

> **私人訴追**　国家（検察官）のみが刑事訴追できるという制度は，必ずしも普遍的なものではない．イギリスでは伝統的に私人訴追の原則があり，刑事事件も被害者はもちろん，無関係の私人も十分な証拠をもっている場合には刑事訴追をすることができる．もっとも私人訴追が徹底していたのは19世紀前半までで，実際には刑事訴追の大部分を警察が担っており，1985年には専ら刑事訴追を担う機関として公訴局（Crown Prosecution Service）が創設された．ただし，現在でも制度としての私人訴追は認められている．また，ドイ

ツにおいても，特定の犯罪(住居侵入罪，侮辱罪，傷害罪など)についてではあるが，私人訴追制度が認められている．近時，わが国でも刑事手続への被害者の関与が議論されているが(→4章)，国家訴追主義が変更されたわけではない(修復的司法→33頁参照)．

検察審査会 告訴・告発した人や被害者が検察の不起訴の処分に不服があるときは検察審査会に審査の申立てをすることができる．検察審査会は，衆議院議員選挙人名簿から籤で選ばれた一般私人で構成され，不起訴処分の当否を判定する．申立てのうち起訴相当の判定は 7～8％だが，判定に拘束力はなく実際の起訴はその 2～3 割である．司法制度改革審議会意見書(平成13年)では，法的拘束力の付与が示された(検察審査会法改正→31頁参照)．

模擬検察審査会議(最高裁判所編『日本の裁判』より)

付審判(準起訴)手続 公務員の職権濫用の罪などについて裁判所が公訴を行う手続で，刑法193～196条の罪，破壊活動防止法45条の罪につき告訴・告発した者が不起訴処分に不服がある場合に，裁判所に対しその事件を裁判所の審判に付するよう請求することができる．公務員に対し適正な起訴が行われないおそれがあるために設けられた制度である．しかし，現実に審判に付されることは少なく，平成元年から10年までで3件しかない．なお，審判に付されると一般の公判手続に準じて審理されるが，裁判所の指定した弁護士が検察官の役割を行う．

起訴の要件としては，逮捕の場合よりは高い嫌疑，すなわち「罪を犯したと疑うにたる相当程度確実な理由」が必要である．確実な嫌疑を欠く起訴は，違法で，損害賠償（国家賠償）の対象となり得る．起訴状には，被告人を特定しうる事項，公訴事実，罪名が記載されなければならない．しかし，犯罪事実のあらまし以外の犯罪に関する記録などは記載されない（**起訴状一本主義**）．被告人と検察官の「訴訟」を裁く行司役である裁判所が，はじめから予断を抱くことを排除し公平な裁判を実現するためである．

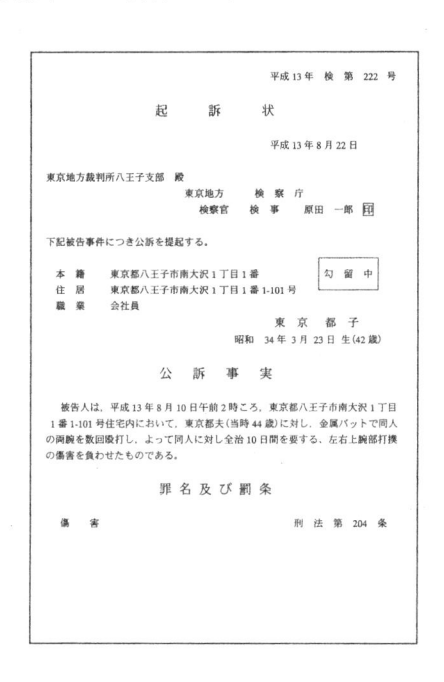

```
                            平成13年 検 第 222 号
              起　訴　状
                         平成13年8月22日
東京地方裁判所八王子支部　殿
              東京地方　検　察　庁
              検察官　検　事　原田　一郎　㊞

下記被告事件につき公訴を提起する．

本　籍　東京都八王子市南大沢1丁目1番        ┌─────┐
住　居　東京都八王子市南大沢1丁目1番1-101号  │勾 留 中│
職　業　会社員                               └─────┘
                        東　京　都　子
                        昭和34年3月23日生(42歳)

            公　訴　事　実

被告人は，平成13年8月10日午前2時ころ，東京都八王子市南大沢1丁目
1番1-101号住宅内において，東京都夫(当時44歳)に対し，金属バットで同人
の両腕を数回殴打し，よって同人に対し全治10日間を要する，左右上腕部打撲
の傷害を負わせたものである．

          罪　名　及　び　罰　条
   傷　害                刑法第204条
```

当事者主義と職権主義　裁判の構造についての対立で，当事者主義とは裁判官と被告と原告の三者構造で説明する考え方であり，原告（検察官）によって訴訟が開始され，原告・被告という両当事者が中心となって裁判が進行していくと説明する．これに対し，職権主義とは裁判所と被告人の二者構造を想定し，裁判官によって訴訟が開始，進行するものとする．現行刑事訴訟法は，基本的に当事者主義を採用している．特に，裁判の開始にあたり起訴状一本主義を採用し，当事者主義を徹底している．

```
        当事者主義            職権主義
          裁判所                裁判所
           ╱  ╲                  │
          ╱    ╲                 ↓
       検察官 ⟷ 被告人          被告人
```

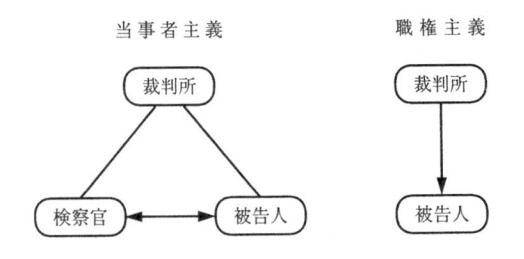

> **2つの刑事訴訟法観**　刑事訴訟の目的は，① 合理的・効率的に全犯罪者を見つけ出し迅速に処罰することにあるが，一方で ② 必要悪である刑罰を無実の人に科してはならないし，刑事司法の執行過程で人権を侵害してはならない(刑訴法1条)．後者が欠けても，刑事司法の究極の目的である，国民が安心して暮らせる社会秩序の安定は得られない．ただ，①と②のいずれを重視するかで，刑事訴訟法の基本的な考え方が対立する．

公判

　裁判は，検察官が起訴することにより始まる．この段階から被疑者は**被告人**となる．

　裁判の対象(**訴訟物**)は，起訴をした検察官の「被告人は○○の犯罪を犯した」という主張(**訴因**)である．訴因は審判の対象であり，できる限り変更すべきではない．被告人の防御権が害されるおそれがあるからである．しかし，審理していく過程で審判の対象が大きく変化した場合には変更を認める必要がある．例えば傷害の訴因で審理中に被害者が死亡した場合には，訴因を傷害致死に変更することになる．

　訴因の変更は検察官の請求により，公訴事実の同一性を害しない限度で裁判所により認められる(刑訴法312条Ⅰ項)．また，裁判所が検察官に対し訴因変更命令を出すこともできる(312条Ⅱ項)．しかし，実際には裁判官が検察官に対し訴因変更を促す勧告を行い，検察官の側から訴因変更の請求がなされることが通例である．

> **公訴権濫用論**　検察官の訴追に濫用があった場合に裁判所は，形式裁判で訴訟を打ち切るべきだとする議論．嫌疑なき起訴や違法捜査に基づく起訴がな

> された場合にも問題となるが，実際には訴追裁量の逸脱(微罪などにおける不公正な扱い)が問題となる．最高裁も，厳しい要件の下で公訴権濫用論を認めている．

　被疑者の場合と同様，起訴され被告人となった後についても「勾留」が認められている．ただ，検察段階と異なりその期間は2ヵ月で，しかも1ヵ月ごとの更新が事実上何度も許されている(刑訴法60条Ⅱ項)．このように長期の身柄の拘束であるため，被疑者にはない**保釈**という制度が認められている．保証金の納付を条件に形式的には勾留を継続しながら事実上釈放することである．検察官の意見を聞いて裁判所が行う．保釈の要件は複雑であるが(刑訴法89, 90条)，実際には，犯罪の重大性の程度，「被告人が罪証を隠滅すると疑うに足りる相当な理由」があるか否か，被告人の居所の特定が問題となる(より具体的には，被告人が自白をしていない場合には，保釈が認められない場合が多いとされている)．また，保釈すると被害者その他事件の審判に必要な知識を有すると認められる者等を脅迫するなどのおそれがある場合にも，保釈は認められない．

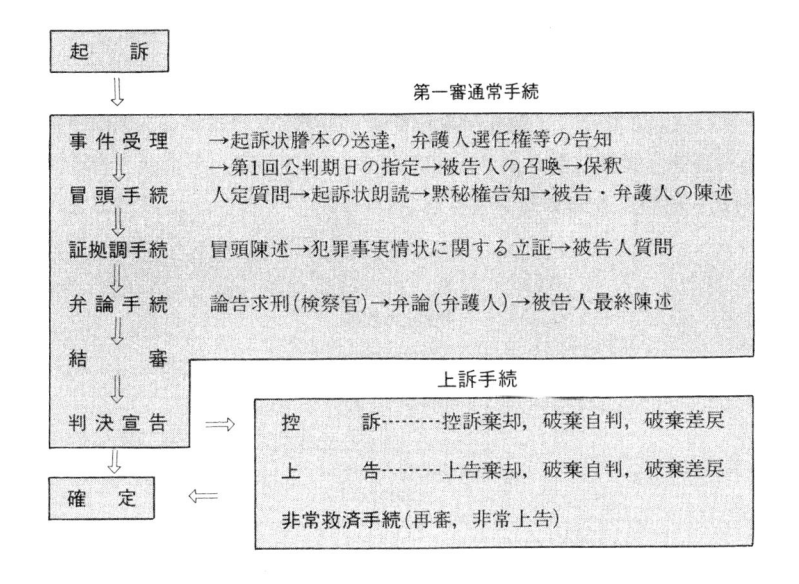

```
 起　訴
   ⇓                    第一審通常手続
 事件受理　　→起訴状謄本の送達，弁護人選任権等の告知
   ⇓         →第1回公判期日の指定→被告人の召喚→保釈
 冒頭手続　　人定質問→起訴状朗読→黙秘権告知→被告・弁護人の陳述
   ⇓
 証拠調手続　冒頭陳述→犯罪事実情状に関する立証→被告人質問
   ⇓
 弁論手続　　論告求刑(検察官)→弁論(弁護人)→被告人最終陳述
   ⇓
 結　審
   ⇓                       上訴手続
 判決宣告　⇒  控　　訴………控訴棄却，破棄自判，破棄差戻
   ⇓          上　　告………上告棄却，破棄自判，破棄差戻
 確　定　⇐  非常救済手続(再審，非常上告)
```

裁判所

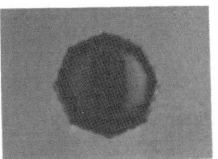

裁判所職員のバッジ

最高裁判所
(いずれも最高裁判所編
『日本の裁判』より)

　裁判所は，裁判をする主体としての裁判所と，司法行政を行う組織としての裁判所に分けて考えることができる．前者は，単独制と合議制に分かれる．後者は，最高裁判所と下級裁判所に分かれる．最高裁判所は長官と14名の最高裁裁判官からなり，下級裁判所は高等裁判所，地方裁判所，家庭裁判所，簡易裁判所から構成されている．最高裁の裁判官についてのみ「裁判官」と呼び，下級審の裁判官は「判事」と呼ばれる．地裁や家裁では判事補も裁判に関与する（→陪席判事につき64頁）．判事は，判事補を10年以上経験した者から選任される（キャリア・システム）．外国では，裁

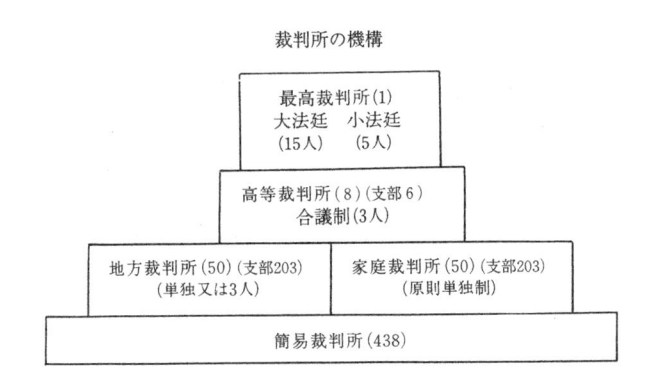

裁判所の機構

```
          最高裁判所(1)
          大法廷   小法廷
          (15人)   (5人)
        高等裁判所(8)(支部6)
          合議制(3人)
  地方裁判所(50)(支部203)   家庭裁判所(50)(支部203)
    (単独又は3人)            (原則単独制)
              簡易裁判所(438)
```

62

判官以外の法律家(特に弁護士)から判事を選任する法曹一元制度を採用している国もある．わが国でも，ごく少数ではあるが弁護士などからの採用が行われている．また，陪審制・参審制などの国民の司法参加については司法制度改革審議会の意見書(平成13年6月)で参審制としての裁判員制度の導入が示され，現在法整備作業が進んでいる．

> **陪審制・参審制** 陪審制とは事実認定，有罪・無罪の決定に職業裁判官以外の一般人が関与する制度をいい，参審制とは職業裁判官と一般人とが合議体を構成するものをいう．わが国では陪審法(大正12年)が存在するが，昭和18年に運用が停止された．陪審制はイギリスで誕生したが，現在では重大犯罪に限って適用され，アメリカでも陪審による刑事裁判は年間約9万件と推定されている．ドイツ，フランス，北欧では参審制が導入されている．

事件は，**裁判所の管轄**に従って起訴されなければならない．事物管轄として，内乱罪は高等裁判所，独占禁止法は東京高裁に起訴されなければならない．地方裁判所は死刑，懲役，禁錮事件を担当し，簡易裁判所は罰金以下の罪，選択刑として罰金のあるものに加え，窃盗，横領，盗品に関する罪，賭博の一部を扱う．少年の福祉を害する罪は家庭裁判所に係属する．また，最高裁以外は特定の管轄地域を持ち，犯罪地ないし，住所，居所，現在地のある裁判所に起訴されることになる．1つの裁判所内に複数の部があるときは，原則として形式的に事件を割り振る．法定刑の重い犯罪の場合は合議部に配付されなければならない(法定合議)．単独部で扱う犯罪

通常第一審（地裁・簡裁）の弁護人
（1999年）

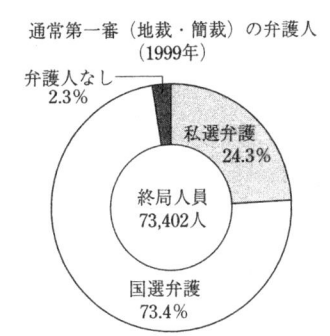

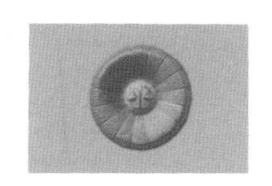

- 弁護人なし 2.3%
- 私選弁護 24.3%
- 国選弁護 73.4%
- 終局人員 73,402人

弁護士バッジ
（写真協力，日本弁護士連合会）

類型でも,事案が複雑な場合などは,合議部で審理される(裁定合議).

　起訴されると,裁判所は遅滞なく起訴状の謄本を被告人に送達しなければならない.そして,弁護人の選任権が伝えられる.被告人に関しては国選弁護人請求権が認められる.法定刑の重い犯罪には,弁護士がいなければ開廷し得ないものがある(**必要的弁護事件**).

> **陪席判事**　合議体の法廷では,中央が裁判長,裁判長の右隣(向かって左)に右陪席判事,左隣に左陪席判事が着席する.右陪席はほぼ判事歴10年前後の者,左陪席はそれより経験の浅い判事である.判事は黒い法服をまとっている.「黒」は何者にも染まらない,つまり裁判官の公正さを象徴している.

証拠調べ

　裁判の最初に,冒頭手続が行われる(刑訴法291条,刑訴法規則196~7条).①人定質問,②起訴状朗読,③黙秘権の告知(裁判官),④被告人・弁護人の陳述の順で行われる.

　証拠調べは,検察側の**冒頭陳述**(これから証拠に基づいて証明しようとする事実が何であるかを明確にする陳述)から始まり,通常検察側の証拠のうち必要なものをすべて調べ,その後に被告人側の証拠を調べる.一般に検察官

模擬刑事裁判(最高裁判所編『日本の裁判』より)

は書証と物証のみで立証することが多い．被告人にはいつでも誰でも質問できるが，実際には最終段階に被告人質問という形で，事実関係，情状等に関する細かい供述を行わせることが多い．

> **迅速な裁判**　日本の裁判は長引くものが多い．裁判は必ずしも迅速なほどよいとはいえないが，あまりに長すぎる裁判は国民の裁判を受ける権利を実質的に否定することになりかねない．また，選挙犯罪などを見ると，刑事政策的にも問題がある．そこで最高裁は，非常に長期化し，しかもその遅延がやむを得ないとはいえない場合に，裁判を打ち切ることを認めている．もっとも，平成10年の通常第一審の平均審理期間は，地裁で3.1ヵ月（開廷回数2.7回），簡裁で2.2ヵ月（同2.3回）である．

証拠法

　刑事訴訟は，一定の犯罪事実が行われたことを認定し，その事実に法を適用する．事実の認定は証拠によらなければならない（刑訴法317条）．証拠の取扱い方について定めた法の全体を証拠法と呼ぶ（憲法37条II項，38条II，III項や，刑訴法317～328条が重要である．そのほか，条文には書かれていない挙証責任の理論や違法収集証拠の排除の原則なども証拠法を構成する）．

　事実の存在を推測する資料の供給源となるもの（**証人**や**証拠物**）を**証拠方法**と呼び，証拠方法を取り調べることにより得られた情報内容を**証拠資料**という．証拠は証拠方法の観点から，**人証**，**物証**，**書証**に大別される．そして，証拠資料の視点から，犯罪事実（要証事実）を直接に証明する**直接証拠**と，犯罪事実以外の一定の事実（間接事実）を証明することにより犯罪事実の証明に寄与する**間接証拠**に区分される．さらに，言語・態度によって表現された自己の認識・判断などからなる証拠（**供述証拠**）と，物の存在，状態などが証拠になるもの（**非供述証拠**）とが区別される．供述証拠のうち反対尋問を経ないものを**伝聞証拠**と呼び，その取扱いが証拠法のかなりの部分を占めることになる．

自由心証主義

刑訴法318条は「証拠の証明力は裁判官の自由な判断に委ねる」としている．これを**自由心証主義**という．かつては，**神判**（例えば上代の探湯(くがたち)）や宣誓補助者の証言により証拠の評価がなされた時代もあった．その後法にあらかじめ定められた証拠がなければ有罪としないという**法定証拠主義**の時代を迎える．そして，法定証拠の中心が**自白**となっていった．「自白がなければ有罪にしない」というのは進歩だったのである．

ワニの裁判（民事訴訟の例）
——ワニに食べられた方が敗訴
（小島武司『プレップ民事訴訟法』より）

水没神判——水没すれば無罪
（『法学セミナー』373号より）

ただ，自白獲得のために拷問が行われ，その弊害が余りにも大きかったため，法定証拠主義自体が批判されることとなった．その結果，種々の証拠を裁判官が自由に評価して有罪・無罪を判断する現在の自由心証主義に至った．「自由」といっても裁判官の「恣意的」な判断を許すものでないことはもちろんであり，判断の客観的合理性が要求される．

> **決闘** 神判では水や火が使われることが多いが，決闘も一種の神判である．決闘に勝利した者こそ，神が正しいと認めた者だと考えられたからである．ただ，ヨーロッパでは他の神判が衰退した後も決闘だけは残った．それは，決闘には他の神判と異なり「自力救済」の側面があり，ヨーロッパでは自力救済の思想が極めて根強いため決闘が生き残ったのだとする説明がある．この思想が，刑事手続における徹底した当事者主義に，連綿と続いているとされる．真実の探求よりは，両当事者がいかにフェアに闘うかが重視されることになる（山内進『決闘裁判』（2000年）参照）．特に英米で陪審制が現在で

も残っている背景には，当事者主義(自力救済)の考え方が強いことも影響していると考えられる．

自白

自白とは，自己の犯罪事実の全部又は主要部分を肯定する被告人の供述である．自白は供述証拠であるが，「不利益を受ける者による反対尋問」のチェックが考えられない(被告人自身が不利益を受ける本人だからである)．他方，一般に自己に不利益なことを供述するのだから信用できるとも考えられる．そこで，他の供述証拠とは異なった扱いを受ける．

刑訴法 319 条 I 項は，「強制，拷問又は脅迫による自白，不当に長く抑留又は拘禁された後の自白その他任意になされたものでない疑いのある自白は，これを証拠とすることができない」と定めている．つまり任意性に疑いのある自白は証拠とは認められない(これを**自白法則**という)．その理由としては，拷問により得られたような証拠は虚偽である可能性が高いという側面もあるが，任意性を要求することにより自白を得る際の人権侵害を抑制するとする考え方が有力である．強制・拷問・脅迫による自白，長期の勾留後の自白に加え，両手錠を掛けたままでの取調べや，約束による自白，偽計による自白も任意性が欠けるとした判例がある．

> **自白と補強証拠**　自己に不利益な唯一の証拠が本人の自白である場合には，無罪とされ，又は刑罰を科せられない(憲法 38 条 III 項，刑訴法 319 条 II 項)．有罪とするには**補強証拠**が必要となる．裁判官が自白からいかに強い心証を得ても有罪とすることは許されない(自由心証主義の例外)．補強証拠の要求には，架空の事実が認定されることを防ぐという意味と，自白偏重の防止(違法な取調べ，人権侵害の防止)という目的が存在する．

伝聞法則

反対尋問を経ない供述証拠は，原則として証拠にできない(**伝聞証拠排除の法則**)．伝聞に際し虚偽が入り込み易いし，不利益を受ける当事者による反対尋問によるチェックがない．また，公判廷での証言は宣誓し偽証罪に問われるおそれがあるのに対し，法廷外の供述にはそのような事情もな

い．さらに，証人の証言の場合のように裁判官が証言時の態度状態を観察することもできないなどの理由からである．

しかし，伝聞証拠をすべて排除してしまうわけにもいかない．証人の直接の尋問は時間的・経済的に負担が大きく，また証人の記憶が弱まったり，さらには行方不明，死亡等の事態も考えられるからである．予め文書化したものを証拠にすることも必要である．そこで，伝聞法則には合理的な例外が認められている(刑訴法321条以下)．実際の裁判においては「同意があれば，伝聞でも証拠とすることができる」という規定(刑訴法326条)が利用され，伝聞証拠が証拠採用される場合も多い．弁護士としても，証人を喚問してみてもその書面と同じ供述しか得られないと思われる場合には，反対尋問の権利を放棄するわけである．

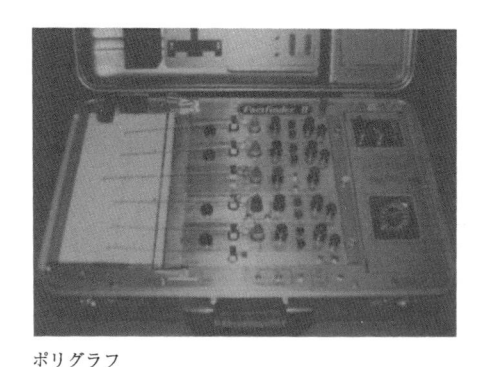

ポリグラフ

DNA鑑定モデル

(上写真はどちらも科学警察研究所提供)

採証方法の科学化　最近は，証拠に関する科学的な進歩が著しい．例えば人の識別に関しても，血液型，指紋，毛髪，声紋等に加え，**DNA鑑定**等も行われるようになった．それらの科学的知見は最大限に活かされなければならないが，その評価に当たっては，それらの限界を認識した上で慎重な吟味が必要である．プライバシーの保護も考慮しなければならない．また，ポリグラフ検査(いわゆるうそ発見器を用いた検査)については，黙秘権との関係も慎重に配慮されなければならない．

裁判の終局

証拠調べの締めくくりとして，最終弁論が行われる(刑訴法293条)．検察官の最終弁論を**論告**といい，その際に同時に，具体的な科刑意見が付される．これを**求刑**という．求刑は，それまでの判例を基礎にしていると思われるが，実際に言い渡される刑は求刑より若干軽いのが通例である(ただし，執行猶予をつける場合には求刑通りの刑が言い渡される場合が多い)．

結審すると判決が言い渡される．上訴申立て期間(14日)を経過すると判決は確定し，**執行力**や**一事不再理効**(同一の公訴事実の範囲内では二度と訴追されない効力)が生じる．

上訴審手続

地裁の判決のうち9～10％(被告人側からの申立てが約98％を占める)が控訴される．そのうち約7割が量刑不当を理由とする．控訴審判決は，①控訴棄却(控訴申立て手続が違法ないし控訴理由がない場合)，②破棄差戻(控訴理由のある場合と，職権で調べた結果破棄しなければ正義に反する場合)，③破棄自判(証拠などから控訴審自身が自ら判決し得ると認め裁判を行う場合)に分かれる．被告人側からの控訴の場合は，**不利益変更の禁止**の原則により，原判決より重く処罰することはできない．

1999年に言い渡された控訴審判決の32.8％につき上告がなされた．そ

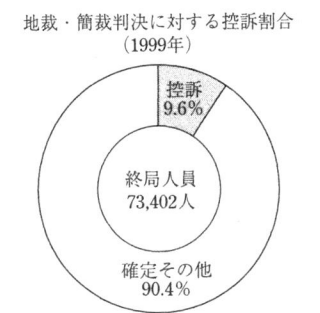

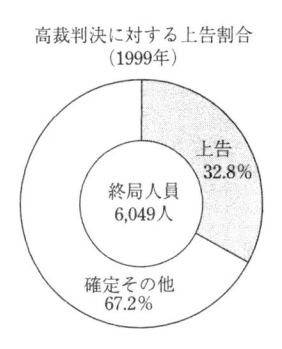

地裁・簡裁判決に対する控訴割合
(1999年)

控訴 9.6％
終局人員 73,402人
確定その他 90.4％

高裁判決に対する上告割合
(1999年)

上告 32.8％
終局人員 6,049人
確定その他 67.2％

のほとんどが被告人からのものである．同年の上告棄却は73.7％で，控訴審判決が破棄されたのは0.4％であった．

> **非常救済手続** 裁判確定後の救済手続で，① **再審** は，有罪の確定判決を受けた被告人の利益のためにのみ，「原判決を行った裁判所」に請求する．有罪証拠が虚偽であったことが明らかになった場合や，明白な新しい証拠が出てきた時に再審は開始される(刑訴法435条)．② **非常上告** は，審判の法令違反を理由として，検事総長が最高裁に申し立てる．年間数件にすぎず，非常上告による破棄判決は原則として理論的効力のみを有し，被告人に効果は及ばない．

＊**読書案内** 裁判につき極めて的確に解説されたものとして田宮裕『日本の裁判(第2版)』(弘文堂，1995年)がある．筆者は1999年に急逝された刑事訴訟法学の泰斗であるが，本書は民事訴訟や法意識論まで含めた非常に幅広い視点から書かれた名著である．

刑事訴訟法については三井誠・酒巻匡『入門刑事手続法(改訂版)』(有斐閣，1998年)が，過不足なく刑事手続のアウトラインを描き出している．本書は資料も多数掲載されているが，「資料集」に徹したものとして田口守一『資料刑事訴訟法(改訂補正版)』(成文堂，2000年)がある．さらに，刑事裁判の微妙な「綾」も含めてより深く理解できるのが渡辺修『刑事法入門』(新世社，2000年)である．裁判傍聴の手引きにもなる．

＊**HP案内** 最高裁判所　http://www.courts.go.jp/　最高裁判例だけでなく下級審の裁判例についても，最も早く読むことができる．

⑦ 日本の行刑
現在刑罰はどのように執行されているのであろうか

　刑法199条の殺人罪は「死刑，無期若しくは3年以上の懲役」を科すと規定し，3年(減刑されればさらに軽くなる)から死刑までの広い量刑の幅が認められている．地下鉄サリン事件でも，一審判決で死刑を宣告された被告人もいれば，同じく実行犯でも無期懲役の被告人もいる．宣告刑には，犯した犯罪結果の重大性が反映されることはもちろんであるが，その他，犯行に至った動機，被告人の改悛の情など実質的に幅広い事情が考慮される．宣告刑は「事後的な事情」も考慮して決まるのである．

刑罰の種類

　刑罰は受刑者に与える「不利益」の種類により，生命刑，身体刑，自由刑，名誉刑，財産刑などに分類することができる．生命刑とは人の生命を奪う刑罰，すなわち死刑である．身体刑とは人の身体に侵害を加える刑罰で，杖刑，笞刑，黥刑(刺青刑)，肉刑(身体の一部を切り落とす刑)等がある．

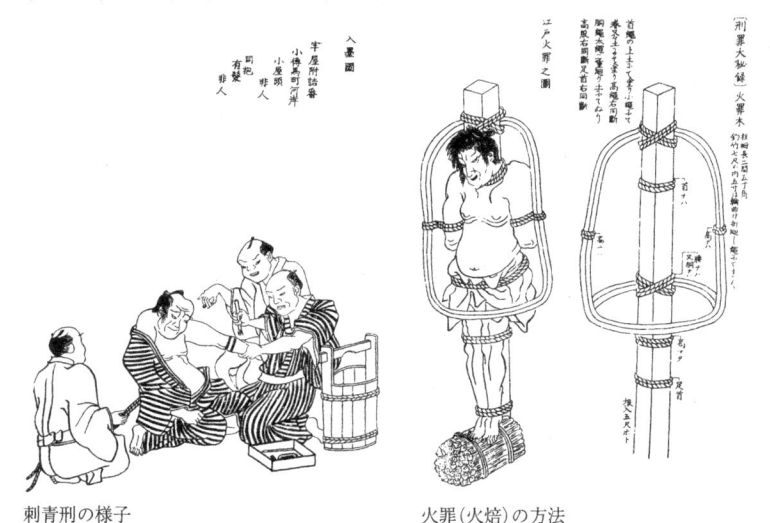

刺青刑の様子　　　　火罪(火焙)の方法

自由刑とは身体の自由を剥奪する刑で，懲役刑と禁錮刑とがある．さらに「追放」も自由刑の一種といえよう．名誉刑とは人の名誉を剥奪する刑罰で，公民権剥奪や公民権停止がこれにあたる．財産刑とは財産を奪う刑罰で，罰金，科料，没収がある．

　近代以前においては，生命刑と身体刑が中心であった．しかし，文明の発展とともに死刑は制限されるようになり，身体刑も限定されていく．死刑は，現代においても多くの国で認められているが，廃止した国もあり，また存置国においても廃止論が有力に主張されている．身体刑はわが国を含め，西欧諸国及びその文化的影響の強いアジア・アフリカ諸国では使用されていない．現代の刑罰の中心は自由刑と財産刑である．

日本の現行の刑罰

　現行刑法典9条は，生命刑として死刑，自由刑として懲役，禁錮，拘留を定め，さらに財産刑として罰金，科料，没収を認めている．これらのうち没収は付加刑で，それ以外はすべて主刑である．主刑は独立に言い渡すことのできる刑罰のことで，付加刑は主刑が言い渡された場合にこれに付加する形でのみ言い渡すことのできる刑罰である．

> **刑罰と資格の制限**　刑罰の言渡しに伴い種々の資格制限が行われることがある．たとえば，公職に就く資格の喪失(国家公務員法38条，地方公務員法16条，学校教育法9条)，選挙権，被選挙権などの喪失(公職選挙法11，252条)等である．しかしこれらは，行政上の処分であり「刑罰」ではない．

　この他，法的制裁手段として民事罰や行政罰が存するが(代表的なものとして過料)，これらは刑罰とは明確に区別されなければならない．

> **保安処分**　多くの欧米諸国では，刑罰に加え，行為者の危険性に着目して国民の利益を守るための**保安処分**を認めている．しかし，日本の刑法典は保安処分を認めていない．ただ，売春防止法17条が認める補導処分は自由を奪う処分といえよう．また，精神保健法29条の措置入院制度も，患者の危険性を理由にした自由拘束であり，保安処分的色彩がないわけではない．

法定刑と処断刑

刑罰法規の各条文に規定されている刑を**法定刑**といい，死刑，懲役，禁錮，罰金，拘留，科料の順に重い．ただし，無期禁錮と有期の懲役では前者が重く，有期禁錮の長期が有期懲役の長期の2倍を超えるときも前者が重い(刑法10条Ⅰ項)．

法定刑に加重・減軽を加えて得られた刑を**処断刑**という．加重・減軽事由には，法律に定められた類型的な加重減軽事由と，情状に酌量すべきものがある場合に認められる裁判上の減軽事由とがある．法律上の刑の加重事由には併合罪加重と累犯加重とがあり，法律上の刑の減軽事由は原則として刑を半分にするもので，必要的減軽事由と任意的減軽事由に大別される．必要的減軽事由には，心神耗弱の場合(39条Ⅱ項)や，幇助犯(63条)，中止犯(43条但書)等があり，任意的減軽事由には未遂犯，過剰防衛・避難(36条Ⅱ項・37条Ⅰ項但書)，法律の錯誤(38条Ⅲ項)，自首(42条)等がある．

	法律上	裁判上
加重事由	併合罪加重＋累犯加重	……
減軽事由	必要的減軽＋任意的減軽	酌量減軽

自首 自首とは，捜査機関に発覚する前に，捜査機関に対して自発的に自己の犯罪事実を申告して訴追を求めることである．刑法42条Ⅰ項は「罪を犯した者が捜査機関に発覚する前に自首したときは，その刑を減軽することができる」と規定する．誰が犯人かが発覚していない場合はこれに当たるが，単に所在不明であった場合は含まれない．「自白」は自発的に申し出ていないとされ，捜査開始後は，一般には「自首」とみなされない．しかし，東京地判平成10年5月26日(判時1648・38)は地下鉄サリン事件実行犯が他の事件での逮捕勾留中に犯罪事実を告げた事案につき「自首」を認め，無期懲役刑を言い渡した．

宣告刑

裁判官は，処断刑の枠の中で，裁量により具体的な宣告刑を決定する．

この作業を刑の量定ないし量刑という．量刑に関連して「情状」という語がしばしば用いられるが(刑法25条Ⅰ項，66条)，実質的基準は，刑罰の目的・効果を考慮して判断されることになる．

1999年に通常第一審裁判所で言い渡された判決はほとんどが有罪判決で，無罪は0.08％にすぎない．有罪の98％が自由刑(懲役・禁錮)である．罰金の有罪人員は非常に多い(年間100万人以上)が，そのほとんどが略式手続(→8頁)で処理されている．

執行猶予

執行猶予とは，犯情により必ずしも現実的な刑の執行を必要としない場合に，一定期間その執行を猶予し，猶予期間を無事経過したときは，刑罰権を消滅させる制度である(刑法25条)．刑の言渡しの効力が将来的に消滅し資格制限なども将来に向けてなくなることになる．

具体的には①㋑前に禁錮以上の刑に処せられたことのない者，又は㋺その執行の免除を受けた日から5年以内に禁錮以上の刑に処せられたことのない者が，②3年以下の懲役もしくは禁錮または50万円以下の罰金の言渡しを受けたときに，③情状によって裁判確定の日から1年以上5年以下の期間内，その執行が猶予される(25条Ⅰ項)．情状に特に酌量すべき事情がある場合には，再度の執行猶予も可能である(25条Ⅱ項)．一般の執行猶予は任意的に，再度の執行猶予では必要的に保護観察に付される．

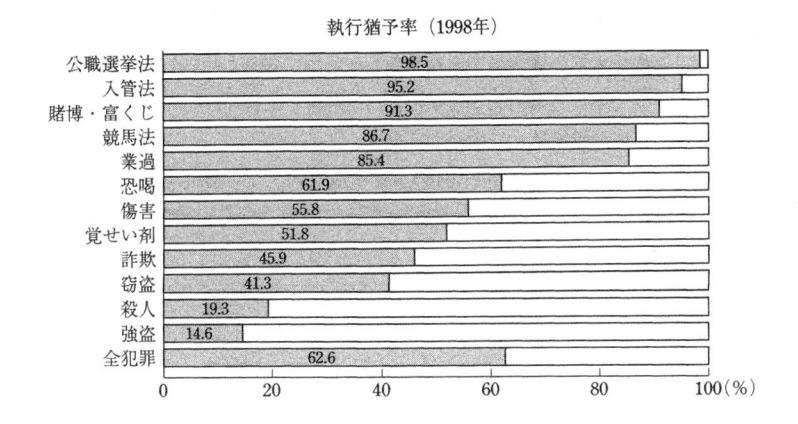

執行猶予率（1998年）

罪名	執行猶予率(%)
公職選挙法	98.5
入管法	95.2
賭博・富くじ	91.3
競馬法	86.7
業過	85.4
恐喝	61.9
傷害	55.8
覚せい剤	51.8
詐欺	45.9
窃盗	41.3
殺人	19.3
強盗	14.6
全犯罪	62.6

執行猶予率は，全刑法犯について見ると懲役の場合63%（1998年），禁錮の場合95.8%（同），罰金の場合は1.5%にすぎない．ただ，犯罪類型により執行猶予率にはかなりの差異が存する（前頁図）．

> **保護観察** 刑の執行猶予における犯罪者の改善・矯正の効果をより高めるために，保護観察の制度が設けられている（25条の2—昭和28年新設）．「一定の住居に居住し正業に従事すること」「善行を保持すること」「犯罪性のある者や素行不良の者と交際しないこと」「転居や長期旅行については許可を求めること」などの遵守を条件として，社会での自由な生活を許可する制度である．執行猶予確定人員の1割程度が保護観察に付される．

執行猶予の期間内にさらに罪を犯して禁錮以上の刑に処せられ，その刑につき執行猶予の言渡しがない場合や，執行猶予の言渡し前に犯した他の罪につき禁錮以上の刑に処せられ，その刑につき執行猶予の言渡しがない場合，さらに執行猶予の言渡し前に他の罪につき禁錮以上の刑に処せられたことが発覚した場合には，執行猶予は必ず取り消される（**必要的取消**）．また，執行猶予期間内に，さらに罰金に処せられた場合，保護観察に付された者が遵守事項を守らず，その情状が重い場合，執行猶予言渡し前，他の罪につき禁錮以上の刑に処せられその執行を猶予されたことが発覚した場合には，刑の執行猶予が取り消されることがある（**裁量的取消**）．

死刑の執行

刑が宣告され裁判が確定したときは，国家刑罰権が現実化され，刑罰は執行される．刑罰の執行の内容は，刑罰の種類によって異なる．死刑は，監獄内で絞首して執行する．ただし，法医学的に言えば「縊首」である．縊首とは首を吊った状態での死亡を意味する．絞首とは首を絞めて殺すことで，縊首に比較して殺害することは困難である．

改定律例の絞架（慶応義塾図書館蔵）
（手塚豊『明治刑法史の研究（上）』より）

わが国の死刑言渡し人員(第一審)と死刑執行人員は，下図の通りである．

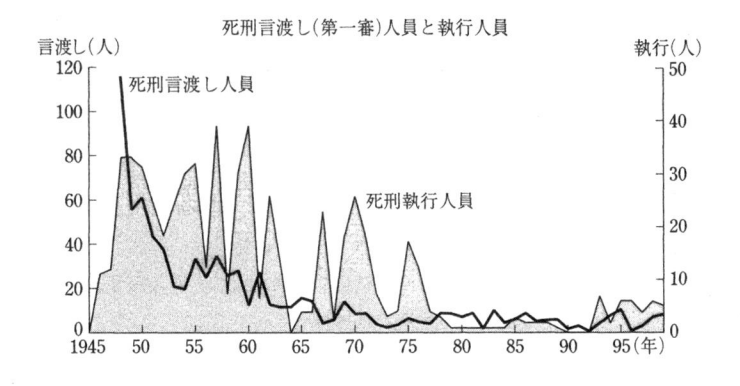

死刑言渡し(第一審)人員と執行人員

死刑を科す犯罪

現行刑法典は，81条に絶対的法定刑として，77条Ⅰ項1号，82条，108条，117条Ⅰ項，119条，126条Ⅲ項，127条，146条，199条，240条，241条に選択刑として死刑を定めている．ただ，最近は，199条と240条に関し少数の言渡しがあるにすぎない．わが国でも死刑廃止論は新派刑法学を中心に有力に主張されてきたが，ヨーロッパの国々の多くが死刑を廃止したこともあり，広く全面廃止の議論が盛り上がっている．ただ，刑罰制度は，国民の規範的意識の上にしか成り立ち得ないものである以上，理念的な議論を急ぎすぎるのも危険である．

死刑の存廃　世界的にはヨーロッパで欧州死刑廃止条約(欧州人権条約第6議定書)に基づき30ヵ国余りが死刑を廃止し，アメリカ大陸では米州死刑廃止条約(死刑廃止に向けての米州人権条約議定書)により約10ヵ国が廃止し，アメリカ合衆国では12州およびコロンビア地区が廃止している．死刑を存置し，執行している国はわが国を含め約90ヵ国に上る(2000年現在)．

懲役，禁錮，拘留

懲役とは，自由刑のうち定役(刑務作業)に服すもので，定役に服さない**禁錮**と区別される(刑法12条Ⅱ項，13条Ⅱ項)．ただ，禁錮囚も希望により

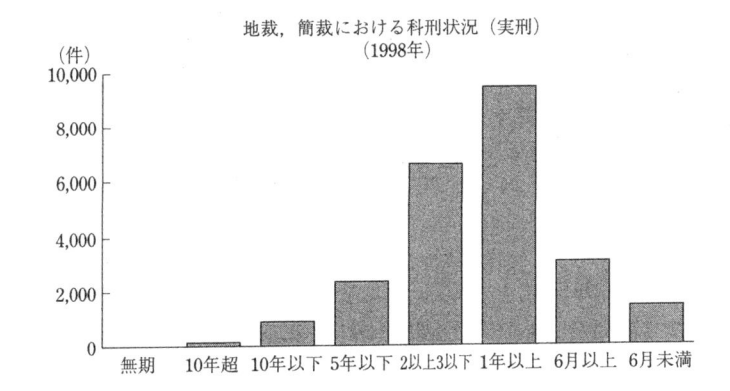

地裁,簡裁における科刑状況（実刑）
(1998年)

（件）縦軸：無期 / 10年超 / 10年以下 / 5年以下 / 2以上3以下 / 1年以上 / 6月以上 / 6月未満

独居房内の様子
(野中ひろし『イラスト監獄事典』より)

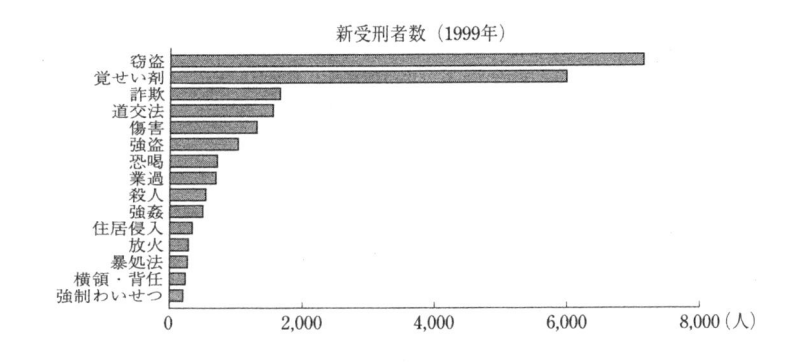

新受刑者数（1999年）

窃盗
覚せい剤
詐欺
道交法
傷害
強盗
恐喝
業過
殺人
強姦
住居侵入
放火
暴処法
横領・背任
強制わいせつ

7 日本の行刑

刑務作業に就くことができる．懲役・禁錮には無期と有期があり，有期とは1月以上20年以下と定められている(12条I項，13条I項)．ただ，加重するときは30年，減軽するときは1月以下にすることができる．**拘留**は，受刑者を拘留場に拘置する刑罰で，その期間は1日以上30日未満である．

自由刑の執行

受刑者処遇の目的は，一般に「矯正及び社会復帰」にあるとされている．刑罰制度が広い意味での「社会防衛(社会を犯罪から防衛すること)」を目指すものであることは当然だが，自由刑の執行による自由の剥奪及び施設収容に必然的に随伴する以上の苦痛は認められるべきではない(国連「被拘禁者処遇最低基準規則」57条)．

自由刑の執行は，かつて「独居拘禁制度」を中心としていたが，教育行刑思想の発展とともに，行刑の過程をいくつかの段階に分け徐々に受刑者の所内生活の自由度を高める「累進処遇制度」(1933年「行刑累進処遇令」)が採用されるようになった．第2次大戦後の行刑は，受刑者の分類と処遇の個別化をめざして展開する．さらに，仮釈放制度などにより社会内処遇の発展が目指されている．

仮釈放

わが国では，自由刑の執行は完了していないが，それまでの執行状況からみて，もはや執行を継続する必要が認められないときに，受刑者を仮に釈放し刑期の残余の期間を無事に過ごした場合には刑の執行を免除する**仮釈放**の制度が広く認められている．仮釈放は，刑法に規定された仮出獄と仮出場の総称で，仮出獄とは，懲役又は禁錮に処せられた者につき改悛の状ある時，有期刑はその刑期の1/3，無期刑は10年を経過した後，地方更生保護委員会の処分で出獄を許すこと(刑法28条)で，**仮出場**とは，拘留に処せられた者を情状により地方更生保護委員会の処分で出場を許すこと(刑法30条)をいう．

特に1984年3月から仮出獄を積極的に運用する施策が実施され，平成に入って以降の仮出獄率(仮出獄者と満期釈放者の合計のうち仮出獄者の割合)は56％を超え，1998年は57.3％である．累犯でない者は，その約6割が

新受刑者数・女子比の推移

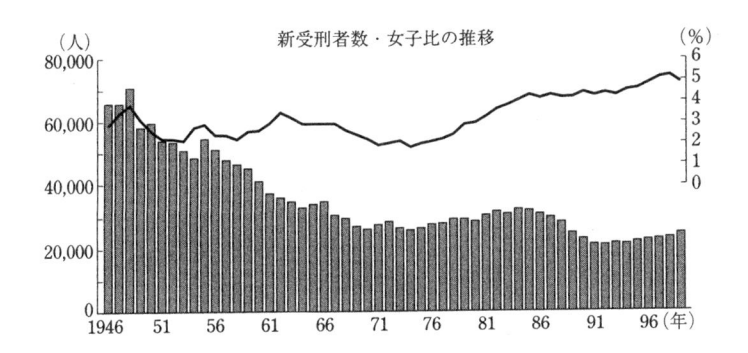

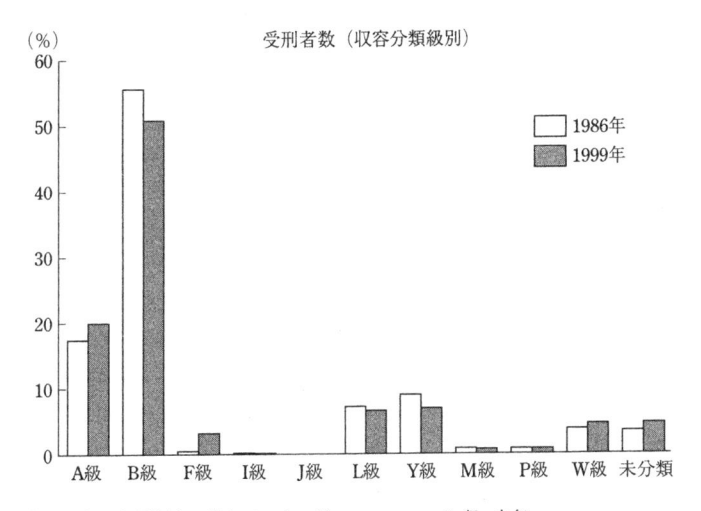

受刑者数（収容分類級別）

収容分類　A級　犯罪傾向の進んでいない者　　　　J級　少年
　　　　　B級　犯罪傾向の進んでいる者　　　　　L級　執行刑期8年以上の者
　　　　　W級　女子　　　　　　　　　　　　　　Y級　26歳未満の成人
　　　　　F級　日本人と異なる処遇を必要とする外国人　M級　精神障害者
　　　　　I級　禁錮に処せられた者　　　　　　　P級　身体上の疾患又は障害のある者

刑期の80％未満の執行で出獄している．無期刑を言い渡された者については，1993年頃までは約3割が16年以内に出獄していたが，それ以降は20年未満で出獄する者の割合は著しく減少している．

罰金と科料

両者の相違は金額の多寡にあり，罰金は1万円以上，科料は1千円以上

1万円未満をいう(刑法15条, 17条). 下図は, 実際に科された罰金額の最近の状況である.

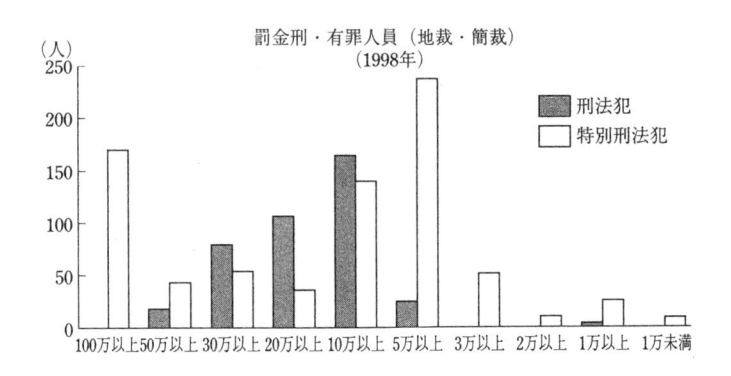

罰金刑・有罪人員(地裁・簡裁)
(1998年)

刑法犯
特別刑法犯

(人) 250 / 200 / 150 / 100 / 50 / 0

100万以上 50万以上 30万以上 20万以上 10万以上 5万以上 3万以上 2万以上 1万以上 1万未満

没収・追徴 没収は, 犯罪に関連する一定の有体物の所有権を奪う裁判所の裁量的処分で, 付加刑である. ①犯罪行為を組成した**組成物件**(たとえば偽造文書行使罪を犯した場合における「偽造文書」), ②犯罪行為に供し又は供せんとした**供用物件**(殺人罪の手段として用いられた「凶器」), ③犯罪行為から生じた**産出物件**(文書偽造罪を犯した結果生じた「偽造文書」), もしくはこれにより得た**取得物件**, 又は犯罪行為の報酬として得た**報酬物件**, ④③の物の対価として得た**対価物件**に対して行われる(19条Ⅰ項). 没収は, これらの物が現に存在している場合に限り, しかも, 犯人以外の者に属していない場合にのみ認められる. もっとも, 犯罪の後に犯人以外の者が事情を知りつつその物を取得した場合には, 没収することができる(19条Ⅱ項但書). また, 拘留・科料のみに当たる罪の場合には, 没収はできない(20条).

追徴は, ①犯罪時に没収可能な一定の物が, ②事後的に, 法律上・事実上没収不能となった場合に認められる裁量的処分で, 没収すべき物に代わるべき金額を国庫に納付するよう命ずる処分である(19条の2). それ故, そもそも没収し得ない非有体物や犯人以外の所有に属する物は追徴できない. 追徴価額は行為時を基準とする.

＊読書案内 日本の刑罰の歴史について, 読みやすく優れた内容で定評があるものとして, 中世について網野善彦他『中世の罪と罰』(東京大学出版会, 1983年), 江戸時代について石井良介『江戸の刑罰』(中公新書, 1964年)がある. また, ヨーロッパの監獄の歴史を知る上で, ジョン・ハワード(川北稔・森本真美訳)『十

八世紀ヨーロッパ監獄事情』(岩波文庫,1994年)が興味深い.さらに,花輪和一『刑務所の中』(青林工藝舎,2000年)は,実際に服役した作者が刑務所生活をマンガにしたものである.

死刑については様々な議論があるが,例えば団藤重光『死刑廃止論(第6版)』(有斐閣,2000年),ジャン・アルベール『死刑制度の歴史』(白水社文庫クセジュ,1997年)が参考になる.

⑧ 犯罪を犯した少年はどのように扱われているのか

　現在の刑事司法で，最大の問題の1つが少年犯罪である．たしかに，近時，神戸連続殺傷事件や佐賀のバスジャック事件など，社会に大きな衝撃を与えた重大犯罪が続いた．これらの事件が少年法改正の動きにつながったことは否定し得ない．しかしそのような目立つ動きだけではなく，実はその水面下で，少年事件の増加が着々と進んでしまっていたことを認識すべきである．凶悪犯罪も，広い裾野を持った氷山の一角にすぎない．本章では，戦後の少年犯罪の動き並びに現状を，感覚論ではなく具体的数字を基礎に検討する．

少年の凶悪犯の急増

　平成に入って，綾瀬の女子高校生コンクリート詰め殺害事件(1989年)，市川のマンション一家殺害事件(1992年)，さらに学校内でのいじめも絡んだ山形の中学校体育館でのマット圧死事件(1993年)，神戸連続小学生殺傷事件(1997年)等，少年事件の報道が目立つ．そして，2000年には，名古屋の5,000万円以上の恐喝事件，豊川の主婦殺人事件，佐賀の「バスジャック」事件，埼玉や茨城の複数少年によるリンチ事件，そして，岡山のバ

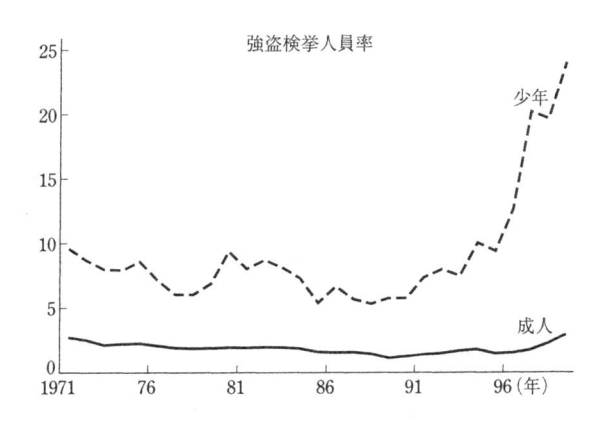

強盗検挙人員率

全刑法犯検挙人員率の推移

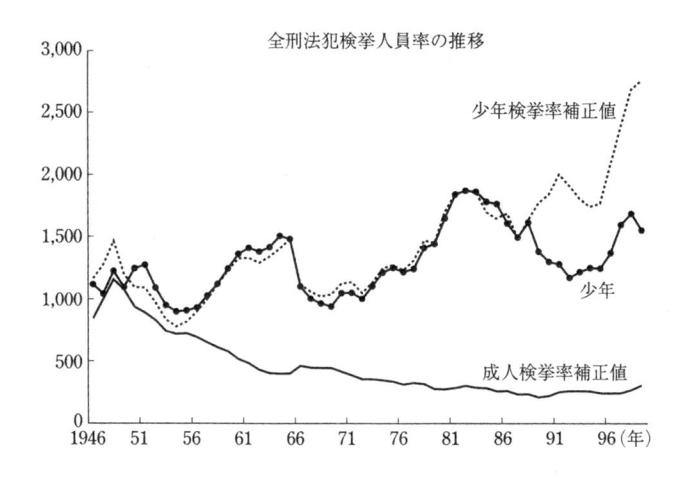

ット殴打事件，大分の高校生が近隣の6人を殺傷した事件，兵庫の16歳アベックによるタクシー強盗事件など，凶悪事件が集中した．そして，統計的にも少年の凶悪事件が急増している．

戦後少年犯罪は増え続けてきた

　少年犯罪の動向に関しては，「戦後3回の増加期を経験し，今4回目の増加を経験しようとしている」とされている．しかし，実は上図に示したように，少年の検挙人員は戦後一貫して増え続けてきたのである．たしかに，単純に少年10万人当たりの少年の検挙人員（検挙人員率）をグラフ化すると，平成の少年犯罪状況は必ずしも危機的とはいえないようにも見える．しかし，平成以降検挙率は急激に下落している（5頁図）．検挙しなければ犯人が少年か成人かは分からない以上，少年犯罪が実際には増えていても，検挙率が下がれば現実の増加が統計には反映されないことになってしまう．犯罪率（4頁）が，平成に入っても増加し続けているにもかかわらず検挙人員数が減少したのは，それまでほぼ60％で推移してきた検挙率が一挙に30％前後に急落したからである．そこで，80年代までの検挙率がそのまま維持された場合を想定して，認知件数に応じた検挙人員を推定し，それを成人と少年の検挙人員の割合に従って割り振った数値を元に描いたのが上図の検挙率補正値である．

　少年は人口の7％を占めるにすぎないにもかかわらず，検挙人員の約半

検挙人員に占める少年の割合
交通業過を除く刑法犯（1999年）

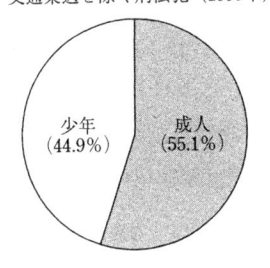

少年
(44.9%)

成人
(55.1%)

数を占める．その結果，成人の10万人当たりの検挙人員率は173にすぎないのに対し，少年のそれは1,558に上る(1999年)．しかし，半世紀前の1955年頃は，両者の検挙人員率には差がなかったのである．

少年と少女

「少年」とは20歳未満の者をいい，もちろん「少女」も含む．少年事件全体に占める女子の割合は，増加傾向にある．現在は2割強である．特に少女の犯す割合の高い犯罪として目立つのは，覚せい剤取締法違反の罪である(49.6%)．

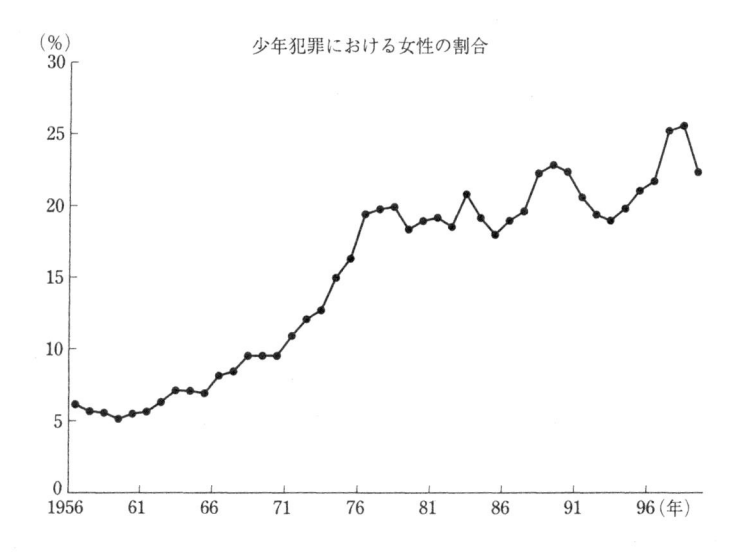

少年犯罪における女性の割合

8 犯罪を犯した少年はどのように扱われているのか

少年に多いのは盗品等の罪

　少年事件で数が多いのは窃盗罪や遺失物等横領罪(占脱)で，これは成人の場合と同じである．ただ，シンナーが問題となる毒物及び劇物取締法違反の数が多い点が，成人と際立った特色を示している．また，刑法典上の犯罪で，相対的に少年の割合が高いのは恐喝罪である．

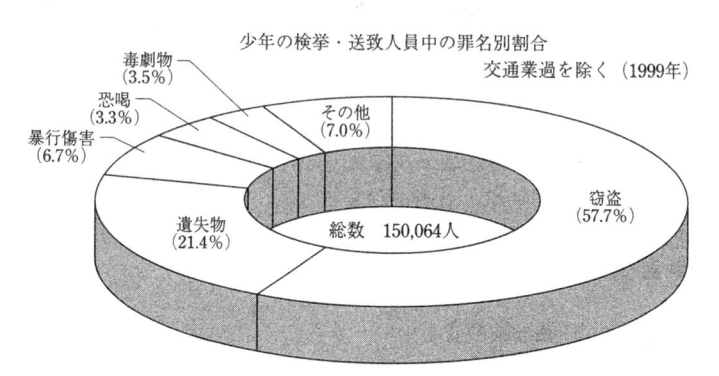

少年の検挙・送致人員中の罪名別割合
交通業過を除く (1999年)

- 毒劇物 (3.5%)
- 恐喝 (3.3%)
- 暴行傷害 (6.7%)
- その他 (7.0%)
- 遺失物 (21.4%)
- 窃盗 (57.7%)
- 総数 150,064人

　罪名ごとに少年の占める割合を見ると，やはり毒物及び劇物取締法違反の68.8%が目立つが，刑法犯の盗品等に関する罪は，それを上回って少年率が高い．それに次いで窃盗罪，遺失物等横領罪の順となるが，30%を超える強盗罪，傷害罪，強姦罪も，少年人口が7%にすぎないことを勘案すれば，非常に高率である．少年が強姦を犯す率は成人の4.9倍，傷害は7.1倍，強盗は8.3倍に上る．そして，少年率が8.4%と比較的低い殺人

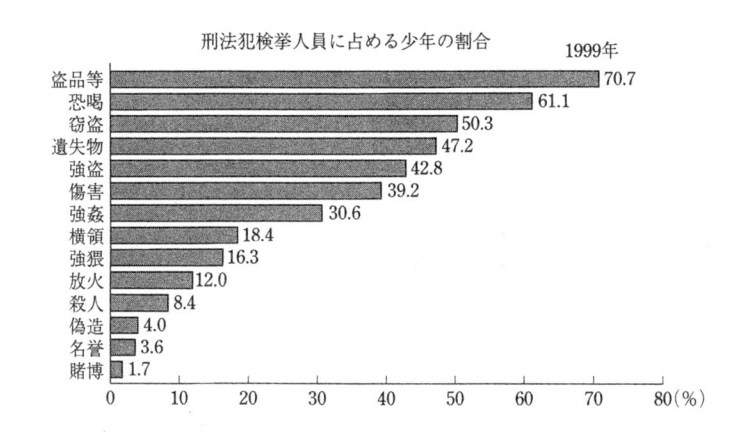

刑法犯検挙人員に占める少年の割合　1999年

- 盗品等　70.7
- 恐喝　61.1
- 窃盗　50.3
- 遺失物　47.2
- 強盗　42.8
- 傷害　39.2
- 強姦　30.6
- 横領　18.4
- 強猥　16.3
- 放火　12.0
- 殺人　8.4
- 偽造　4.0
- 名誉　3.6
- 賭博　1.7

罪においても，少年が犯す率は成人に比べて高い．最近では，殺人も，少年の方が犯す率の高い犯罪になってしまった．

少年非行の低年齢化

近年非行少年の低年齢化が問題となっている．14歳以上20歳未満の少年を年少(14～15歳)，中間(16～17歳)，年長(18～19歳)と分けると，かつては，年長少年の非行が最も問題とされた．現在でも，凶悪犯に関しては年長少年の占める率が高いが，刑法犯全体としてみると，70年代からの年少・中間少年の増加が著しい．低年齢の方が犯罪を犯す率が高いという点に，日本の少年非行の特色が見られる．

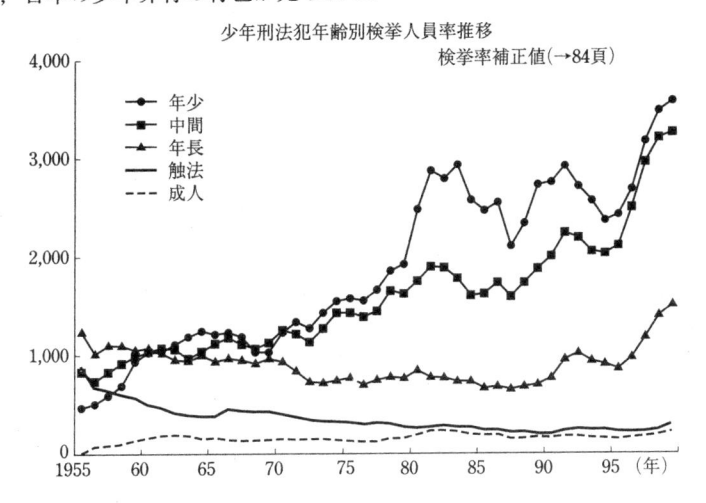

少年刑法犯年齢別検挙人員率推移
検挙率補正値(→84頁)

少年法による処分

刑法では，「14歳に満たない者の行為は，罰しない」(41条)．しかし，14歳以上の者でも20歳未満の者には少年法の適用があるため，成年とは異なる扱いがなされる．

少年法は**少年非行**として3つの類型を挙げる．① まず14歳以上20歳未満の少年による刑罰法規に当たる行為(**犯罪行為**)，② 刑罰法規に触れる行為だが14歳未満のために責任を問われないもの(**触法行為**)，③ 刑罰法規に該当しない不良行為(**虞犯**)である．これらの行為を行った少年は，まずすべて，家庭裁判所に送致される(少年法3条．**全件送致主義**．14歳未満の

			14歳	16歳	18歳	20歳
刑 法		刑事未成年	刑事責任能力あり			
少年法	犯 罪 行 為	触法行為	犯罪行為			
	非 行 行 為	虞　犯 (刑法上の犯罪以外でも処分の対象)				
	検 察 送 致 (犯罪行為)	──	可 (16歳以上で犯罪行為により死亡させた場合は原則送致)			
	死　　刑	──	不　可		可	
	無 期 懲 役	──	可			

1裁判官　2家裁判所調査官　3裁判所書記官　4非行少年　5両親　6付添人　7廷吏
模擬少年審判（最高裁判所編『日本の裁判』より）

者については都道府県知事または児童相談所長からの送致が必要）．処罰を目的とした通常の刑事「裁判」とは異なり，少年の「保護」を原則とするため，通常の裁判所ではなく家庭裁判所で「審判」（**少年審判**と呼ばれる）に付される．

少年審判手続略図（最高裁判所編『日本の裁判』より）

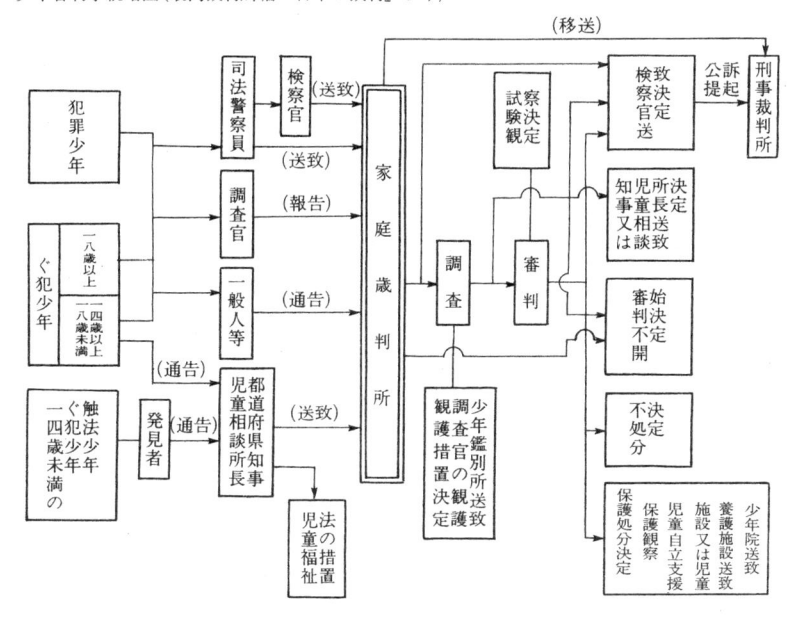

刑事処分

ただ，重大な犯罪行為（死刑，無期懲役又は禁錮に当たる罪）で，家庭裁判所が刑事処分をすることが相当と判断した場合には，検察官に送致される（これを**逆送**という）．逆送されると，検察官により起訴されることになる．逆送されるのは16歳以上の少年に限られていたが，平成12年改正により14歳以上の少年のすべてがその対象となりうることとなった（少年法20

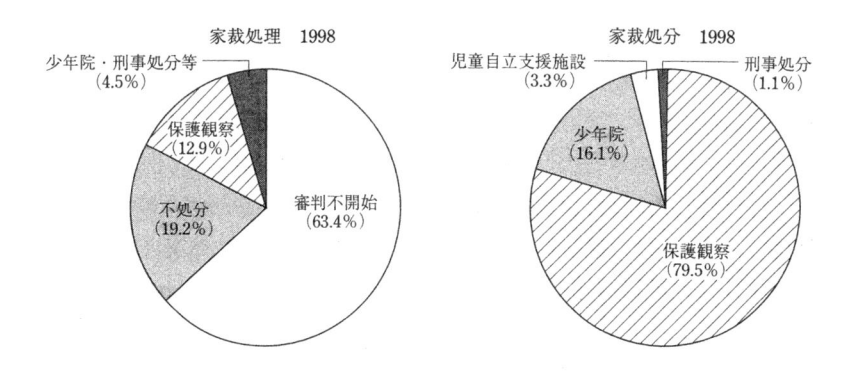

8 犯罪を犯した少年はどのように扱われているのか　89

条). また，従来は逆送の数がごく少なく，家裁全処理数の0.2%(99年，交通業過・道交法を除く)，なんらかの処分の対象となった者の1.6%にすぎない．そこで，今回の少年法改正において，一部の凶悪犯罪については原則逆送とすべきことになった．

保護観察

家裁が決定する保護処分の中で最も多いのが，**保護観察**である．保護観察は成人の仮出獄者，執行猶予者を対象とするものもあるが，少年に対しても，保護観察処分を受けた者，少年院からの仮退院者に対して行われる．

保護観察を実施するのは，地方裁判所所在地ごとに設置されている保護観察所で，保護観察官，保護司により担われている．保護観察官は法務省職員であるが(平成8年の定員は事務官を含め1,353名)，保護司は民間篤志家(非常勤・無給)であり，全国で約48,000人が法務大臣から委嘱されている．

> **児童自立支援施設(旧教護院)送致** 児童自立支援施設とは不良行為を行い，又は行うおそれのある児童等を入所させ，又は保護者の下から通所させて，必要な指導を行い，その自立を支援することを目的とする施設である(都道府県の施設)．保護処分として，犯罪を犯した少年の一部(主として低年齢の者)は同施設に送られる場合がある．ただ，福祉的な施設なので，非行少年に対する保護処分として利用することには，問題がないわけではない．

少年院

少年事件というと**少年院**と結びつけられやすいが，少年院に送致されるのは全件数の約2%にすぎない．家庭裁判所における少年事件の処理で最も多いのが，**審判不開始**と**不処分**である．

家庭裁判所では，まずその少年の生い立ち，生活環境等に関する調査を行う．この調査を行うのが家庭裁判所調査官である．調査は，医学，心理学，教育学，社会学その他の観点からなされ，必要があれば少年鑑別所に送致し，心身の鑑別を行う場合もある．調査官による調査結果は，裁判官に提出され，処遇の決定の資料となる．その結果審判に付すべきであると考えられたもののみが，審判開始決定となる．

少年院「有明高原寮」　　　　実習訓練

　少年院は，法務省が所管する矯正教育施設である．初等少年院(14歳以上おおむね16歳未満)，中等少年院(おおむね16歳以上20歳未満)，特別少年院(犯罪的傾向の進んだおおむね16歳以上23歳未満)，医療少年院(心身に著しい故障のある14歳以上26歳未満の者)の4種類があり，男女別で全国に53の施設がある．

　少年院の処遇には短期処遇(6月以内)と長期処遇(2年以内)とがあり，生活指導，職業補導，教科教育，保健・体育，特別活動が行われる．20歳になれば退院させるのが原則であるが，20歳以上であっても，矯正教育の観点から収容を継続する場合もある．

校内暴力等と少年院　特に中学校における校内暴力等の処理で，特修科処理方式というものがある．少年院において短期間，集中的に教育を行った後に家庭に戻し，学校において院外委嘱教育を行う．年少少年において効果があるとされ，少年院の処遇で多様性が欠ける面を補うものと考えられている．

　また，学校でのいじめが原因と考えられる自殺が全国で報告されているが，いじめの内容が恐喝などの犯罪行為に当たることも多いと考えられる．その場合には少年審判に付され，少年院送致等の処分がなされる可能性がある．

---

8 犯罪を犯した少年はどのように扱われているのか

少年法の精神

　少年法が，少年に対し成人とは異なる手続を認め，しかも，たとえ刑事処分を行う場合でも，検察官送致の可否の決定を家裁に委ねている理由は，少年は処罰の対象ではなく，保護の対象であると考えていることにある．これを**保護主義**という．そこで，家庭裁判所では少年保護の観点から，少年の性格や生活環境の調査が中心となり，犯罪行為がなされた場合でも事件の解決の観点が必ずしも重視されてこなかったという問題がある．

　この問題が表面化したのが，**山形県新庄市のマット窒息死事件**である(1993年1月)．逮捕・補導された7人のうち6人が審判で事実を否認したが，そのうち3人が非行事実なしとして不処分となったのに対し，3人は保護処分となった(初等少年院送致2人，教護院送致1人)．そこで保護処分となった3人は，高裁，最高裁へと保護処分の取消を求めて抗告，再抗告を行ったが，いずれも棄却されている．

　また，東京の**調布駅南口の傷害事件**(1993年)でも，5人が予備校生に傷害を負わせたとして逮捕され，5人とも否認したが中等少年院に送致された．5人は抗告し家庭裁判所の審判がやり直された結果，1人だけが非行事実なしとして不処分となったが，その後5人全員が刑事事件として起訴された．しかし，不処分となった1人に対し，最高裁は「少年法上不処分となった者に対し，刑法上の処罰を求めて起訴することは許されない」とする判断を示した(最決平成9・9・18刑集51・8・571)．その後他の4人についても，検察が公訴取下げの申立てをした．

　さらに，女子中学生が殺害された**草加事件**(1985年)では，少年院送致の処分を受けた3人の少年の親に対し，被害者の両親が損害賠償を求めた民事裁判において，賠償を認めた高裁に対し最高裁は，「犯行を認めた少年らの供述には信用性がない」として高裁判決を破棄差戻した．10年以上前の少年審判の判断に疑問を投げかけたことになる．

少年法の改正

　これらの事件を契機に，従来からある少年法見直しの議論が再燃した．少年による凶悪事件，重大事件が発生したことにより，少年法は少年の保

護にあつすぎるという議論が強まり，平成12年11月に少年法が改正された(平成13年4月施行)．主要な改正点として，①「16歳以上」とされていた刑事罰対象年齢を「14歳以上」まで引き下げ，②16歳以上の少年が故意の犯罪行為で被害者を死亡させた場合，原則として刑事処分手続にかけるとし，③家裁の判断で，少年審判への検察官の立ち会いを認め，3人の裁判官による合議制の導入も可能とし，④18際未満の少年の罪が成人の無期刑に相当する場合には，減刑せずに無期刑を科すこともでき，⑤家庭裁判所は，審判開始後確定するまでの間，重大事件の被害者に対し審判記録の閲覧・謄写を認め，事件の被害者から被害に関する心情など意見を聴取する事を可能としたことなどがあげられる．

ただ，このような法改正が実現したからといって，すぐに少年犯罪が減少するわけではない．また，一方では被害者として犯罪に巻き込まれる少年が数多く存在することも忘れてはならない(恐喝罪では約70％，わいせつ罪では約65％の被害者が少年である)．具体的な法運用に対しての積極的な取組みに加え，少年犯罪の根絶に対する社会全体の対応が迫られている．

アメリカの少年法改正 1970年代のアメリカでは，中絶・マリファナの使用などの犯罪に対し，非犯罪化すべきであるとの潮流が強かった．少年犯罪についても，収容施設内での処遇より，できる限り地域内での処遇に移すべきであるとされていた．しかし，結果的には70年代に少年犯罪が激増することとなった．つまり，アメリカでは少年犯罪を保護・教育処分で抑えることは不可能であることが示されたわけである．そして70年代後半には各州で少年犯罪に対する法的規制の強化が図られた(78年にニュー・ヨーク州では凶悪犯の施設収容を13歳以上に引き下げ，76年にカリフォルニア州では16歳以上の特定犯罪者につき，成人裁判所での裁判を受けさせることとなった)．その結果，80年代以降少年犯罪の発生は沈静化した(前田雅英『少年犯罪』(2000年)165頁以下)．この結果がそのままわが国に妥当するとは限らないが，「少年を厳罰化しても効果がない」とはいえないであろう．少年の「保護」は単に「甘やかすこと」ではないはずであり，厳罰化と矛盾するものではない．いかに両立させるべきかが問われている．

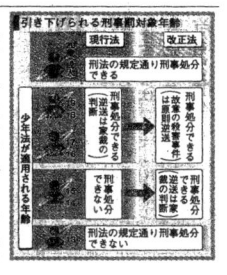

2000. 11. 28（朝日／夕刊）

改正少年法が成立
衆院可決 刑事罰14歳から

＊読書案内　現行の少年法制度に関し，運用面も含めて極めて的確な説明がなされているのが，田宮裕・廣瀬健二『注釈少年法』（有斐閣，1998 年）である．また，少年犯罪の動向を統計に基づき客観的に示したものとして，前田雅英『少年犯罪』（東京大学出版会，2000 年）がある．

＊HP案内　法務省 http://www.moj.go.jp/ 矯正の概要，保護司の活動が紹介されている．

⑨ 刑罰と犯罪に関する考え方の歴史
なぜ人は人を処罰しうるのか

なぜ神ならぬ人が同じ人を処罰しうるのか．これは裁きの主体が神であった「神判」の時代から人間による裁判へと移ったと同時に生じた疑問であった．この問題に対する答えとして，大きく2つの考え方が示されてきた．1つは「報復」としての応報刑論である．それに対しては，犯罪を防止する効果があるからこそ(効果がある場合にのみ)刑罰を科すべきだとする目的刑論が対立してきた．現在最も有力な考え方は，たしかに報応としての刑罰は必要だが，それはあくまで犯罪を抑止する効果が認められるからであるとする相対的応報刑論である．

近代日本の刑法理論

現代の刑罰と犯罪に関する考え方を見直す上では，明治以来の刑法学の歴史を概観しておくことが重要である．明治時代にヨーロッパの刑法学が輸入され，その時点以降，理論は大きく変化したからである．

> **明治初頭の刑罰法規** 江戸時代の刑罰法規として，幕府領には御定書百箇条が，大名の領地には各藩法が適用され，大政奉還直後もその体制が維持された．しかし中央集権化の進む中で，刑法典の編纂作業が進められ古来の大宝律と唐・明・清の律を基本に，公事方御定書や肥後藩の刑法草書を加味した**仮刑律**が作成され，明治3(1870)年に**新律綱領**として公布された．しかし，中国法の流れをくむ「律」形式の刑罰法規は明治初期の近代化の流れにマッチし得なかった．そこで明治4(1871)年に発足した司法省でその修正が進められ，明治6(1873)年に**改訂律例**が布告された．

明治初期，西欧先進諸国との不平等条約撤廃のため西欧法制度の導入の機運が高まった．明治7(1874)年にはフランスから**ボアソナード**(Gustave Emile Boissonade, 1825-1910)が来日し，彼を中心に西欧型の刑法の編纂が開始されたが，そこでは当然，フランス刑法典が下敷とされた．ボアソ

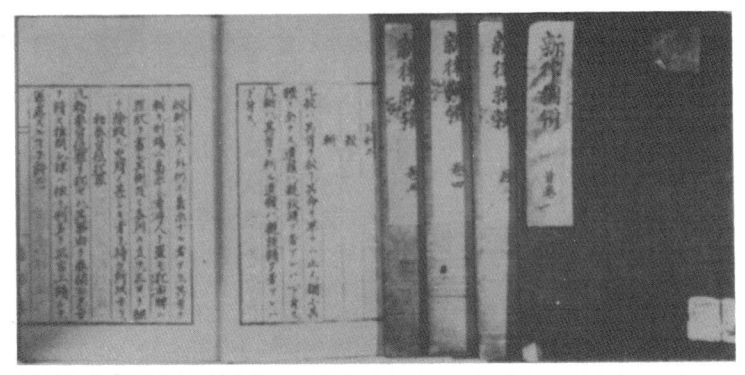

亀岡藩旧蔵「新律綱領」(慶応義塾図書館蔵)(手塚豊『明治刑法史の研究(上)』より)

ボアソナード

ナードの起草した「日本刑法草案」は明治10(1877)年11月に完成し，明治13年**旧刑法**として公布され，明治15(1882)年1月1日をもって施行された．

旧刑法施行後まもなく，当時の政府は共和制国家であるフランスより立憲君主制を採用していたドイツ法制がわが国のモデルにふさわしいと考え，刑法を現行のものに改正した．その結果，ドイツの刑法理論は日本の刑法学に，多大な影響を与えることになった．そこで，わが国における刑法学の考え方の対立・流れを理解するためには，19世紀から20世紀初めのドイツを中心とした西欧の刑法学の発展を概観する必要がある．

近代ヨーロッパ刑法学の生成

近代の刑法は，中世の刑法の問題点を克服する形で形成されていく．中世の刑法の特色は，①法と宗教・道徳が未分離であったため，法律が個人の内面生活にまで深く干渉し，②犯罪と刑罰が明確に法定されておらず，権力者の刑罰権の恣意的運用が行われていた(罪刑専断主義)．また，③刑罰に関しても身分による取扱いの不平等が存在し，④刑罰の大部分が死刑と身体刑から構成されており，しかも非常に残虐なものであった．

近代市民革命の重要なエネルギー源の1つが旧体制下の刑罰制度の問題

性であったとされている．近代革命に非常に大きな影響を与えたとされる**ベッカリーア**(Cesare Beccaria, 1738-94)の『犯罪と刑罰』(1764年)は，まさに旧体制下の刑罰制度への告発の書であった．彼は啓蒙主義哲学を基本に，社会契約論により国家の刑罰権を基礎づける．そして①社会・市民の利益の外形的な侵害のみが犯罪たり得るとして干渉性を批判し，②成文法が一般に公にされるべきであり，③身分によって刑に差があってはならないとする．そして④余りにも残虐な刑罰は市民の感覚を麻痺させるものであるとして罪刑の均衡を説き，当時の刑罰の苛酷性を批判した．

車裂きの刑(フランツ・シュミット『ある首斬り役人の日記』より)

佐藤晴夫訳『ベッカリヤの「犯罪と刑罰論」』(1976年)より

ドラクロワ『民衆をひきいる自由の女神』(1830年)(ルーブル美術館所蔵)

ナポレオン刑法典　近代革命の結果，フランスの1789年の人権宣言において罪刑法定主義が採用される．その後複雑な経緯を経て，1810年にいわゆるナポレオン刑法典が完成し，1994年のフランス新刑法典が制定されるまで妥当していた．制定当時としては最も自由主義的な刑法であった．ナポレオン刑法典が，ボアソナードを経て，わが国の旧刑法典に多大の影響を及ぼした．

カント，フォイエルバッハ，ヘーゲル

　西欧近代の刑法理論を形成した学者として，まず**カント**(Immanuel Kant, 1724-1804)が挙げられる．啓蒙主義哲学者として「個人」を重視したカントは，犯罪を理性に基づく自由意思に従って犯されるものと考え，法(国家)は個人の道徳には干渉することはできないとし，**法と倫理の峻別**を説いた．また個人を犯罪予防の目的のために用いてはならないとして(**応報刑論**)，「眼には眼を，歯には歯を」という**同害報復の原則**を主張した．

　このカントの刑法理論を発展させて，いわゆる**旧派(古典派)刑法学**を完成させたのが**フォイエルバッハ**(Paul Johana Anselm von Feuerbach, 1775-1833)である．彼はカントの「法と倫理の峻別」の考え方を受け継ぎ，権利侵害のみが犯罪であるとした(**権利侵害説**)．ただ，刑罰論については，観念的な応報刑論ではなく**心理強制説**を主張した．これは，人間は合理的に判断してより大きな利益を選択するという前提から，「犯罪を犯すことにより得られる快楽より大きい不快が刑罰として科されることが予め明示されていれば，心理的な強制により犯罪を防止しうる」とする見解である．このような心理強制のためには，刑罰は犯罪より少し多めの害悪を含むもので足りるとし，さらに刑罰が予め明示されていることが重要であるとして，罪刑法定主義を導いた．

　カントの刑法理論のうち，応報刑論の側面を発展させたのが**ヘーゲル**(Georg Wilhelm Hegel, 1770-1831)である．彼は，「犯罪は法の否定であり，刑罰は否定の否定である」として，刑罰は純粋に応報であるとし，刑罰論に犯罪防止等の目的を導入することを厳しく排除する．そして，心理強制説を「犬に向かって杖を振り上げるようなものである」と批判した．ヘーゲルの刑法理論の最大の

カント

フォイエルバッハ

ヘーゲル

特色は，カント，フォイエルバッハが重視した個人の利益に代え，国家の利益を強調した点にある．彼は，国家は刑罰を加えることにより法と正義を回復する権利を持つとした．19世紀後半のドイツでは，ヘーゲルの刑法理論が非常に強い影響力を持った．

> **フォイエルバッハとヘーゲル**　フォイエルバッハは大哲学者ルートヴィヒ・フォイエルバッハの父親である．この父親はたいへん激情的な人間で，家族は陰で「ヴェスヴィオス火山」と呼ぶほどだった．大学同僚との諍いから大学を辞してバイエルン王国司法省顧問となり，最初の近代刑法典であるバイエルン刑法典(1813年)の起草に当たった．一方，ヘーゲルの国家の重視も，ナポレオン戦争で神聖ローマ帝国の崩壊を目の当たりにしつつ構想されたものであることを重視すべきであろう．ヘーゲルはフランス軍のイエナ占領という事態の中で原稿を書き続け(1806年)，そしてナポレオンの勝利を喜んだとされる(長谷川宏『ヘーゲル「精神現象学」入門』8頁以下)．

新しい犯罪現象と新派刑法学の登場

19世紀末になると，産業革命の進展などにより，都市人口の急激な増大と，それに伴う犯罪の量的・質的変化が生じてくる．貧困に基づく財産

ロンドンの貧民街の状況を示したホガースの〈ジン横丁〉(1750-51)

犯罪の増大，アルコール中毒者や少年の犯罪の増加，さらには犯罪の常習犯化といった現象である．このような，いわば社会状況から必然的に生ずる犯罪に対し，旧派の応報刑理論のとる「自由意思に基づく犯罪」とか「法の否定」といった説明に疑問が向けられた．

また同害報復では，軽微な犯罪に対しては短期の刑しか科すことができないが，常習犯人の増大により短期自由刑の効果にも疑問が生じた．そして，犯罪は単に個人の自由意思の所産ではなく，「原因」があるものであり，その原因の解明と除去こそが重要であると考えられるようになる．これが**新派(近代派)刑法理論**である．

新派刑法理論は，2つの流れがある．1つは，犯罪の原因を犯罪者自身の生物学的な要因に求める立場で，主としてイタリアの学者が主張したため**イタリア学派**と呼ばれる．イタリア学派を代表する**ロンブローゾ**(Cesare Lombroso, 1835-1909)は精神病医学者で，受刑者の頭蓋骨等の調査から，犯罪者には一定の身体的特徴があると主張し(**生来性犯罪人説**)，ダーウィンの先祖帰りの現象が犯罪者に見られるとした．

他方，犯罪の原因を主として社会関係に求めたのがフランスの社会学者たちであった．犯罪を統計学的，社会学的側面から研究し，「犯罪は社会

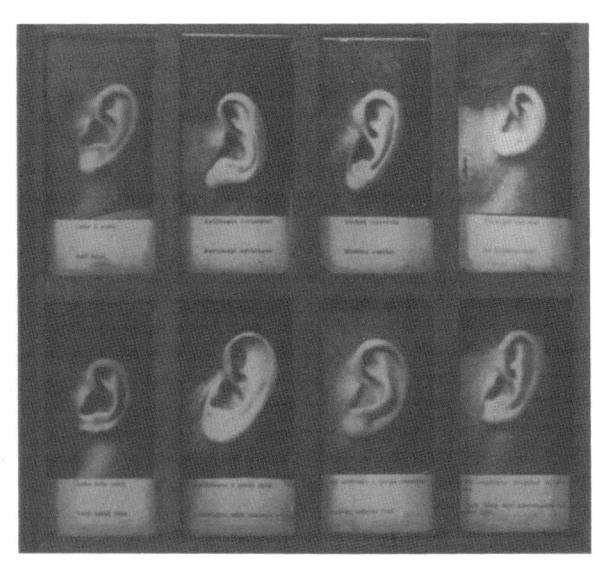

フランス学派であるラカサーニュ(J. A. E. Lacassagne, 1843-1904)により分類された耳のタイプの標本，指紋以前に人の識別に用いられた．
(Philippe Schuller, THE INDEPENDENT MAGAZINE 2 JUNE 1990 より)

構造から生ずるものである」として社会政策の必要性を力説した．このように犯罪の社会学的原因を重視する学者たちを**フランス学派**と呼ぶ．

> **社会防衛**　新派の代表的論者である**フェリー**（Enrico Ferri, 1856-1929）は，刑法とは生物学的・社会的原因によって生ずる犯罪から社会を防衛する手段であり（**社会防衛論**），刑罰は社会にとって危険な性格を有する犯罪者に対する社会防衛処分であると主張した．応報刑論においては，自由意思に基づく行為に対する非難が刑事責任の基本であったが，新しい考え方の下では社会にとって危険な性格を有する者は刑事処分を甘受しなければならないのである（**性格責任論**）．

新派刑法学を，解釈理論として精緻なものにしたのが**リスト**（Franz von Liszt, 1851-1919）であった．リストは，まず犯罪の社会的原因には刑罰より社会政策が有効であるとし，「社会政策は最良の刑事政策である」と指摘する．他方，個人的原因については刑罰が必要な場合があるとし，それは主として，個人的な犯罪原因を改善（教育）する目的のものであるとする（**教育刑論**）．この改善刑は，人格に対するものではなく，社会の構成員としての市民的改善を目的とするが，改善が認められるまでは刑罰を科すという，不定期刑の考え方と結びつくことになる．

リスト

牧野英一（有斐閣提供）

日本の新派と旧派

わが国の現行刑法典が，ドイツで新派刑法学を学び帰国した刑法学者を中心に法典化されたという経緯から，新派刑法学が解釈論において強い影響力を持った．中でも渡欧してリスト等に学んだ**牧野英一**（1878-1970）は，明治末期から第2次大戦後までの長い間，新派理論の代表者として刑法学界に圧倒的な影響力を行使した．牧野は犯罪者に犯罪の原因があるとし，新派刑法学の教育刑論の必要性や，犯人の悪性（社会的危険性）

9　刑罰と犯罪に関する考え方の歴史　　101

を中心とした**主観主義的犯罪論**を有力に説いた．また，柔軟な合目的的解釈を主張したため，罪刑法定主義を軽視するものとの批判を浴びることともなった．

これに対し旧派刑法理論の応報刑論と客観的犯罪理論を，日本的な形で発展させたのが，**小野清一郎**(1891-1986)である．小野は，法を道義そのものと捉え，違法性を国家法秩序の精神に違反することとし，責任の領域でも道義的非難を強調した．ただ，犯罪として重要なのは，あくまで「行為者」ではなく「行為」であるとし，客観的犯罪論の必要性を説いた．

小野清一郎(有斐閣提供)

> **戦後のわが国の刑法学の対立状況** 新派理論は，特に行刑実務において浸透し，教育刑論から行刑の人道化，死刑廃止論へとつながる．ただ，戦前の国家主義的・権威主義的刑法理論への反省から，罪刑法定主義が強調されたため，新派の主観的刑法理論よりも，旧派の形式的・客観的犯罪論が主流となった．

	旧派	新派
刑罰論	応報刑	目的刑(教育刑)
人の行為	自由な意思に基づく	決定されている
責任論	道義的責任	性格責任
処罰対象	行為	行為者
犯罪論	客観主義	主観主義

刑罰論の現代的意義

刑法理論では，「なぜ，国民にとって重大な害悪である刑罰を国家が科すことが正当化されるのか」という**刑罰論**がまず出発点となる．そして刑罰論の対立が，「いかなる行為を犯罪として処罰するのか」という**犯罪論**を左右することになる．

応報刑論は，犯罪防止効果がなくても「正義」としての応報のためには刑罰を科さねばならないとし，目的刑論のように犯人に対する処罰を「犯

罪防止の道具」として利用することを批判する．「応報」というと厳罰を想定しやすいが，**同害報復**の範囲内でのみ刑罰を科すため，刑罰の上限を画する機能を持つという側面もあるのである．

これに対し「刑罰は犯罪防止の目的のために科される」という**目的刑論**は，応報刑論が「犯罪が起こったから刑を科す」のに対し，「犯罪が起こらないように刑を科す」とする考え方である．目的刑論のうち，心理強制説(98頁)に代表される**一般予防論**は，刑罰の持つ広い意味での威嚇力により一般人が犯罪に陥ることを防止しようとする．他方，改善刑・教育刑に見られる**特別予防論**は，刑罰により犯罪者自身が再び犯罪に陥ることを防止しようとするものである．

ただ，目的刑論では一般予防の観点からは刑が重いほど効果が大きいと考えられやすく，また特別予防論でも改善されるまで教育するとされる危険性がないわけではない．このような危険性が強く意識されたために，戦後のわが国では目的刑論より応報刑論が有力であった．

相対的応報刑論

しかし現在では，犯罪防止目的を全く考慮しない**絶対的応報刑論**はみられず，応報刑論を基調としつつも，予防効果(特に一般予防効果)も重視する**相対的応報刑論**が有力である．そして，相対的応報刑論はその内部で，正義としての応報の考え方を基本とする**応報型の相対的応報刑論**と，刑罰は犯罪防止のための手段の1つであると捉える**抑止型の相対的応報刑論**とに分かれ，対立している．

たしかに，哲学的な応報理論一辺倒でも現代の刑罰制度は説明できない．

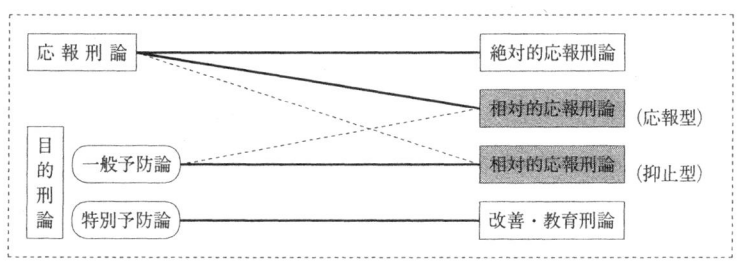

前田雅英『刑法総論講義(第3版)』参照．

刑罰制度は広い意味で犯罪を防止し，刑罰により犯罪が惹起した社会的動揺を鎮めることにより，国民全体の利益を図るという理由で正当化されるという側面は否定できないからである．社会にとって最大の害悪である犯罪現象を除去し，秩序を安定させて国民がよりよい生活を営み得るようにするからこそ，「害悪」である刑罰も正当化され得る．

　しかし，刑罰の効果を考える立場に立っても，「罪刑の均衡」「国民の正義感」等の応報的要素を無視することはできない．それらを無視すれば，国民の間に，「なぜあの行為がこんなに軽い（あるいは重い）処罰なのか」，「なぜあの行為が処罰されて，この行為が処罰されないのか」という不満感が高まることになり，刑罰制度自体が国民の支持を失うことになりかねないからである．

　　＊**読書案内**　近代刑法学にとって極めて重要な地位を占めるのがカント哲学である．最近の入門書として石川文康『カント入門』（ちくま新書，1995年）がある．また，わが国の刑法学に多大の影響を及ぼしたドイツ刑法学者たちについては「ドイツ刑法学者のプロフィール」（『法学教室』127～150号，1991～3年），日本の刑法学者たちについては「日本刑法学者のプロフィール」（同151～162号，1993～4年）がある．さらに，刑事法の領域を超えるが，明治末の東京・京都両帝国大学の学者たちを紹介した斬馬剣禅『東西両京の大学』（講談社学術文庫，1988年）は痛快である．

　　17～18世紀ロンドンの都市犯罪の悲惨さはしばしば語られるが（99頁，ジン横丁の版画参照），ブルース・アレグザンダー『グッドホープ邸の殺人』（ハヤカワ・ミステリ，1998年），同『グラブ街の殺人』（同，1999年）は，18世紀にロンドンの警察組織（「ボウ街の捕り手」と呼ばれた）を創設した実在の治安判事ジョン・フィールディングを主人公とした探偵小説である．あくまでフィクションだが，当時のロンドンの様子がうかがえる．フィールディングはまるで「遠山の金さん」のような人物として描かれている．

⑩ 犯罪とは何か
罪刑法定主義と犯罪理論

　「犯罪と刑罰は法律によって定められていなければならない」という罪刑法定主義の大原則も，実はかなり実質的な内容を持つ．まず，法律といっても国会で定めるものに限るのかが問題である(現実には条例による処罰規定も多い)．さらに，法律で定めさえすればどのような「悪法」でもよいのかも問題である．現在では「悪法は法ではない」と考えられている(実体的デュー・プロセスの理論)．罪刑法定主義といえども硬直した原則ではなく，時代・社会により変動するものである．

罪刑法定主義——変化する原則

　犯罪論において最も重要な原則は，罪刑法定主義であろう．**罪刑法定主義**とは，「法律無くば刑罰無く，法律無くば犯罪無し」と一般に定義され，刑罰権の濫用を防ぐための大原則である．ただし，あくまで近代西欧型刑法において発展した原則であり，あらゆる時代，国家で等しく妥当してい

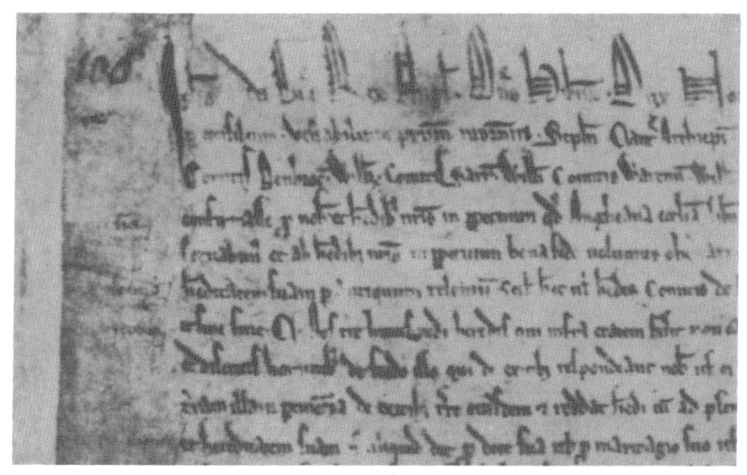

マグナ・カルタ(1215年)

るわけではない．20世紀においても，初期のソ連やナチス・ドイツでは否定されていた．罪刑法定主義といえども法的な原則である以上，その時代・社会のイデオロギーを背景としてのものであることは否定できない．また，非西欧の法伝統を持つ国々において，必ずしもそのまま適用しうるものではない．

> **罪刑法定主義の淵源** 13世紀のマグナ・カルタにまで遡りうるとする説明も多いが，イギリスは判例法国であり，成文法を要求する罪刑法定主義とは矛盾する面もあるため，フランス人権宣言(1789年)やアメリカ独立宣言(1776年)を源とする見解も有力である．ただ国民の手により国の法的強制力を規制しようとする精神は，マグナ・カルタによりはじまるといってよい．より直接的には，フォイエルバッハの心理強制説(98頁)が，罪刑法定主義の理論的基礎となった．

民主主義と自由主義

罪刑法定主義には，いかなる行為が犯罪であるかを国民自身がその代表を通じて決定するという**民主主義的要請**と，犯罪は，国民の権利・行動の自由を守るためにあらかじめ成文法により示されなければならないという**自由主義的要請**が含まれる．前者からは，罪刑は成文法により定められていなければならないとする**法律主義の原則**や**慣習刑法の否定**が導かれ，後者からは行為後の法規により処罰してはならないとする**事後法の禁止の原則**や，**刑法の不遡及**が導かれる．

> 民主主義──国民の代表が決める────法律主義，慣習刑法の否定
> 自由主義──行為時に犯罪を知り得る────事後法の禁止，刑法不遡及

さらに，罪刑法定主義の派生原理として，刑期を全く定めない**絶対的不定期刑の禁止**がある．少なくとも，刑種，刑量は相対的に決定されていなければならない(相対的不定期刑)．そして，恣意的な条文解釈により罪刑法定主義の意義が失われることを防ぐため，**類推解釈の禁止**が要請される．

> **現行刑法と罪刑法定主義** 現行刑法典に罪刑法定主義を直接定めた規定はない．しかし，憲法31条が「何人も，法律の定める手続によらなければ……刑罰を科せられない」と規定しており，この「手続」の中には「刑法」も含むと解されている．

法律主義と事後法の禁止

　国会で作る狭義の法律が刑罰を規定できることはいうまでもない．**政令**については原則として罰則を設けることができないものの，憲法73条6号は特に具体的な法律による委任がある場合には例外を認めると定めている．そして**条例**に関しても，地方議会により作られるため罪刑法定主義の民主主義的要請は一応満たされており，また地方自治法も条例への委任事項や罰則の範囲はかなり限定されていることから，条例に刑罰規定を設けることも憲法違反とはいえないと考えられている．

	刑罰
(1) 狭義の法律（国会の定めるもの）	◎
(2) 政令（内閣が制定する命令）	△
(3) 省令（各省大臣が制定する命令）	△
(4) 条例	○

　憲法39条は「何人も，実行の時に適法であつた行為又は既に無罪とされた行為については，刑事上の責任を問はれない」と規定している．同条は，事後的な法律で刑が重く変更されても，行為時に定められていた刑より重い刑で処罰されることはないという趣旨も含む．さらに，刑法6条は犯罪後の法律で刑罰が軽く変更された場合は軽く処罰すると規定する．これは，事後法の禁止の原則から直接導かれるものではなく，刑事政策的な観点から，軽く変更された場合には「事後法」であっても軽い処罰を適用すべきだとしたものである．

10 犯罪とは何か

明確性の理論と実体的デュー・プロセス

罪刑法定主義は，何が犯罪行為であるかをあらかじめ国民に告知して，**行動の自由**を与えると同時に，法執行機関の**刑罰権の濫用を防止**することを目的とする．そこで，国民から見て何が犯罪行為かが明らかとならないような不明確な文言を含む刑罰規定は，適正手続を定めた憲法31条に違反し無効であるとされている(**明確性の理論**)．さらに，法律の内容として処罰すべきでない行為を含み適正とはいえない場合も憲法31条に違反するという**実体的デュー・プロセスの理論**も主張されている．

> **実体的デュー・プロセス論**　法文の形式的な明確性ではなく，実質的な適正さを欠くことを理由に違憲とする理論で，英米法の議論を土台とする．英米法系では，国王の法を裁判所がチェックするという伝統があった．特にアメリカでは，憲法上の人権規定を根拠に立法を違憲とする「違憲立法審査権」の考え方が発達した．

アメリカ連邦最高裁判所

国会議事堂

> **徳島市公安条例事件判決**(最判昭和 50・9・10 刑集 29・8・489) 「交通秩序を維持すること」という条例の文言が明確かをめぐる裁判で，最高裁は，「その規定が通常の判断能力を有する一般人に対して，禁止される行為とそうでない行為とを識別するための基準を示すところがな」い場合には，不明確の故に憲法 31 条に違反して無効であるとし，明確性の理論を認めた．ただ，具体的な本件条例については違憲とはしなかった．

新しい罪刑法定主義の実現

最も伝統的な**三権分立**の考え方を土台とした罪刑法定主義の考え方によれば，裁判官は自分の考えによる解釈を一切行うべきではなく，条文をそのまま適用すべきだということになる．

しかし，立法作業のみにより本当に国民の意識を反映した，民主的な刑事司法制度が可能なのであろうか．選挙を通した民意の反映が刑罰の世界において重要なルートであることは当然であるが，それだけでは不十分である．犯罪や刑罰の制度に，より細かな国民の考え方を反映する道として，実際の事件処理において，裁判官をはじめとした法律実務家が，一般国民の意識を体現していることが何よりも重要である．罪刑法定主義の民主主義的要請の実現は，必ずしも裁判官を「法により縛る」ことによってのみ達成されるわけではない．

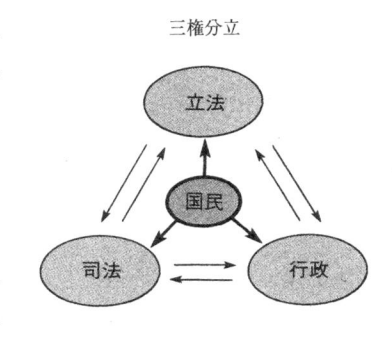

刑法解釈の特色――類推解釈と拡張解釈

法規を超えた，あるいは規定されていない事実について，他の規定から類推して犯罪の成立を認めることは許されない(**類推解釈の禁止**)．しかし，刑罰法規で用いられる文言も一定の抽象化は避けられないし(窃盗罪でも盗む物を「金，貴金属，自動車……」と列挙することはできない．刑法 235 条は抽象的に「財物」と規定している)，社会の変化に伴い新しく当罰性の高い行為が出現することはやむを得ない(→例えばテレホンカードにつき 204 頁)．そこで，

具体的な適用に際して裁判官の解釈による補充は当然必要となる．法のめざす目的にそった「目的的解釈」も一定の範囲では必要だからである．ただその際には，国民の意識を反映しているということが重要である．

一般に刑法では「類推解釈は禁じられるが，拡張解釈は許容される」といわれるが，これは具体的妥当性(当罰性)の要請と法的安定性の要請とのバランスをとることの必要性をいうものである．一方で当罰性が高いと考えられる行為を処罰することは重要であるが，他方で「法規の文言の意味の範囲」であり「国民の予測可能性の範囲」内に処罰をとどめ，法的安定性を保つことも必要である．条文の文言そのものからは若干離れ，拡張解釈となっても，処罰することが国民にとって意外でなければ(法的安定性が害されなければ)，その解釈は許容されるのである．

電気窃盗判例(大判明治36・5・21刑録9・14・874)　わが国の刑法解釈の柔軟性を示す，旧刑法下の有名な判例．窃盗は「財物を窃取する行為」で，財物とは有体物をいうとされ(民法85条)，日常用語としても財物に「電気」が含まれるとはいいにくい．ところが大審院は，隣家に線をつないで電気を勝手に使った行為を窃盗罪で処罰した．「物とは，有体物ではなく管理可能なものをいう」としたのである．ところがほぼ同じ時期，ドイツの判例は「電気は物でない」として窃盗罪の成立を否定した．わが国では法改正が少なく，立法による解決より判例による解釈で処罰を認める事例がしばしば見られた．共謀共同正犯の理論(142頁)などはその典型である．なお，現行刑法では「電気は，財物とみなす」(245条)としている．

狩猟法上の「捕獲」　鴨を捕獲しようとして公道上で猟銃3発を発砲した行為につき，1発も当たらずとも狩猟法上の「捕獲」の罪が成立するとした判例がある(最決昭和54・7・31刑集33・5・494)．この解釈は「捕獲」という言葉の意味から離れすぎているように見えるが，狩猟法は公道や墓地，社寺における「捕獲」を禁じており，鳥獣の保護だけではなく，人に対する危険防止も法の目的としている．そこで，鴨が逃げても「捕獲」の罪に当たるとするのが目的的解釈からは正しいことになる．

同様に，日本料理の包丁儀式に使用する刃物を製作・所持した行為が，銃刀法上禁止された「刀剣類」の所持に当たるとして処罰された．一般の包丁が銃刀法上の刀剣類に当たらず，許可なく所持できることはもちろんである．

本件の「包丁」もいわゆる鍔のないものであったが,「刀」の一種であると解釈された(最決平成 8・2・13 刑集 50・2・236).

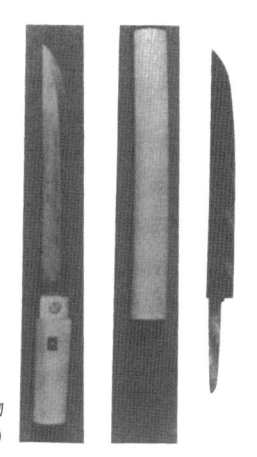

「刀剣類」に当たるとされた包丁儀式用の刃物
(『刑集』50 巻 2 号より)

犯罪論体系の意義と役割——犯罪の「本質」

　刑法総論の主要部分は,「いかなる行為を犯罪として処罰すべきか」を明らかにする**犯罪論**である.伝統的には,犯罪論の目標は「犯罪の本質」を明らかにし,それを「体系的に矛盾なく説明する」ことであるとする見解も有力であった.しかし,犯罪とは自然界の物質のように「そこに存在するもの」ではなく,政策的に刑事司法機関が「創り出していくもの」である.「水は H_2O,つまり水素原子 2 つと酸素原子 1 つから成る」というのと,「犯罪は構成要件に該当し違法で有責な行為である」と説明するのとは,全く異なる.犯罪に科学的な意味での「本質」があるわけではないことは,現代の刑法学では当然の前提である.

ベーリングの三分説から構成要件の実質化へ

　現在のわが国の犯罪論の基本構造は,ドイツの**ベーリング**(Ernst von Beling, 1866-1932)の理論に影響されている面が大きいとされている.彼は犯罪を,「**構成要件**に当てはまり,**違法**で,**責任**ある行為」と定義した.
　ベーリングは,罪刑法定主義の観点から刑罰法規を重視し,そこで示さ

ベーリングの三分説		
構成要件	客観的	類型的
	⇓	⇓
違法性	客観的	具体的
	⇓	⇓
有責性	主観的	具体的

れた「犯罪類型」「定型」を構成要件と呼び,「構成要件該当性なければ刑罰なし」とした.構成要件は国民の誰からみても明確でなければならないということから,「法律的価値評価から独立の客観的,記述的(形式的)な類型」として性格づけられ,解釈の余地がある規範的要素(裁判官の解釈を経なければ意味を確定できない文言)や主観的要素(故意や目的など)は構成要件から排除された.その結果,構成要件に該当しても,さらに具体的な違法性判断がなされるまで,その行為が違法であるか否かは決まらないこととなった.構成要件と違法性とは峻別されたのである.

また,違法性と責任(有責性)も,その判断対象が客観的なものか主観的なものかにより峻別された.責任能力のない者(例えば子ども)の行為でも,盗めばその行為自体は客観的に違法であり得ることになる.犯罪を構成要件,違法性,有責性の3段階で判断するのが**三分説**である.

しかし,ベーリングの形式的な構成から出発した犯罪論は,構成要件と違法性とが融合し,違法性が責任と接近するという形で次第に発展していった.規範的構成要件要素(わいせつ物販売罪の「わいせつ」など)や,主観的要素を含む構成要件の存在(偽造罪における「行使の目的」など)が認識されるようになり,ベーリングのように類型的・形式的・客観的にのみ構成要件を理解することは困難となったからである.そこで,構成要件に該当する行為は違法性を否定する例外的事実(違法性阻却事由)がない限りは,違法性もあると考えられるようになった.このような「違法類型としての構成要件」の考え方が,現在では多数説となっている.

現代の犯罪理論体系——犯罪の実質的要件

犯罪は,罪刑法定主義の原則から,法律に「犯罪」と定められた行為,すなわち,構成要件に該当する行為でなければならないが,実質的には,以下の2つの要件を満たす行為でなければならない.

> ① 処罰に値するだけの害悪が存在すること
> ② 行為者に，その行為につき非難が可能であること

①の要件が**違法性**であり，②が**責任**である．そして，処罰に値する違法な行為で，かつ責任非難が向けられるものを類型的にリストアップしたものが，「構成要件」に他ならない(**違法・有責類型としての構成要件**)．

> **違法性と責任の実質的意義** 刑法が，より多数の国民の利益を，よりよく保護するために社会全体を統制する手段だとすれば，国民の利益が侵害されることが違法性の実質といえよう(**法益侵害説**)．これに対し，違法性を「法規範(法秩序)違反」として理解する立場が対立する(**法規範違反説**)．後者の基礎には，刑法は倫理・道徳から大きく踏み外した行為を処罰するという考え方がある．また，「悪い結果の発生」を違法性の根拠とする考え方を**結果無価値論**と呼び，「悪い行為，悪い内心が違法性の主要根拠である」という考え方を**行為無価値論**と呼ぶ．法益侵害説は結果無価値論に結びつき，法規範違反説は行為無価値論に結びつく．
>
> 一方，「責任(非難可能性)なければ刑罰なし」という原則を**責任主義**といい，現在ではほぼ異論なく承認されている．非難可能性は，行為者が他の適法行為を行うことが可能であったにもかかわらず，敢えて犯罪行為を行った場合(他行為可能性があったという)に認められる．

構成要件と違法性・責任の関係

構成要件に該当するということは，① 客観的に「処罰に値するだけの害悪をともなう行為」であり，かつ ② 現在のわが国の国民が責任非難が可能であると考える主観的事情，例えば故意・過失や特定の目的を伴うものであるということになる．つまり，構成要件該当性があるということは，原則として犯罪行為に当たるということになるのである．

ただ，構成要件という原則類型に該当したとしても(つまり，次頁図のⅠ・Ⅱが認められたとしても)，例外的に処罰を否定すべき特別な場合がある．例えば，殺人は類型的に悪い行為であるが，急に襲われたのでやむを得ず防衛した場合は処罰すべきでない(正当防衛→133頁．Ⅲが認められ違法性が欠ける)．この例のように①の客観的な違法性が例外的に否定されるもの

現在の多数説の考える犯罪の構造

	違法性(客観面)	責任(主観面)
構成要件 (原則)	I 構成要件的結果 実行行為	II 構成要件的故意 構成要件的過失
阻却事由 (例外)	III 正当防衛・緊急避難 法令・業務行為等	IV 違法阻却事由の認識 期待可能性等

を違法性阻却事由といい，②の主観面としての責任が例外的に欠けるものとして，違法性阻却事由の認識や期待可能性及び責任能力の欠如がある(責任阻却事由，IV)．実際の刑事裁判における判断も，この順序(I→II→III→IV)でなされる．

＊HP案内　衆議院 http://www.shugiin.go.jp　従来に比べ，刑法の領域でも法改正のスピードは早くなっている．国会のサイトでは法案の審議状況などを見ることができる．

⑪ 構成要件要素
犯罪の骨格

　10章で述べたように，犯罪は構成要件に該当し違法で有責な行為をいう．そこで，まず構成要件とは何かが問題となる．刑法199条の殺人罪は「人を殺した者は，死刑又は無期若しくは3年以上の懲役に処する」と規定する．すなわち殺人罪の構成要件は「人を殺すこと」である．殺人罪の構成要件に該当するためには，まず①「人」が死ななければならない．動物が死んでも動物傷害(器物損壊罪261条)にしかならない．さらに，②人が死んでも故意に「殺した」場合でなければならない．過失で死亡させる行為は業務上過失致死罪(211条)になる．①は構成要件の客観面の問題で，②は主観面の問題である．本章では構成要件の実質的構造について考える．

構成要件の主要構成要素

　構成要件該当性は，客観面(客観的構成要件)と主観面(主観的構成要件)とがそれぞれを別個に判断される．まず，客観的構成要件については，**結果**と**実行行為**に加え，その両者を結びつける**因果関係**が最も重要な要素である．未遂犯は結果が発生しなかった場合であるが(殺害しようと銃を撃ったが弾が逸れた場合や，当たったがけがを負ったにとどまった場合)，その場合でも「生命侵害の危険性」は発生しており，これが未遂犯における結果となる(→137頁).

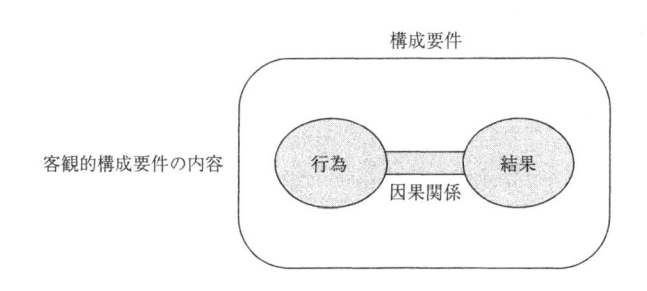

　　　　　　　　　　　　　　　構成要件
　客観的構成要件の内容　　　行為 ―因果関係― 結果

> **犯罪の主体と法人処罰**　通常，犯罪の主体は「人」一般であるが，構成要件の中には主体に一定の限定を加えたものもある．これを**身分犯**という．例えば，収賄罪は公務員しか犯せない身分犯である．
>
> 　また，企業が犯罪の主体となることもあり得る．これを**法人処罰**という．例えば，食中毒事件が発生した場合，その食品を実際に製造した工場の従業員よりも，工場長，あるいはその会社の社長，さらには組織としての会社が責任を負うべき場合もあり得る．現行刑法典は，原則として個人の責任を追及することを前提としている(**個人責任の原則**)．個人が故意，過失により犯罪「行為」を行ったという倫理的，道義的責任を問うのが刑罰だと考えてきたからである．企業にはそのような意味での「行為」は考えられないというのが伝統的な見解であり，現行刑法典で法人を処罰する規定はない．
>
> 　しかし，最近では，刑罰にとって「倫理的な非難」は絶対的なものではないと考えられるようになった．たしかに懲役などの自由刑を法人に科すことはできないが，罰金刑による処罰は可能である．実際に特別刑法では，従業員と共に法人にも刑罰を科す場合が多く見られる(**両罰規定**)．例えば，所得税法では脱税につき従業員の他，その事業者にも罰金が科される．

構成要件結果

　客観的構成要件要素の中でも最も重要なのが，客観的な結果発生である．これは，犯罪を捜査する場面を想定すればよくわかる．殺人罪であれば，まず人の死があって，そこから刑事手続が出発するからである．

　構成要件に該当する結果といえるか微妙なのが，軽微な結果しか発生しなかった場合である．タバコが専売法により厳しく規制されていた時代，タバコ耕作者が政府に納入すべき葉を価格1厘分(現在の価格で約50銭)，重さにして2.6グラム程度を自分で吸ってしまったという**一厘事件**があった．判例(大判明治43・10・11刑録16・1602)は，このような「零細な反法行為」は処罰しないとし，1厘分のタバコの葉を納付しなかったからといって政府に対して与えた損害は微々たるものであるとした．

　最近でも，スリが金目の物を狙ったが，実際にはちり紙13枚，はずれ馬券，メモ用紙などを盗んでしまった場合，「窃盗罪の客体である財物として保護に値しない」とする判例がある．ただし，金目の物を「狙って」いる以上，被害者が持っていた可能性のある価値の高い物が盗まれる「危

険性」が生じたとして，未遂罪が成立する余地はある．

> **危険犯** 「結果が発生するおそれ」という意味での危険の発生を必要とする犯罪を**危険犯**と呼ぶ．例えば，現に人の使用している建物に放火する行為は「現住建造物放火罪(108条)」，住居以外の物置小屋のような建物に放火する行為を「非現住建造物放火罪(109条)」と呼ぶが，109条II項は自分の所有する非現住建造物に放火する場合につき「公共の危険を生じさせなかったときは，罰しない」としている．このように条文上危険の発生が要件とされているものを**具体的危険犯**という(公共の危険とは延焼などその建物以外の財産や人身に危害が及ぶおそれをいう)．これに対し，そのような要件が規定されてない108条や109条I項は**抽象的危険犯**と呼ばれる(その建物が燃焼すれば，公共の危険が発生しなくとも犯罪が成立する)．
>
> ただ，抽象的危険犯であっても，およそ危険の発生がない場合に犯罪の成立を認めるべきではないとする見解が有力である．法益侵害のおそれがないのに処罰することになるからである．そこで，実質的にみて法益侵害の現実的・具体的な危険の発生(放火であればより高度の公共危険の発生)を必要とするのが具体的危険犯であり，法益侵害の抽象的危険の発生(具体的危険より程度の低い危険発生)で足りるのが抽象的危険犯であるとする考え方が，現在では有力となっている．

実行行為

　刑法上の行為は，**意思に基づく人の身体の動静**と定義されることが多い．「動」とは**作為**，「静」とは**不作為**を指す．例えばナイフで人を殺害する行為は「作為」による殺人罪，乳児にミルクを与えずに餓死させた場合には「不作為」による殺人罪にあたる．ただ，「意思に基づく」行為に限定すると，くしゃみをしたときにそのはずみで隣にいた人にぶつかるような場合は「行為」とはいえないことになる．しかし，そのような場合でも「人の行為」ではあり，ただ責任を問えない(行為者を非難できない→12章)と理解すべきである．

　行為のすべてが犯罪行為となるわけではなく，各構成要件が処罰に値するとして予定している行為を特に**実行行為**という．**結果犯**(殺人のように結果発生を明示的に要求する犯罪．偽証罪のような**挙動犯**に対立する概念)の場合には，各犯罪類型ごとに定められた結果を発生させる危険性を持った行為

丑の刻参りは無罪か　いわゆる「丑の刻参り」は殺人罪の実行行為性がないが，マンガの場合のように，忍者が潜んでいたらどうなるか．「5コマ目」に忍者に釘を打ち込んだとすれば，客観的には(釘の長さから見て)殺人罪の実行行為性はあるだろう．しかし，白装束の女性には人がいるという認識はなく，思いがけず「殺人」を犯してしまうことになるのである．ところが，この女性は(忍者ではない)他の人間を「殺してやろう」という意思を持っている．そして，殺人罪でいう故意(殺意)は人を殺す意思があれば足り，「誰を殺す」ということまでは問題としない(Aを殺害しようとした弾がそれてBに当たっても殺人罪になる．本章「錯誤」の項参照)．したがって，このマンガの女性は，殺意をもって殺人罪の実行行為を行っているように見える．しかし，女性はあくまで客観的には実行行為性のない「丑の刻参りで人を殺そう」と考えており，このように実行行為性のない行為を認識している場合は「実行行為性の認識が欠ける」とされ，故意は認められない．結論からいえば，女性には殺人罪は成立しない(不注意で人にケガをさせた過失傷害，死亡させれば過失致死になる余地はある)．このマンガは刑法上の様々な論点を含んだ「難問」である．

のことである．例えば，殺人罪の「殺す」行為とは，たまたま死の結果を発生させた行為の全てを含むのではなく，類型的に人の死を導くような行

為でなければならない．小麦粉を毒薬だと思って飲ませる行為や，わら人形に五寸釘を打ち込んで呪い殺そうとする行為は，人の死を導くような行為とはいえないので殺人罪の実行行為性を欠く．実行行為とは，構成要件に該当する一定の危険性を有する行為でなければならない．

> **間接正犯** 実行行為は，必ずしも行為者自身が自らの手で行う必要はない．あたかも，ピストルを道具として人を殺すように，事情を全く認識していない第三者に毒入りのコーヒーを運ばせて目的の人物を毒殺する行為も，殺人罪の実行行為であることには変わりない．このように，人を「道具」として犯罪を実行する場合を，**間接正犯**と呼ぶ．

不作為犯

不作為犯とは，不作為によって犯罪が実現される場合をいい，㋐ 真正不作為犯と，㋑ 不真正不作為犯に大別される．**真正不作為犯**とは，107条の不解散罪や，130条後段の不退去罪のように，そもそも構成要件が不作為の形式を採用するものをいう．これに対し，作為の形式で規定された通常の構成要件が不作為によって実現される場合を，**不真正不作為犯**と呼ぶ．例えば，親がミルクを与えないことによって乳児を死なせるような場合が典型例である．そして，実際的にも理論的にも，圧倒的に重要なのは不真正不作為犯である．

> **不作為の因果性** 不作為犯論の中心の1つは，何もしないという「無」から結果という「有」は生じないのではないかという疑問から出発した，因果性の問題であった．しかし最近は，不作為を「絶対的な無為」ではなく一定の期待された作為をしないことと理解することにより，この因果性の問題に解決が与えられたと考えられている．「その期待された行為がなされたならば，結果が生じなかったであろう」という関係が認められれば，因果関係があるとするのである．

不作為犯は積極的な行為がなされないことが犯罪となるので，処罰は無限に広がるおそれがある．子どもが餓死した場合でも，食べ物を与えなかったのは親だけでなく，隣人や親戚も食べ物を与えなかったという意味では同じだからである．そこで，不作為犯の処罰範囲は**作為義務**の有無によ

り限定される．「〜すべき義務」がある者についてのみ，不作為犯は成立する．そして，刑法上の作為義務は道徳上のそれとは異なる．通りかかった者が溺れている子どもを助けず，その子が死亡してしまった場合，道徳的には批判されるかもしれないが，通行人に刑法上の作為義務はない．

さらに，他の法領域で「法的」義務が課されているからといって刑法上の不作為犯を基礎づけるとは限らない．例えば轢き逃げで被害者が死亡した場合，加害者は道交法上の救護義務を怠ったという義務違反はあるが，その義務違反がそのまま殺人罪の作為義務違反となるわけではない．作為的に殺害したと看做されるような状況（例えば，いったん助けようとして車内に運んだ後に，発覚をおそれて路上に降ろして放置したような場合）がなければ，「殺人罪」とはいえない．これを**作為と同視しうる程度の不作為**という．このような場合は，自分が車で轢いたことが「先行行為」となって，作為義務が生ずる．

作為義務の根拠　作為義務が発生する根拠として，一般に①親の子に対する義務，配偶者の義務といった**法令**によるもの，②看護契約などの契約，事務管理等の**法律行為**によるもの，③**慣習**，④**条理**が挙げられる．条理とは「物事の筋道」という意味であるが，特に作為義務との関係では「先行行為」が問題となる．例えば，他人に覚せい剤を注射した（先行行為）者が，相手が錯乱状態になったのを放置した場合には，不作為による保護責任者遺棄罪が成立する（最決平成元・12・15刑集43・13・879）．

因果関係

実行行為と無関係に結果が生じた場合には，構成要件該当性は認められない．実行行為と現に生じた結果との間に客観的に「原因と結果」と呼べる関係が必要である．この「原因と結果」の関係を刑法上の因果関係と呼ぶ（結果の実行行為への**客観的帰責**ともいう）．因果関係が欠ける場合には，実行行為性があっても既遂ではなく未遂となる（→12章参照）．刑法上の概念である因果関係は，自然科学における原因・結果関係と完全に一致するわけではないし，民法における因果関係（民法416条，709条参照）とも同一ではない．刑法上，既遂として処罰に値するか否かという価値判断を含んだ

概念だからである．

　刑法の因果関係論の前提として，まず，その実行行為がなければその結果が発生しなかったであろうという関係が必要である．これを**条件関係**（「あれなくばこれなし」の関係）と呼ぶ．この関係はかなり広い範囲で認められ，例えば，殴って軽傷を与えた被害者が，救急車で病院に運ばれる途中に交通事故で死んだ場合でも，殴ることと「交通事故による死」の間に条件関係は存在する．殴る行為（あれ）がなければ，救急車には乗らず，救急車に乗らなければ死の結果（これ）はなかったからである．

　条件関係がありさえすれば刑法上の因果関係を認める見解を**条件説**と呼ぶが，これは処罰範囲が広過ぎるとして批判された．上の救急車の例や，殺そうとしてけがをさせた被害者が，入院先の病院で地震に遭い死亡した場合のように，異常な因果経過が介在した場合についてまで（未遂罪ではなく），殺人既遂罪が成立することになってしまうからである．

> **中断論と原因説**　条件関係説による広い処罰範囲を限定するため，途中に自然現象（地震など）や他人の故意行為（ナイフで刺したところ，さらに第三者がとどめを刺した場合など）が介在した場合には因果関係が「中断」され，帰責されないという議論が唱えられた（**中断論**）．しかし，過失行為（交通事故など）ならなぜ中断しないのかという疑問により批判された．
>
> 　また，条件関係説を批判し，結果に対する諸条件のうち，「原因」と呼べるもののみを選んで因果関係を認めようとする**原因説**が主張されたが，何を根拠に「原因」とするかの基準が不明確であると批判された．

相当因果関係説

　その結果，現在最も有力なのが，一般人の社会生活上の経験に照らして通常その行為からその結果が発生することが「相当」と認められる場合に刑法上の因果関係を認める**相当因果関係説**である．この説の特色は，①条件関係のあるものから不相当な場合を排除することにより刑法上の因果関係を限定する点と，②行為時を基準に，一般人の目で見て相当性を判断する点にある．

客観説，主観説，折衷説 相当因果関係説は(a)客観説，(b)主観説，(c)折衷説の対立がある．(a)**客観説**は，行為時に存在した全事情と，予見可能な行為後の事情を基礎に相当性を判断する．これに対し，(b)**主観説**は，行為者が行為時に認識した，または認識し得た事情を基礎に相当性を判断する．そして，(c)**折衷説**は，行為時に一般人が知り得た事実及び行為者が特に知っていた(「知り得た」ではないことに注意)事情を基礎とする．

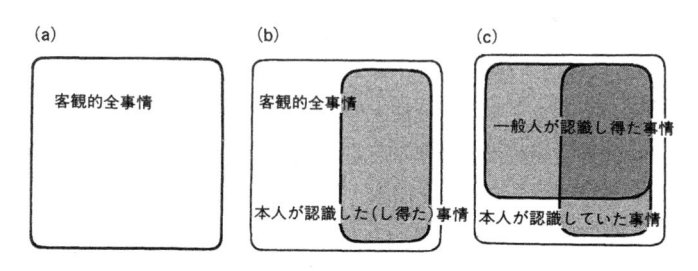

(a) 客観的全事情

(b) 客観的全事情／本人が認識した(し得た)事情

(c) 一般人が認識し得た事情／本人が認識していた事情

　例えば，行為者が被害者の頭を殴ったところ，外見上は全く異常がないのに被害者が脳梅毒に罹患しており脳組織が異常に弱くなっていたため死亡した場合(最判昭和25・3・31刑集4・3・469，**脳梅毒事件**)，(a)客観説からは，行為時に存在した客観的事情をすべて含み，「脳組織が弱まっていた人の頭を殴ること」を基礎に死の結果が発生することが相当か否かを判断するため，一般人からは相当だと考えられるので因果関係を認めることになる(上の判例も，傷害だけでなく死についても因果関係があるとして傷害致死罪の成立を認めた)．そのため，客観説では苛酷に過ぎると批判される．一方(b)主観説は，因果関係が狭すぎ，行為者が認識することができなくても一般人からみれば当然認識できる事情を除外するのは妥当でないと批判された．これに対し(c)折衷説によれば，一般人からは被害者の脳組織の異常はわからない以上「通常の人間の頭を殴ることから死の結果の発生する相当性」を判断するため，相当因果関係は否定される．ただし，行為者が特にその事情を知って行為した場合は，「脳組織が弱まっていた人の頭を殴ること」を基礎に「死の結果は相当か」を判断することになり，刑法上の因果関係が認められることになる．

　実際の因果関係判断で最も問題となるのは，**行為後に特殊な事情が介在する場合**である．(a)客観説，(b)主観説，(c)折衷説の各説は「その介在事情が一般人からみて相当なのか，それとも突飛なのか」というだけで，議論の掘り下げは少なかった．ところが，最決平成2・11・20(刑集44・

8・837，**大阪南港事件**)で，被告人が重傷を負わせた被害者を，大阪南港まで車で運びそこに放置したところ，その場でも何者かに殴られて(＝行為後の介在事情)死亡したという事案が問題となって以来，このような場合の取扱いについても議論が進んだ．

現在では，もともとの被告人の行為の重大性(当初の傷害の重大性)，介在事情の異常性(南港での暴行の異常性)，介在事情の結果への影響力(南港での暴行の重大性)などを考慮しつつ，相当因果関係を認めてよいか否かの検討をするという見解が有力となっている．大阪南港事件判決では，もともと被告人が加えた傷害の程度が重大だったため，死亡結果についても因果関係があるとされた．

故意

構成要件の主観面にとって最も重要なのが，故意と過失である．刑法38条I項は，「罪を犯す意思がない行為は，罰しない」と規定する．つまり，罪を犯す意思(故意)のない行為は処罰しないのが原則である(**故意処罰の原則**)．その結果，過失犯は，特別の定めのある場合に例外として処罰される(38条I項但書)．故意とは罪を犯す意思であり，一般に「犯罪(構成要件)事実の認識」と言い換えられることが多い．ただ，犯罪事実の全てを完全に認識していなければ，故意犯としての非難が向けられないというわけではない．客観的構成要件要素の内のどの部分を，どの程度に認識していれば罪を犯す意思が認められるのかという点が重要である．

> **未必の故意**(どの程度の認識が必要か)　故意は，結果を意図・意欲した場合も含め，結果の発生を確実なものとして認識した**確定的故意**の他に，結果を不確定なものとして予見した**不確定的故意**を含む．後者の代表例が，「結果の発生は不確実だがかなりの可能性はあると認識している(ないしは，不確実だが結果が発生してもやむを得ないと認容している)**未必の故意**である．

まず，その構成要件の主要部分についての認識が必要である．例えば殺人罪の故意があるというためには，自分がナイフで人を刺しているという**実行行為の認識**と，相手が死亡するという**結果の認識**が必要となる．被告人本人が「自分は人形を刺しているのだ」と思っていれば，法が犯罪と定

めた殺人行為の認識が欠けるので責任を問えず，処罰できない．

　ただ，構成要件事実の認識の有無の判断は必ずしも容易ではない．覚せい剤取締法は覚せい剤の輸入を禁止しており，輸入罪が成立するためには「覚せい剤」という構成要件事実の認識が必要である．しかし，例えば覚せい剤の運び屋が「粉末状の化粧品だと思っていた」と主張したら故意はないのであろうか．現在の判例は「覚せい剤を含む身体に有害で違法な薬物である」という認識があれば，「覚せい剤」輸入罪の故意として十分な認識があるとしている(最決平成2・2・9判時1341・157)．

たぬき・むじな事件　禁猟期間中にタヌキやムササビを捕獲した行為につき，大審院判決は，タヌキを「むじな」だと思って捕獲した事件を無罪とし(大判大正14・6・9刑集4・378)，一方で，ムササビをその地方の俗称である「もま」だと思って捕獲した行為を有罪とした(大判大正13・4・25刑集3・364)．いずれも，構成要件要素であるタヌキ，ムササビそのものの認識はな

たぬき(むじな)　　　　　　あなぐま(むじな)

く，両判決は矛盾しているようにも見える．しかし，タヌキやムササビの認識の有無は動物学のレベルで決めるわけではない．大審院は，素人的に見て「むじな」だと思えばタヌキの認識を欠くとし，他方「もま」の認識があればムササビの素人的認識があると判断した．「もま」はその地方の俗称であり，「もま」の他にムササビという動物がいるとは思われていなかったからである．つまり，「むじな」については「禁猟獣」であるとの認識がなく，「もま」についてはそれがあると評価されたのである．

認識と結果のズレ（錯誤）

　犯罪事実について，主観的に認識した内容と現に生じた客観的事象に齟

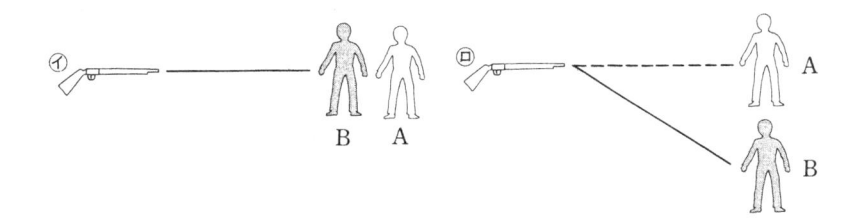

齬が生じた場合を**事実の錯誤**という．主観と客観のズレが同じ構成要件の範囲内で生じた，**具体的事実の錯誤**と，ズレが異なる構成要件にまたがる**抽象的事実の錯誤**に大別される．Aという人間を殺そうとして，隣のBという人間を殺したような場合(同じ殺人罪の構成要件内の錯誤)が前者で，Aを殺害しようとしたが誤ってAの連れていた犬を殺してしまった場合(殺人罪と器物損壊罪という異なる構成要件間の錯誤)が後者である．

さらに，事実の錯誤は，㋑客体の錯誤，㋺方法(打撃)の錯誤，㋩因果関係の錯誤の3つに分かれる．㋑**客体の錯誤**は，そこにいるのがAだと思って殺したところ，実はBだったような場合である．それに対し㋺**方法の錯誤**は，Aを狙ったところ隣のBを殺してしまった場合である．㋩**因果関係の錯誤**は，狙った客体に認識通りの結果が発生したが，結果発生にいたる因果の経過が認識と異なる場合をいい，Aを溺死させようと川に突き落としたところ，Aが橋桁に頭を打ちつけて死亡したような場合である．

認識と事実が異なった場合のすべてにつき，現に発生した結果について故意がないとするわけにはいかない(溺死させようとして突き落としたが橋桁にぶつかって死亡した場合，殺人罪にならないという結論は妥当でない)．認識と事実がどれだけズレた場合に故意の成立を否定すべきかを論ずるのが**錯誤論**である．故意を否定すべき錯誤の程度を決定する基準に関し，認識した内容と発生した事実が具体的に一致していなければ故意は認められないとする(a)**具体的符合説**と，両者が構成要件の範囲内で符合していれば故意を認めるとする(b)**法定的符合説**とが対立する．

「具体的」符合説は，Aを狙った弾丸がそれて傍らのBに当たりBが死亡したような場合(**方法の錯誤**)，Aを殺害するという故意の内容とBの死とが具体的に一致していないので，Bに対する殺人の故意は認められな

いとする．そこで，Bに対しては過失致死罪が成立し，狙ったAに対しては，故意はあるが結果が発生していない(ただし，傍を弾が通ったという危険は発生している)ので，殺人未遂罪のみが成立すると考える．これに対し「法定的」符合説は，AであれBであれおよそ人を殺害する故意はあり，実際に人が死亡しているのだから，人を殺害するという殺人罪の構成要件は被告人の思ったとおりに実現している．したがってBに対する殺人既遂罪が認められると考える．法定的符合説が多数説で，判例はほぼ一貫して法定的符合説を採用している．

さらに，XがAを殺害しようとしたが弾丸がAを貫通してBにも当たり，両名を殺害した場合，具体的符合説はAに対する殺人既遂とBに対する過失致死を認めるのに対し，法定的符合説は，A，B両名に対する2つの殺人既遂罪を認めることになる．

もっとも，わが国で主張されている具体的符合説は，Aを狙ったつもりが実はそこにいたのはAではなくBだったというような場合(**客体の錯誤**)は，主観と客観とが「その場にいる人」という意味で具体的に一致しているから故意犯の成立を認めるとする．したがって，「具体的」といっても完全な一致を要求しているわけではない．

> **概括的故意** AあるいはBと特定せずに，およそその場にいる者を殺害しようとする故意を**概括的故意**という．松本サリン事件(1994年)や地下鉄サリン事件(1995年)は，死亡した犠牲者に対しては殺人既遂罪，傷害をおった被害者に対しては殺人未遂罪の適用が考えられているが，これは概括的故意が認められるからである．概括的故意を認めない見解はほとんどない以上，殺人罪処罰にとって重要なのは，A，Bという被害者の特定ではなく，およそ人を殺害しようとして人が死亡したことであるといえよう．その意味でも，法定的符合説が妥当である．

抽象的事実の錯誤

XがAを殺そうとしたところ，Aの連れていた飼犬を殺してしまった場合，行為者の主観は殺人罪に相当し，結果は器物損壊罪に該当する．このように異なる構成要件にまたがって錯誤が生ずる場合が**抽象的事実の錯誤**である．「構成要件の範囲内で主観と客観が一致すること」を要求する

法定的符合説からは，構成要件が異なる以上，生じた結果についての故意既遂罪は認められず，殺人未遂罪の余地だけが残る．

しかし，現実の判例で問題となるのはより微妙な事例である．例えば，麻薬を，同様に白い粉状の薬物である覚せい剤だと誤認して輸入したらどうであろうか．覚せい剤は覚せい剤取締法，麻薬は麻薬及び向精神薬取締法という別個の法律で規制されており，形式的には構成要件は全く異なるといわざるを得ない．しかし，麻薬と覚せい剤を間違えたからといって，故意が欠け無罪となるとする結論は妥当性があるとはいえない．判例も，麻薬と覚せい剤のように構成要件が「実質的に重なり合っている」といえる場合には，客観的に発生した麻薬輸入罪の成立が認められるとした（最決昭和54・3・27刑集33・2・140）．

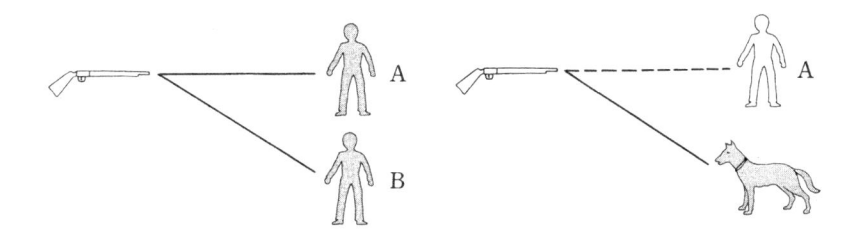

抽象的符合説 主観面と客観面が異なる構成要件に当てはまる場合でも，「およそ犯罪となる事実を認識して行為し，犯罪となる結果を生ぜしめた」以上，故意既遂犯の成立を認める見解を**抽象的符合説**という．人を狙ってその飼い犬を死亡させても，少なくとも器物損壊罪の既遂にはなるとするのである．たしかに，犯罪的な認識を有する以上，それを根拠に故意非難が可能なようにも見えるが，故意犯が成立するには，「その罪」が成立するだけの認識，つまり当該犯罪構成要件の主要部分の認識が必要である（人を殺そうと思っていても犬を殺すことの認識はない）．抽象的符合説では，事実上故意犯がその故意内容とは関係なく，生じた結果に対応して認められることになり結果責任主義に戻ることになってしまう．

12 処罰を制限する事由と拡張する事由
阻却事由・未遂・共犯

　構成要件に該当する行為でも，違法性，責任のいずれかが欠ければ犯罪は成立しない．正当防衛のように違法性が欠ける場合を**違法阻却**といい，その根拠となる事情を**違法阻却事由**という．また，刑事未成年の行為のように責任が問えない場合を**責任阻却**という．

　他方，刑法上の処罰を拡大する事情として，**未遂**と**共犯**がある．人を殺害しようとして失敗した場合には，人の死という結果が発生しなくても殺人未遂で処罰される．未遂処罰はその旨の規定がある場合に限るが，かなり多くの犯罪に未遂罪規定がある．特に凶悪な殺人や強盗などの犯罪には，未遂よりさらに遡った準備段階で処罰する**予備罪**が認められている．共犯は，自分自身が手を下さなくとも，実行行為を行った者を助ければ幇助，命じれば教唆として処罰されるし，さらに共同正犯という類型もある．

違法阻却事由

　刑法典に規定された違法阻却事由(正当化事由ともいう)には，正当業務行為(35条)，正当防衛(36条)，緊急避難(37条)がある．これらが認められれば，違法性が欠け，処罰されない．

> **実質的違法阻却**　違法阻却事由があると，構成要件に該当するにもかかわらずなぜ許されるのかという実質的な根拠(実質的違法阻却)については，「構成要件に該当する法益侵害を上回る(ないしは等しい)利益が，行為に存在するから」とする考え方(**法益衡量説**．自己の生命が侵害されそうになったので相手の生命を侵害すると考える)と，「倫理秩序の枠内の(文化規範や道義秩序に反しない)行為であるから正当化される」という考え方(**社会的相当性説**．自己の生命を守るための社会的に許容される行為として相手の生命を侵害すると考える)が対立する．一般に，前者は結果無価値的違法観(→113頁)を基盤とし，後者は，法規範違反説に結びついており，行為無価値的だと説明される．判例は，「正当な目的のための正当(相当)な手段だから正当

129

化される」とする考え方(**目的説**)に立っており，社会的相当性説に近いとされる．ただ，法益衡量説も単純に結果の大小を比較するわけではなく，目的の正当性や手段の相当性は考慮せざるをえず，判例の見解もこれに近い．

法令による正当行為

35条は，「法令または正当な業務による行為はこれを罰しない」と定めている．もっとも，本条は正当な行為であれば「業務」でなくとも罰しないと解されており，35条は正当な行為を許す一般規定だと説明されている．そこで，35条には**法令による行為**(**法令行為**)と業務行為の他，**その他の正当行為**も広く含まれることになる．

法令行為とは，例えば死刑執行官の**死刑執行行為**や，捜査機関の**逮捕・捜索・勾留等**がこれに当たる．殺害や逮捕・監禁罪の構成要件に当たる行為であっても，法令によりなされる以上正当化される．ただし，例えば必要な手続を踏まずになされた逮捕行為まで正当化されるわけではない．その場合には，被逮捕者が抵抗した場合の公務執行妨害罪の成否という形で論じられることが多い(公務執行妨害罪で保護すべき職務行為の適法性)．教員などの**懲戒行為**も法令による職務行為(学校教育法11条，少年院法8条)とされる．

その他の法令行為として，精神障害者に対する**措置入院**(→137頁)や母体保護法の**人工妊娠中絶**がある．同法は母体外で生命を保続することのできない時期の堕胎行為を，経済的・倫理的な理由が存在することを条件に

2000年日本ダービー Ⓒ JRA

正当化する．さらに，競馬の馬券や競輪の車券を発売する行為は富くじ罪（刑法187条）の構成要件に当たるが，財政政策的な考慮等から**競馬法，自転車競技法**により正当化されている．

業務行為

J. ルイスを攻めるホリフィールド
2000.8.14（日経／夕刊）**AP/WWP**

　社会生活上の地位に基づいて反復・継続される行為を業務というが，一般に正当と評価される業務は35条により正当化される．もっとも，プロボクサーの行為は正当化され，アマチュアの場合は暴行罪や傷害罪となるというわけではなく，業務行為といっても「業務」性よりも「正しく行われた」か否かが重要である．業務行為の代表例として，医師の治療（医療）行為（傷害罪を正当化），ボクシング等のスポーツ（暴行罪・傷害罪を正当化），取材活動（名誉毀損罪・秘密を漏らす罪を正当化）等がある．さらに，祈禱に際し，ある程度の物理力の行使も，正当業務行為とされる．しかし，その程度を超えれば，違法性は阻却されない．

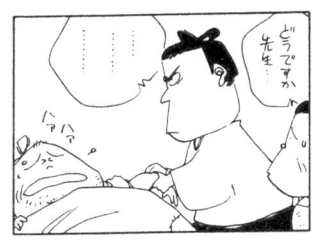

©いしいひさいち／チャンネルゼロ

> **インフォームド・コンセント** 手術等の治療行為が，正当化される要件としては，㋐**治療目的**，㋑**医学上の法則**(lege artis)の順守，㋒**患者の同意**の3点が挙げられてきた．特に最近は㋒**患者の同意**が最も重視されてきている．治療内容を完全に認識した上での真摯な同意(完全な**インフォームド・コンセント**)があれば，基本的には傷害罪等で処罰されることはない．しかし，患者の意思に反する**専断的治療行為**は緊急避難と同様の厳格な条件(その治療の緊急性，必要性)を満たさない限り，正当化される余地は少ないであろう．例えば乳癌の患者が「死ぬ可能性があっても患部を切除しないでほしい」と意思表示していたのに，医師が手術を行った場合，傷害罪として処罰されることもあり得る．民事判例ではあるが，エホバの証人信者の女性患者の意思に反し，輸血を行った医師に対し，55万円の損害賠償が認められたものがある(最判平成12・2・29民集54・2・582)．

その他の正当行為として，正当防衛の状況ではないが，国家機関の救済を待っていては失われた法益(権利)の回復が困難になる場合に，侵害者に対し自ら実力により救済を図る**自救行為**がある．例えば，警察に通報していたのでは取り逃がしてしまうので，盗品を犯人から自力で奪い返す行為は，自救行為として窃盗罪とならない．また，**被害者の同意**もその他の正当行為として位置づけられることが多い．優越的な利益がある場合だけでなく，被害者が自らの法益を放棄し，守るべき利益が欠ける場合にも違法阻却が認められるとされる(**利益欠缺の原理**)．しかし，法益が欠ける場合にはそもそも構成要件該当性すらなくなると解すべきであろう．ただし，生命についてはいかに被害者が法益を放棄しても(自殺を決意したとしても)，その自殺行為を助けた者は自殺幇助罪に当たる．

> **同意傷害** 被害者の同意に関して，最も問題となるのは傷害罪である．被害者の自己決定権を重視すれば，「真摯な同意」があれば原則として不処罰ということになる．しかし，学説の多数は「同意があっても，善良な風俗に反する行為は違法であるとする説(やくざの「指つめ」は違法だが，輸血は正当だと説明する)や，「生命にかかわるような重大な傷害以外は，同意があればそれだけで違法性が阻却される」とする説が有力である．たしかに指つめは傷害罪に当たるように思われるが，それは同意を強制されている場合が多いと考えられるからであって，その場合「真摯な同意」とはいえない．

最高裁は，自動車事故を装い保険金を騙取する目的で，被害者の承諾を得て自己の運転する自動車を衝突させて傷害を負わせた事案につき，保険金を騙取するという違法な目的に利用するために得られた承諾は違法であって，傷害行為の違法性は阻却されないとした（最決昭和 55・11・13 刑集 34・6・396）．たしかに違法目的での承諾ではあるが，その違法性は保険金詐欺として評価すれば足り，傷害罪とすべきではないという考え方もあり得る．

正当防衛

　刑法 36 条は正当防衛を，「**急迫不正の侵害**に対して，自己又は他人の権利を**防衛するため，やむを得ずにした行為**は，罰しない」と規定している．正当防衛は，古今東西を問わず同じように認められていると考えられがちであるが，時代や国によってその内容がかなり異なる．わが国は欧米諸国

1993. 5. 25（日経）

忍び返し

に比較して正当防衛の許容範囲が狭く，緊急状態でもなるべく国家権力の発動を待つべきだとする規範意識が強いのに対し，欧米では自らの生命・財産を守る権利としての正当防衛，さらには国民の義務としての正当防衛(法を破る者に対し戦う義務がある)という考え方も有力である．

急迫とは，法益の侵害が現に存在しているか，または間近に押し迫っていることを意味する．つまり過去の侵害と将来の侵害に対しては正当防衛の余地はない．**過去の侵害**に対しては，防衛ではなく原状を回復するための自救行為が可能であるにすぎず，また**将来の侵害**に対しても，急迫でない以上防衛行為はできない．

> **忍び返し** 防衛のための設備(忍び返し，自発銃，高圧電線など)をあらかじめ準備することも許されないのであろうか．これらは一般に，「防衛の効果が急迫時に発生するから許される」と説明される．ただし，侵害排除のための相当な方法に限るべきで，たとえ窃盗犯人に対するものであろうと，自発銃のように生命を危険にする装置の設置は許されない．

通常，急迫の侵害とは予期せぬ不意の攻撃を意味するが，防衛者が攻撃を**あらかじめ予期**した上で防衛行為を行った場合でも正当防衛となる余地はある(最判昭和46・11・16刑集25・8・996)．例えば，強盗がよく出没するというので護身用スプレーを準備しそれを使ったとしても，現に強盗に襲われれば急迫性はある．しかし，「漠然とした危険のために武器を携行する行為」まで正当化されるわけではない．

> **喧嘩両成敗** 判例は「喧嘩両成敗」の原則を採用し，両当事者に正当防衛を認めないことにより36条の成立範囲を不当に制限しているとされてきた．しかし，少なくとも戦後の判例は，喧嘩の事案でも場合によっては正当防衛成立の余地を認め，一方の闘争放棄が明らかなのになお攻撃を仕掛けるよう

な場合は,「急迫不正の侵害」となるとする(最判昭和31·1·22刑集11·1·31).ただ,喧嘩の場合は相互に挑発行為があるため,一方だけに防衛を認めるのは必ずしも合理的でなく,喧嘩両成敗の原則も妥当な側面はある.

防衛のための行為と防衛行為の相当性

36条の「防衛のため」とは防衛の意思で行為することを意味すると解する見解が有力で(防衛の意思必要説),判例も必要説を採る.ただ,専ら**防衛の目的(意図)**で行う必要はなく,自己の行為が防衛行為に向けられているという**防衛の認識**があればよい.興奮・逆上して行った防衛行為も,防衛の目的は欠けるかもしれないが,防衛の認識はある.

偶然防衛 防衛の意思必要説が有力である背景には,偶然防衛の問題がある.**偶然防衛**とは,例えば,XがYを殺そうとピストルを発射したところ,たまたまYもまさにX(ないしは第三者A)を殺そうとピストルの引金に指をかけたところであり,Xの弾丸が一瞬はやくYに命中し,XないしAが助かったような事例で,客観的には正当防衛の要件を完全に満たすが,Xに防衛の認識が欠ける場合をいう.必要説は,このようなXは単なる殺人行為を実行したにすぎず,たまたま正当防衛状況が存在したからといって無罪とするのは余りにも不合理だとするのである.もっとも,偶然防衛を認めないと次頁のいじわるばあさんの行為は単なる傷害罪になってしまう.

正当防衛は**やむを得ずにした行為**でなければならない.この要件は,従来,防衛者の反撃が侵害行為を排除するために必要な合理的手段の1つであること,さらには**必要最小限度の行為**でなければならない趣旨であるという理解も有力であった(防衛行為の**必要性**).しかし,判例は,攻撃者と防衛者双方の**法益の相対的なバランス**と,**防衛手段の相当性**の2つの面から,やむを得ずにした行為といえるかを判断している(防衛行為の**相当性**).法益のバランスからは,豆腐数丁を盗まれそうになったからといって,相手の生命を奪う行為は,いかに必要な防衛行為であっても許されない.また,相手が素手で殴りかかってきたのに対し,殺害する行為もやはり相当ではない.相当性の程度を超えると,**過剰防衛**(36条Ⅱ項)となる.判例の相当性判断は厳しく,相手を殺害した場合に正当防衛を認めることは少ないと

されてきた．しかし，絡んできた酔っぱらいを駅のホームから突き落として死亡せしめた女性の行為を正当防衛とした判例もある（千葉地判昭和62・9・17判時1256・3）．

緊急避難

対向車が飛び出してきたため，やむを得ずハンドルを切ったところ，並行して走行中のオートバイに衝突し，オートバイの運転手に傷害を負わせてしまったような場合を**緊急避難**という．刑法37条は緊急避難につき，「自己又は他人の生命，身体，自由又は財産に対する現在の危難を避けるため，やむを得ずにした行為は，これによって生じた害が避けようとした害の程度を超えなかった場合に限り，罰しない」と定めている．正当防衛との最大の違いは，「不正な侵害」に対する行為ではなく，**現在の危難**（上記の対向車の飛出し）に対する行為である点にある．そして，正当防衛が「正（防衛者）」対「不正（攻撃者）」であるのに対し，緊急避難は「正（避難者）」対「正（第三者）」（上記のオートバイ運転手）の関係に立つ．そこで，緊急避難では行為から生じた害が避けようとした害の程度を超えない場合でなければ不可罰とはならない．その程度を超えた行為は**過剰避難**（37条但書）となり，違法性は阻却されないが，情状によりその刑を減軽又は免除することができる．さらに，「やむを得ずにした行為」の意義も正当防衛の場合より厳しく，他に避ける方法がない唯一の方法に限られる（**補充性**という）．

責任能力

行為者を非難するには，まず行為者に，有責に行為する能力，つまり**責任能力**が備わっていなければならない．責任能力とは，「物事の是非・善悪を理解し，かつそれに従って行動する能力」とされている．刑法は39条に心神喪失と心神耗弱，41条に刑事未成年の規定を設けている．

心神喪失とは，統合失調症(分裂病)，そううつ病などによる精神の障害が原因で責任能力を欠く場合で，不可罰となる(検察段階の精神鑑定(起訴前鑑定)により不起訴とされる場合も多い)．ただし，精神保健法29条の**措置入院**として，事実上強制的に自由が拘束されることが多い．**心神耗弱**とは，精神の障害により責任能力が著しく減退した場合で，刑が減軽される．

41条は，14歳に満たない少年の行為を罰しないと定める(**刑事未成年**)．人の精神的発育には個人差があるが，刑法は満14歳未満の者を画一的に責任無能力とした．14歳に満たなければ是非善悪の判断も，またそれに従った行動もできないとは限らないが，年少者の可塑性を考慮し，政策的に刑罰を科すことを控えたものである(→8章参照)．

未遂犯

以上の犯罪の成立を限定する事情に対し，成立を拡大する事情として**未遂犯**と**共犯**がある．犯罪の基本型は**既遂犯**だが，刑法44条は「未遂を罰する場合は，各本条で定める」として，未遂犯処罰を定めた犯罪類型については例外的に未遂を罰することを認めている．未遂犯とは「犯罪の実行に着手し，これを遂げなかった者」(刑法43条)をいい，その刑は減刑することができる．つまり，「実行に着手し」たことと，「遂げなかったこと(完成しなかったこと)」が未遂犯の要件である．そして未遂犯の成否にとっては，実行に着手したか否かが最も重要な要件となる．

> **予備** 実行の着手以前(つまり未遂より前)の準備行為が処罰の対象となることがある．これが予備罪で，内乱罪や外患罪，放火罪，殺人罪，強盗罪等の極めて重大な犯罪についてごく例外的に規定されている．

実行の着手につき，行為者の主観面から判断しようとする**主観説**と，客

観的な行為から判断しようとする**客観説**(通説)とが対立する．主観説は，新派の主観主義刑法学を基礎とし，主観が外部に明らかになった時点で着手があるとする(例えば，侵入窃盗犯が塀を乗り越えれば，窃盗罪の実行の着手がある)．これに対し客観説は，構成要件の一部及びこれに接着する行為の開始を着手とする見解(**形式説**．現実に殺す行為や盗む行為の開始が着手であるとする)と，実行の着手の客観面を実質的に捉え，「法益侵害の危険性が一定程度以上に達したこと」が着手であるとする見解(**実質説**)がある．形式説と実質説は対立するものではなく，盗む行為が開始された時点(例えば家の中を物色し始めた時点)は，実質的にみて危険性が高まった時点であるといえるので，相互に補い合うものといえよう．

不能犯 未遂に終わった場合のすべてが未遂犯として処罰されるとは限らない．人を殺そうとしてわら人形に五寸釘を打ち込む午の刻参り(→118頁マンガ参照)や，塩水を飲ませれば毒薬のように人を殺せると信じて飲ませたとしても，未遂犯にはならない．一般に，形式的にみて実行の着手があるようにみえても，その行為の危険性が極端に低く未遂として処罰に値しない場合を**不能犯**(不能未遂)と呼び，不可罰とされる．硫黄を飲ませて殺害しようとした行為を不能犯で不処罰とした判例があるが(大判大正6・9・10刑録23・986)，致死量に満たない空気を静脈に注射する行為や，無害の天然ガスで殺害しようとした行為も，未遂罪として処罰されている．

中止犯 未遂のうちでも「自己の意思により犯罪を中止した」場合を中止犯(中止未遂)といい，必ず刑の減軽，免除が認められる(刑法43条但書．これに対し43条本文の通常の未遂犯を**障礙未遂**という)．中止犯の減免の根拠については，これを政策的なものであるとする(a)**政策説**と，犯罪成立要件が変化するとする**法律説**とが対立する．法律説はさらに，自己の意思で思いとどまれば危険性が小さくなるとする(b)**違法減少説**と，責任が軽くなると考える(c)**責任減少説**とに大別される．(c)説が最も有力であるが，自己の意思で止め，結果発生を妨げる努力をしても，その甲斐なく結果が発生した場合には中止犯は認められないことから，政策的に設けられた規定である側面も無視し得ない．

　どのような場合に「自己の意思により」中止したといえるのかについて，行為者本人にとってそれ以上犯罪を遂行できないと考えた場合とする主観説があるが，それでは行為者の認識が不合理な場合でも減免が認められることになり不当である．一般人にとって，通常犯罪の完成を妨げる事情がないの

に，特にその犯人が任意に止めた場合に限り中止犯を認めるべきである(客観説．例えば，後悔して止めたり，被害者がかわいそうになって止めた場合に認める)．ナイフで刺したり，銃で撃ったりした後に止めても中止犯となるが，その場合には任意に止めたことのほか，結果防止のための真摯な努力(医者を呼ぶなど)が必要である．

共犯

　実際の犯罪は，複数の行為者により実行される場合も多い．また，他人に犯罪をそそのかしたり，犯罪を助けたりする場合もある．このような場合を広い意味での**共犯**という．2人以上が共同して犯罪を実行する**共同正犯**(60条)，人を教唆(そそのかすこと)して犯罪を実行させる**教唆犯**(61条)，そして正犯を幇助(助けること)する**従犯**(=幇助犯，62条)がある．共同正犯は共犯の一部であるが「正犯」という側面も併せ持つため，後二者のみを狭義の共犯として区別して扱うことが多い．実際には共犯の9割以上が共同正犯である．

　共同正犯とは，共同して犯罪を実行した者である．すなわち，客観的に共同して実行行為を行い，主観的に共同実行の意思(意思の連絡)がある場合をいう．共同正犯者には，他の共同正犯者の惹き起こした結果も帰責される(**一部実行の全部責任の原則**．例えば2人が共同して強盗を行い，1人が被害者を脅し，1人が物を奪った場合，2人とも強盗全体の責任を負う)．単独で行った場合に比べ，相互に教唆ないし心理的幇助を行い，心理的影響を及ぼし合い，結果発生の蓋然性を高めるからである．

> **行為共同説と犯罪共同説**　共同正犯とは何を共同するのかにつき，法的な構成要件を離れた事実上の「行為」を共同すると考える(a)**行為(事実)共同説**と，一定の構成要件を共同して実行することが必要だとする(b)**犯罪共同説**の対立がある．Xが放火，Yが殺人の意思で他人の家に放火した場合，事実上の行為は共同して行っているが，1つの構成要件を共同しているとはいえないため，犯罪共同説からは共犯とはならない．ただ，例えばXが殺人，Yが傷害の意思で共同してAに暴行を加えた場合には，犯罪共同説からも構成要件が重なり合う傷害罪の限度で異なる構成要件についての共同正犯の成立を認めるとする見解が有力である(**部分的犯罪共同説**)．

教唆とは，人に犯罪を実行する決意を生じさせることをいい，正犯の刑を科す．特定の犯罪を実行させることが必要で，「何か悪いことをする気にさせる」程度では教唆ではない．方法は明示・黙示を問わず，欺罔，脅迫を伴う働きかけも教唆だが，その程度が強ければ間接正犯(→119頁)となる．既に犯意が生じた人間になお働きかけるのは，教唆ではなく幇助である．ただ，わが国では教唆犯の数は極端に少ない(共犯全体の1％に満たない)．

幇助とは正犯の実行行為を容易にすることで，正犯の刑を減軽したものが科される．道具や場所を与えるなどの有形的な形態だけでなく，犯罪に関する情報を提供したり精神的に犯意を強めるような無形的なものも含む．不作為による幇助(殺害を黙認するなど)や不作為に対する幇助(親が子に食物を与えないのを助けるなど)も認められる．実際には賭博罪などで幇助犯が認められる事例が多い．

> **共犯の処罰根拠論**　なぜ共犯(特に狭義の共犯)が処罰されるのかに関し，共犯者が正犯者を有責で処罰される状態に陥れた点に求める(a)**責任共犯論**及び，それと類似した共犯者が正犯者を違法な行為を行わせた点に求める(b)**不法共犯論**に対し，最終的な結果惹起の原因となった点に共犯の処罰根拠を求める(c)**因果的共犯論(惹起説)** が対立する．犯罪の違法性にとって結果の発生が最重要であり，因果的共犯論が有力である．

独立性説と従属性説

共犯の本質に関し，(a)独立性説と(b)従属性説の争いがあり，(a)独立性説は，正犯行為とは独立に共犯行為を処罰しようとする考え方であるのに対し，(b)従属性説は，共犯の処罰は正犯行為を前提とし，それに従属すると考える．現在は，(b)説が圧倒的な通説である．ただし，従属性の内容は多様で，実行従属性・要素従属性・罪名従属性の3つに分けて論じる必要がある．

実行従属性とは共犯の着手時期に関する議論である．独立性説は教唆・幇助行為そのものの開始が共犯としての「実行」の着手と考えるため，正犯者が犯行に及ばなくとも，共犯は未遂犯として処罰される．これに対し

従属性説は，正犯の実行の着手があった時点ではじめて，共犯者も未遂となると考える．現在，実行従属性説が圧倒的に有力だといってよい．「人を殺してこい」とそそのかしただけで，相手がまったく応じなくても殺人未遂で処罰するのは明らかに行き過ぎだからである．

要素従属性とは「正犯者が犯罪成立要件(構成要件，違法，責任)のどの部分まで完成していれば共犯を処罰できるか」という問題である．教唆は正犯に「犯罪」を実行させるものであるが，ここでいう犯罪を「構成要件に該当し，違法で有責な行為」と解する考え方(**極端従属性説**)が規定の読み方として自然なため支持を得ていた．しかし，違法性は客観的で正犯者・共犯者共通に認められるべきであるが，責任は個人的事情に依拠するので，

松本知子被告に懲役7年
「落田さん殺害に賛同」
東京地裁判決

オウム真理教の松本智津夫（麻原彰晃，43）被告の妻で，元信者の落田耕太郎さん（当時29）リンチ殺人事件の共犯として殺人罪に問われた松本知子被告（39）に対する判決公判が十四日，東京地裁で開かれた．仙波厚裁判長は「教団幹部らとともに落田さんの殺害を認めた」などとして殺害を指示した智津夫被告との共謀を認め，懲役七年（求刑懲役十年）の実刑判決を言い渡した．

動機も著しく反社会的で悪質極まりない」と断罪．殺害の計画段階で「自分のまいた種ですからね」と賛意を示す相槌を打つなど，殺害後も「法則通りだと思い」と智津夫被告に殺害を肯定する発言をしている点を指摘し，共謀を認めた．」として「殺人の共謀はなかった」などと無罪を主張して

仙波裁判長は落田さん殺害事件を「教団独自の論理に基づく私的制裁で，その「教団の最高幹部の地位にあり，教祖の妻という立場にあったのだから，智津夫被告の暴走を抑止すべき責任を負っていたのに，犯行の提案に明確に賛成し，犯行現場にとどまるなど，その果たした役割は絶対に看過できなかった」と刑事責任の重大さを指摘した．公判で弁護人は「絶対的な権力を示そうとしている智津夫被告に殺害現場を見せられただけで，強制的な目撃者に過ぎない」などと知子被告が殺害指示に従順な立場を強いられていたことや，「殺人の共謀はなかった」と無罪を主張していた．

オウム裁判

1998. 5. 14（日経／夕刊）

正犯者が刑事未成年などの理由で責任が欠けても，共犯者が有責であれば共犯処罰は可能であるという見解(**制限従属性説**)が有力になった．さらに，例えば正犯者が正当防衛で違法性を欠く場合でも，それをそそのかした教唆犯は処罰すべきであるとする見解(**最小限従属性説**)も主張されている．

> **間接正犯論と教唆の関係**　極端従属性説によれば，13歳の少年に窃盗をそそのかしても教唆にはならない．ただし，少年を道具とした間接正犯としては処罰を認める．間接正犯(→119頁)は，教唆と直接正犯の処罰の間隙を埋めるために工夫されたもので，従来は，教唆犯が不成立の場合には間接正犯が成立すると考えられてきた．しかし，「共犯が成立しないから間接正犯」となるとする論理には，問題がある．間接正犯であっても，あくまで正犯性(客観的にも主観的にも犯罪を自己のものとして遂行すること)が必要である．

　罪名従属性とは，共犯の罪名は正犯の罪名に従属して同じでなければならないかという問題である．例えば，窃盗を教唆したところ正犯者が強盗を犯してしまった場合，窃盗の教唆になるのか強盗の教唆(刑は窃盗の限度にとどまる)になるのかが争われた．現在では，窃盗の教唆が認められるとされており，この問題に関しては従属性説は否定されたことになる．

> **共謀共同正犯**　客観的な共同実行行為がなくとも，事前に十分な共謀がある場合には共同正犯が成立する．オウム事件で，無差別殺人のためにサリンを撒くという殺人の謀議で主導的役割を果たした中心人物は，現場には一切出かけていない．しかし，共犯者たちの裁判において，中心人物が共同して実行したことが認められている．形式的には，「実行行為」を全く行わない者が共同「正犯」となることはあり得ないとする批判もある．刑法立法者は，そのような場合を共同正犯とは考えなかったといってよい．教唆として取り扱えばよいとしたのであろう．しかし，わが国の判例は，「犯罪意思を形成する際に重要な役割を果たした者(造意者)を中心に考えその者を処罰すべきである」という考え方を踏まえ，共謀に加わった首謀者も共同正犯に取り込んでいった．そのような判例の集積の結果生まれたのが**共謀共同正犯論**である．現在は，学説の多数も共謀共同正犯を認めている．

⑬ 生命・身体に対する罪
刑法で守るべき最も重要な利益

　刑法典上の犯罪は，国家法益に対する罪，社会法益に対する罪，個人法益に対する罪に分類される（三分説）．刑法典では国家法益，社会法益，個人法益の順で規定されているが，現在では個人法益が最も重要性が高いと考えられている．そして，個人法益の中でも最も重要な法益が生命・身体である．生命・身体に対する罪には，生命を侵害する殺人罪，身体を侵害する傷害罪，生命の危険を生じさせる遺棄罪，身体の危険を生じさせる暴行罪，そして胎児の生命・身体を侵害ないし危険にさらす堕胎罪がある．1998 年の統計では，殺人の第一審有罪人員は 701 名（うち女 100 名），傷害罪（含暴行）3,663 名（同 76 名），遺棄罪 13 名（同 9 名）で，堕胎罪は 0 であった．

「法益」とは何か

　殺人罪は他人の「生命」を侵害する罪であり，窃盗罪は他人の「財産」を侵害する罪である．こうした国民個人の利益を侵害する罪を**個人法益に対する罪**という．「生命」や「財産」のような個人の利益を，刑罰を使ってまで保護することを刑法典が宣言しているわけである．このように，法律により保護する利益を**法益**あるいは**保護法益**と呼ぶ．現行刑法典は非常に多くの個人法益に対する罪を規定しており，傷害罪は個人の「身体」，逮捕・監禁罪は個人の「自由」，さらに名誉毀損罪は個人の「名誉」を保護法益としている．個人法益に対する罪は，個人の生命身体に対する罪，個人の自由に対する罪，個人の平穏な生活に対する罪，個人の名誉に対する罪，個人の財産に対する罪に分かれる（144 頁表参照）．

　それに対し，通貨偽造罪のような犯罪は**社会法益に対する罪**と呼ばれる．偽造罪は，偽札をつかまされた個人の損害を問題とするのではなく，「通貨に対する社会的信用」が保護法益である．偽貨が多数流通する事態が生ずると，通貨に対する信用が損なわれ，ひいては通貨制度を基礎とした安

全な取引の保障が損なわれる(→18章)．取引の安全のような国民全体に関連する法益を社会法益という．ただ，社会法益といえども個人法益と別個独立のものとして存在するわけではなく，個人の利益の集合体と理解すべきである．

社会法益に対する罪には，放火罪や，往来妨害罪，さらにわいせつ物頒布罪や，賭博罪等も含まれる．放火も，一見すると建物という財産を侵害する個人法益に対する罪のように見えるが，単なる建物の損壊とは異なり，「火を放つ」行為はその建物に止まらない「公共の危険」を発生させ，多数の人間の生命・身体・財産を危険にさらす．したがって，放火罪も社会法益に対する罪である．

> **個人法益に対する罪**
> 　生命・身体に対する罪(殺人罪，傷害罪，遺棄罪等)
> 　自由・私生活の平穏に対する罪(逮捕・監禁罪，略取・誘拐罪・
> 　　強制わいせつ・強姦罪，住居侵入罪等)
> 　名誉・信用に対する罪(名誉毀損罪，業務妨害罪等)
> 　財産に対する罪(窃盗罪，強盗罪，詐欺罪，横領罪等)
> **社会法益に対する罪**
> 　公衆の安全に対する罪(騒擾罪，放火罪，往来妨害罪等)
> 　経済秩序に対する罪(偽造罪)
> 　風俗秩序に対する罪(わいせつの罪，賭博罪等)
> **国家法益に対する罪**
> 　内乱罪，公務執行妨害罪，賄賂罪等

国家の転覆を図る内乱罪や，警察官などの公務員の職務を妨害する公務執行妨害罪，さらに賄賂罪などは，**国家法益に対する罪**と呼ばれる．国家の存立や作用を害する犯罪を指す．内乱罪が国家を外部から破壊しようとする行為であるのに対し，賄賂罪は国家をいわば内部から崩壊させる犯罪として，やはり国家法益に分類される．

人の始まりと終わり

個人法益の中でも最も重大な利益は生命・身体である．殺人罪，傷害罪，過失傷害罪等が規定されているが，いずれも「人」を客体とする．動物を

殺害しても「殺人罪」にはならない(動物を傷害,殺害する動物傷害行為は,物の損壊と同様に261条に当たる).

　胎児は,刑法上は人と区別され,その生命を侵害ないし危険にさらす行為は,殺人罪・傷害罪ではなく堕胎罪により処罰される.胎児から人になる時期につき,現在の日本では母体から胎児の一部が外部に出た時点とされる(**一部露出説**).それ以降は,外部から胎児に直接侵害が加えられるからである.

> **母体保護法による人工妊娠中絶**　堕胎行為は刑法上の犯罪であるが,実際には一定の条件の下に母体保護法上適法とされる人工妊娠中絶が認められているため,堕胎罪として処罰される例はほとんどない.中絶件数が年間30万件余り(1999年の統計で337,314件である.1975年には671,597件であったが,年々減少し続け,近年は30万件台で推移している)とされているのに対し,堕胎罪での有罪は,数年に1件程度しかない.

> **胎児となる以前の生命の保護**　受胎と同時に胎児となるとされているが,体外受精の場合,母体外に受精卵が存在するという事態が生ずる.そのような受精卵を損壊した場合,物を壊すのと同視して器物損壊罪とする見解も有力である.しかし,胎児ではないにせよ生命である以上,財産犯とするのは妥当でない.欧米などでは受精卵の扱いにつき法的規制が加えられているが,わが国でもその必要があろう.
> 　また,平成12(2000)年11月にクローン人間を作り出すことを禁止する「人クローン技術規制法」が成立した.受精卵に他人の遺伝子が入った核を移植した「クローン胚」や動物とヒトの細胞を混ぜた「ヒト動物交雑胚」を母胎に入れる行為に対し10年以下の懲役又は1,000万円以下の罰金を科すとしている.

　人の終期について,刑法典には規定がない.そして現在,**脳死**を人の死として認めるか否かが争点となっている.伝統的な死の判断基準は**三兆候説**(呼吸,脈,瞳孔)であるが,平成9(1997)年制定の**臓器移植法**では,移植手術に用いる臓器を脳死体から摘出することを認めた.心臓死に至る前の新鮮な臓器を摘出する必要があるからである.現時点では,臓器移植を行う場合にのみ脳死を人の死と認めていることになる.

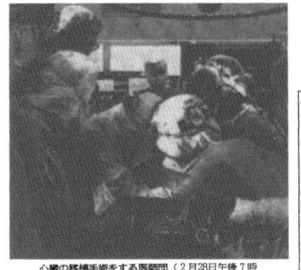

> **脳死臓器移植を実施**
>
> **法施行後 初めて**
>
> **心臓、鼓動始める**
>
> **肝臓、信州大で**
>
> 脳死移植、意義ある一歩
>
> 腎臓はきょう
>
> 1999.3.1（日経）

　しかし，その他の場合にまで脳死を人の死と認めてよいかは問題がある．たしかに，例えば傷害を加えた被害者が脳死状態に陥った場合，その者がたまたまドナーカードを携帯していて臓器提供者となる場合には，脳死の時点で傷害致死罪が成立するが，カードを携帯していない場合には傷害罪にとどまるとするのは不合理ではある．しかし，そもそも脳死判定を行うこと自体が希有な事態である限りは，一般には心臓死を基準とせざるを得ない．

　臓器移植法に基づく移植例は，制定後2000年末までに9例を数える．しかし，施行3年後の見直しとして，本人のドナーカード等の書面による同意の要件を外すか否かが争われている．現行法では，同意することができない15歳未満の子どもについて移植が行えないことが，特に問題となっているからである．自己の脳死体については自己決定の対象外であるとすれば家族の同意だけで移植を行うことも可能であるが，そのように解す

べきかは疑問が大きい.

殺人罪・自殺関与罪

殺人罪(199条)は「人を殺した者は,死刑又は無期若しくは5年以上の懲役に処する」と規定する.本条の「人」とは「他人」を指し,自分は含まないため,現行刑法では自殺は処罰されない.自殺者の処罰とは,自殺に失敗した者に対する「自殺未遂」処罰や,自殺者の死体に対し制裁を加えることで,世界的に見れば自殺もかなり普遍的な罪である.わが国でも,江戸時代までは自殺者・自殺未遂者に刑罰を科していた.

現行法は自殺自体は罰しないものの,自殺を手助けする行為は202条の**自殺関与罪**として処罰される.同条は「人を教唆し若しくは幇助して自殺させ,又は人をその嘱託を受け若しくはその承諾を得てこれを殺した者は,6月以上7年以下の懲役又は禁錮に処する」と規定する.自殺するようにそそのかす行為,自殺の援助をする行為,さらに殺してくれと依頼した者を殺害する行為も,処罰の対象となる.自殺を処罰しないにもかかわらず,他人の自殺に関与する行為を処罰するという,いわば矛盾した結論を理論的に説明するのはかなり難しい.現在有力な見解は,生命は本人個人による処分は可能であるが,他人の死に原因を与える行為は違法であると考える.自殺関与罪との関係で問題となるのが,安楽死,尊厳死の問題である.

安楽死と尊厳死

この両者は厳密には別個の概念である.**安楽死**は,死を間近にして極度の病苦に苦しむ被害者の苦痛を和らげて死に致らしめる行為であり,**尊厳死**とはいわゆる植物状態の者から生命維持装置を取り外す行為である.安楽死は本人の承諾を得て行う行為であるため「自殺関与罪」が問題となるのに対し,尊厳死は本人の意識がない状態で行われるため,「殺人罪」が問題となる.ただし,尊厳死についても事前に尊厳死を望む旨の登録をする運動が展開され,明確な事前承諾が認められる場合もある.そのような場合は殺人ではなく自殺関与が問題となりうるが,事前承諾を行為時の承諾と同視できるかという点に問題は残る.

オランダは安楽死を認める法令が存在することで有名である.ただ,こ

安楽死 合法化
オランダ下院通過
12歳以上に権利 一定の条件下
16歳以上は親の同意不要

【ハーグ28日＝三井美奈】オランダ下院は二十八日、医師による安楽死を認める安楽死法案を賛成多数で可決した。上院でも可決は確実で、年内にも成立する見込み。国家レベルで安楽死が合法化されるのは世界初。オランダではすでに安楽死が事実上、広範囲に認められているが、これまでは形式上、医師も嘱託殺人で書類送検されていた。また、同法案は十二歳以上の未成年にも安楽死の権利を認めており、これも世界的に類例がない。同法施行は来年после正式に認められるが、今後、安楽死合法化をめぐる国際的論議に影響を与えそうだ。

オランダの安楽死法案は、①患者の自発的意思②耐え難い苦痛③死期の見込み④みない⑤担当医師が第三者の医師と相談――などの六条件に沿って安楽死について、医師の刑事訴追免除を刑法で定めるもの。さらに、こん睡状態にある患者でも、意思表示が出来なくなる事態に備え、患者が事前に安楽死希望を表明しておけば、医師は同意書に従うことができる条文化されている。

さらに、オランダでは八歳から成年＝十八歳＝までは親の同意を要件とするが、十二歳～十五歳では親の同意がなくても安楽死できるようにする。

オランダでは九四年施行の改正埋葬法で、今回と同様の条件があれば、安楽死の措置をとった医師に対し、嘱託殺人容疑で書類送検されるものの、刑事責任を問わないとする法的規定。

末期がんのため、17歳で安楽死を選択したオランダのアメルス・さんを偲ぶオランダのアルバムを見る両親。父親は「自分の意思で死を選んだ娘を誇りに思う」と話す＝三井美奈撮影

2000. 11. 29 (読売)

れもすべての安楽死を不処罰とするものではなく，厳格な要件の下で，医師により実施された場合に，その医師を訴追しないとするにすぎなかった．2000年の法改正ではさらに進めて，医師の不処罰を刑法上明確にしたが，オランダでも一般人による安楽死は嘱託殺人罪にあたる．

　わが国でも，意識不明の患者の家族に依頼され医師が患者に薬物を投与し積極的に安楽死させた事件で，殺人罪の有罪判決が出されている（東海大付属病院安楽死事件．横浜地判昭和7・3・28判時1530・28）．同判決は安楽死一般を否定するものではなく，①患者に耐え難い肉体的苦痛があること，②死が避けられず死期が切迫していること，③肉体的苦痛の除去のための代替手段がないこと，④意図的に死を招く「積極的安楽死」については，患者本人の明示的な意思表示があることという，4条件の下に安

楽死を認める余地があるとした．ただし，本事案では，患者が昏睡状態であるため，① 肉体的苦痛がなく，④ 患者本人の明示的意思表示もないとして，安楽死の要件を充たさないとした．

> **被害者を脅迫・欺罔して自殺に追い込む行為**　脅迫により自殺に追い込む行為は，自殺関与罪ではなく殺人罪に当たる．これに対し相手を錯誤に陥れて自殺させた場合には，議論の余地がある．女性に別れ話を持ちかけたところ逆に心中を迫られたため，追死するように装い青酸ソーダを与え，それを飲んだ女性が死亡した事件につき，最高裁（最判昭和 33・11・21 刑集 12・15・3519）は，被害者は騙されて自殺したのであるから，その死の決意には真意に沿わない重大な瑕疵があるとし，自殺関与罪ではなく殺人罪で処罰した．この判例に対しては，自殺の何たるかがわからない幼児を騙して自殺させるのとは異なり，女性は死の意味を理解した上で自ら死を選んだのであるから，自殺関与罪にすぎず，殺人罪とはなり得ないとする見解も有力である．

傷害罪

　傷害とはケガをさせることであるが，**身体の外形的完全性**の侵害をいうのか，**生理機能の障害**をいうのかが問題となる場合がある．例えば，失神させる行為は生理機能に障害を起こしてはいるが身体の完全性は失われていない．逆に無理矢理丸坊主にする行為は，生理機能は侵害していないが身体の外形に重大な変化を生じさせる．女性の毛髪を切断した行為を傷害罪とした判例もあるが（東京地判昭和 38・3・23 判タ 147・92），これは行き過ぎで，暴行罪で処罰すれば足りる．むしろ，外形の変化はなくとも病気を伝染させる行為などは，傷害罪とすべきである．さらに，近時問題となっている PTSD（心的外傷後ストレス傷害）も，傷害として認められつつある．

　傷害は，暴行の結果生ずるというように有形的な行為による場合が多いが，無形的な方法により傷害を加えることも十分可能である．例えば，嫌がらせ電話により被害者が精神病になった場合，電話をかける行為が傷害行為となる（ただし，精神病に追い込むという傷害の意図が行為者にあることが必要である）．脅迫電話によるストーカー行為により，被害者の女性が PTSD になったとして，傷害罪で起訴された事例も報告されている（朝日新聞 2000 年 6 月 21 日）．なお，平成 12（2000）年 5 月に「児童虐待の防止等に関する

法律」が成立し，同年 11 月より施行されている(→4 章参照).

> **ドメスティック・バイオレンス(DV)**　近時 DV(特に内縁も含めた夫から妻に対する暴力)が問題となっているが，平成 13 年 10 月に「配偶者からの暴力の防止及び被害者の保護に関する法律」(いわゆる DV 法)が施行された．同法は，配偶者(事実上の婚姻関係を含むが元配偶者，恋人などは含まない)からの暴力を受けた被害者が，配偶者暴力相談支援センター，警察などに相談・援助・保護を求めることができるとした．さらに重大な危害を受けるおそれがあるときは，被害者の申立により，裁判所が加害者に対して保護命令(別居の場合には接近禁止命令，同居の場合には退去命令)を発令することとし，保護命令に違反した加害者には刑罰(1 年以下の懲役又は 100 万円以下の罰金)が科される．法施行から 14 年 4 月までの約半年間に出された保護命令は，接近禁止命令が 389 件，退去命令が 119 件に上る(平成 14 年警察白書).

遺棄罪

　生命・身体を直接侵害するのが殺人罪，傷害罪であるのに対し，生命・身体を危険にさらすのが遺棄罪である．「危険にさらす」といっても，たとえば，冬季自宅前に倒れている者を放置したり，登山の途中でケガをして救助を求めている者を放置する行為は，現在のわが国では遺棄罪には当たらない．

　現行刑法の遺棄罪は，扶助を必要とする者(**要扶助者**)を「遺棄」する行為(217 条)，あるいは保護する責任のある者(**保護責任者**)が「**遺棄**」ないし「保護しない(**不保護**)」行為を処罰する．「遺棄」とは行為者自らが被害者を危険な状態に置くことであるから，要扶助者を単に放置しただけでは「遺棄」には当たらない．放置するという不保護で処罰されるのは保護責任者に限るが(218 条)，通りがかりの者は保護責任者とはいえない．自分の子が倒れているのを放置した親や，一緒のパーティーで登山中の者を放置すれば，218 条の保護責任者遺棄罪に当たることになる．ただし，衰弱した子を「死ぬかもしれない」と認識しつつ放置する親の行為は，殺人罪に当たる場合もある(→119 頁).

　要扶助者とは老年，幼年，病者であって，かつ特に助けを必要とするものをいう．泥酔者は常に「病者」に当たるわけではないが，泥酔した友人

の酔いを覚ますために衣服をはぎ取った上放置して凍死させたという極端な場合には，遺棄致死罪(219条)が成立する(最決昭和43・11・7刑集26・2・187)．

> **遺棄と不保護** 遺棄とは場所的離隔を伴って，被害者の生命に危険な状態を作り出すことをいう．乳児を山中に置き去りにするような作為による場合の他，子どもを家に置き去りにして親が立ち去る行為のように不作為の場合もある．これに対し不保護とは，場所的離隔を伴わずに生存に必要な保護をしないことをいい，扶助を要する老人を家族が介護しないような行為がこれに当たる．不保護については，218条により保護責任者についてのみ処罰される．

＊**読書案内** 臓器移植については，中島みち『脳死と臓器移植法』(文春新書，2000年)が法制定後の新たな状況についても言及している．また，PTSDについては小西聖子『NHK人間講座・トラウマの心理学』(日本放送出版協会，2000年)が参考になる．

深沢七郎『楢山節考』(新潮文庫，1964年)は姥捨伝説を題材にしているが，姥捨は少なくとも現在では保護責任者遺棄致死罪に当たる．しかも，死亡する蓋然性を認識している場合が多いのであるから，殺人罪とすらいえる．他方，児童虐待に関する著作として萩原玉味・岩井宣子編著『児童虐待とその対策—実態調査を踏まえて』(多賀出版，1998年)がある．子殺し，親殺しのいずれにも，「社会政策が最良の刑事政策である」というリストの言葉(101頁)を思わずにはいられない．

14 事故と犯罪
過失とは何か

　わが国の刑法は故意犯の処罰を原則とし，過失犯処罰は例外である（刑法38条Ⅰ項）．しかし，現実には過失犯の件数は非常に多く，国民生活において重要な意味を持っている．交通事故死が毎年1万人も発生する現在，自動車を運転する者はもちろん，歩行者にとっても交通事故の危険は常につきまとう．さらに，現代社会では食品や薬品の摂取で命を落とすこともある．大型のビル火災で多数の死傷者が出ることもある．これらの事故の原因となる行為を行った者には，過失責任が発生する．本章では，事故と過失犯につき，特にその現代的な意義を中心に説明する．その際には，過失犯の理解が，戦後の日本社会の大きな変化の中で，いかに変動してきたかという観点から整理することが必要である．そこでのキーワードは「注意義務」である．

1999.10.1（日経）

事故死

過失致死傷罪(業務上を含む)の認知件数は図に示した如く，1950年以降急激な増加を示し，特に1960年以降は異常なカーブを描く．これは，交通事故の発生件数の増加に比例したものであった．戦後の刑法学において最も激しく議論された問題の1つが過失犯論であったが，それを惹き起こしたエネルギーの源は交通事故であった．

業務上過失致死傷罪検挙人員と自動車台数

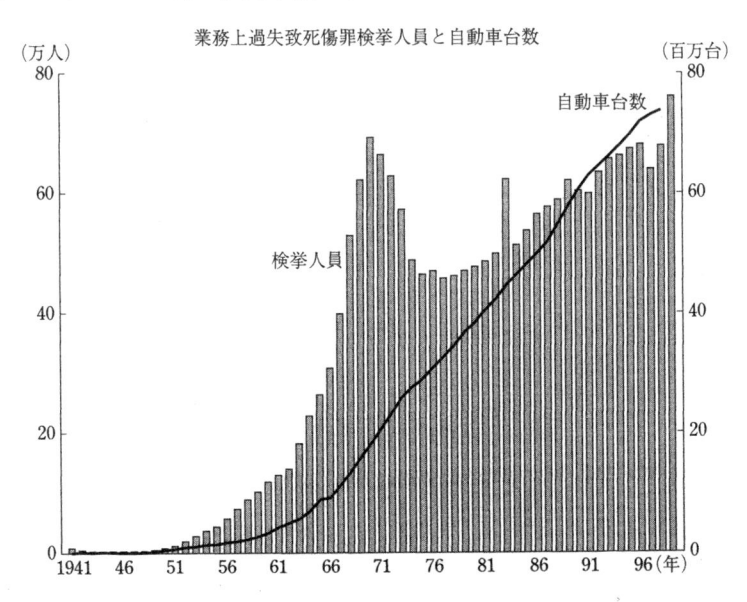

わが国では，殺人事件等の故意犯による死者は1,205人(1999年)にすぎないのに対し，事故死者は38,925人にも達している．そしてその半数が交通事故死者である．交通事故以外では，窒息が最も多く，次いで，転

不慮の事故死者
(1998年)
総数 38,925人
交通事故 34.6%
交通事故以外 65.4%

交通事故以外の不慮の事故
(1998年)
総数 25,461人
その他 15.1%
窒息 29.7%
自然環境 3.9%
煙・火災 5.3%
溺死・溺水 22.0%
転倒・転落 24.1%

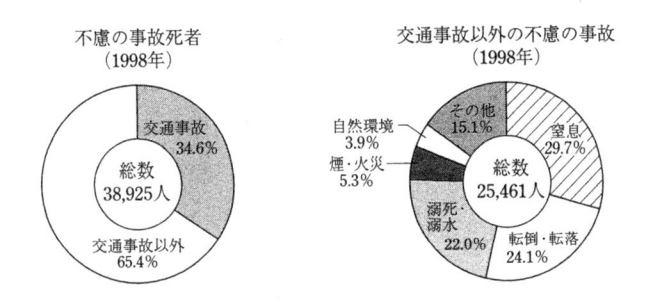

倒・転落，溺死，火災の順となっている．

交通事故の中では，自動車事故が圧倒的多数を占める．航空機事故などは，一度の事故で多数の死者が生じるため重大事故となるが，発生件数が少ないため，死者の数としては交通事故の方が圧倒的に多い．

自動車交通事故

わが国の交通事故は，戦後急激に増加し，1960年代に1つのピークを迎える．昭和43(1968)年の刑法改正(業務上過失致死傷罪の重罰化)等の努力により，事件数の上昇が停止したかに見えたが，80年代には再び増加に転じ，ピーク時の数値を超えようとしている．たしかに，死者はさほど増加してはいないものの，特に酒酔い運転等の悪質行為による死傷事故については危険運転致死罪(208条の2)により法定刑が加重された．

1960年代に交通事故が最も深刻な状況を迎えたという点は，先進諸国でほぼ共通の現象である．日本は，人口10万人当たりの事故死者が最も少ない国であったが，80年代からイギリスに抜かれている．

交通事故は，大都市よりもその周辺地域で最も多く発生し，東北，山陰，九州地方が相対的に少ない．一方，死亡事故についてみると，東京などの大都市の発生率は最も少なく，10万人当たりの発生率で比較すると東

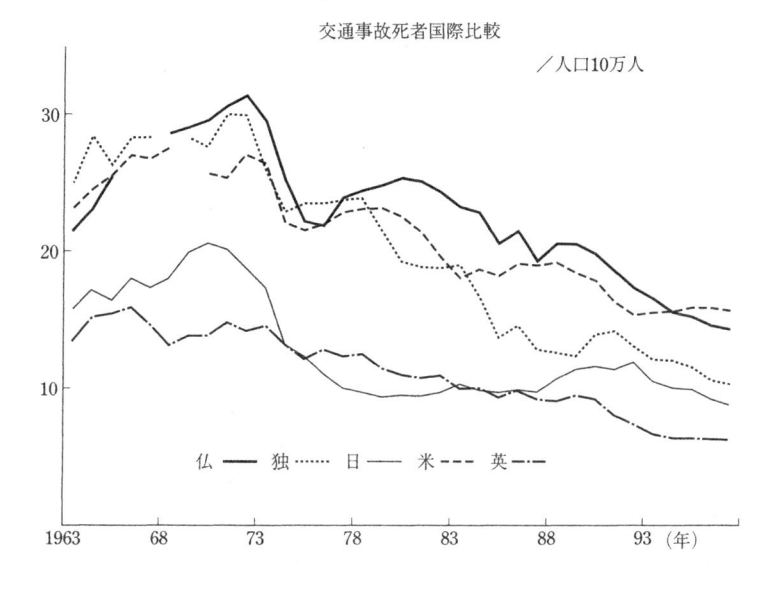

交通事故死者国際比較　／人口10万人

仏 ── 独 ……… 日 ── 米 ─ ─ 英 ─・─

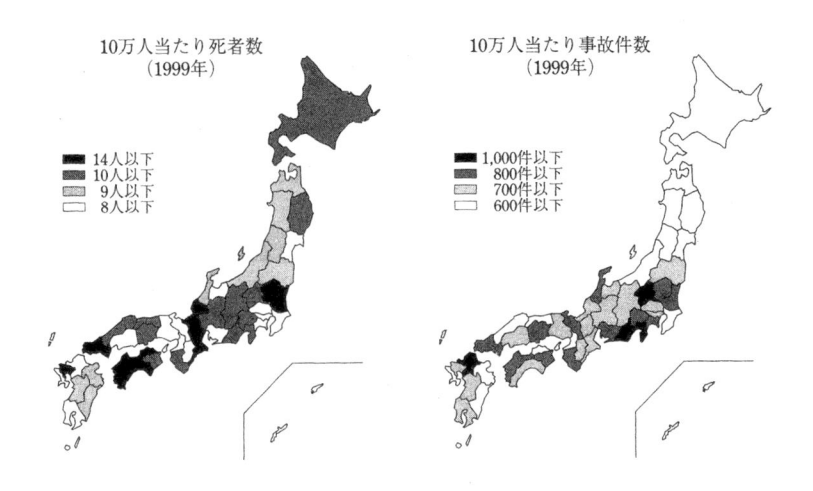

10万人当たり死者数
（1999年）

- 14人以下
- 10人以下
- 9人以下
- 8人以下

10万人当たり事故件数
（1999年）

- 1,000件以下
- 800件以下
- 700件以下
- 600件以下

交通事故の多い県（1999年）

	件/10万人		死/10万人		死/1万台		死/道路千km	
1	福岡	1,014	佐賀	13.1	佐賀	1.96	大阪	184
2	静岡	933	福井	12.2	山口	1.83	神奈川	168
3	群馬	904	香川	12.1	香川	1.77	千葉	141
4	香川	799	山口	11.9	愛媛	1.76	埼玉	137
5	和歌山	797	茨城	11.9	福井	1.68	東京	133
6	茨城	795	愛媛	11.0	滋賀	1.66	静岡	90
7	石川	780	三重	10.9	茨城	1.64	茨城	89
8	神奈川	769	滋賀	10.6	高知	1.56	福岡	78
9	岡山	759	栃木	10.5	三重	1.55	愛知	75
10	徳島	754	高知	10.4	北海道	1.54	滋賀	71

交通事故の少ない県（1999年）

	件/10万人		死/10万人		死/1万台		死/道路千km	
1	岩手	385	東京	3.4	愛知	0.82	島根	22
2	秋田	407	神奈川	4.0	沖縄	0.82	鹿児島	26
3	島根	408	大阪	4.2	長崎	0.84	岩手	27
4	鳥取	436	長崎	4.7	東京	0.86	高知	27
5	山形	507	沖縄	5.0	神奈川	0.88	鳥取	27
6	宮城	518	愛知	5.4	大阪	0.97	秋田	28
7	北海道	519	兵庫	5.6	鹿児島	1.06	福島	28
8	長崎	523	埼玉	5.9	福岡	1.06	長崎	29
9	新潟	552	福岡	6.2	兵庫	1.10	大分	28
10	宮崎	557	奈良	6.5	宮城	1.13	北海道	31

京・大阪は，最も多い佐賀・福井の 1/3 である．自動車 1 万台当たりの発生率も，類似の傾向を示す．ただ，国道・都道府県道 1,000km 当たりの死亡事故発生率は，大都市圏が圧倒的に高い．人口や自動車の台数に比べ道路が整備されていないところでは，事故が多発すると考えられる．道路 1,000km 当たりの事故数が最も多い大阪が，最も少ない島根の 10 倍近くの率を示していることからも分かるとおり，道路の建設状況の差の方が，人口等の要素以上に死亡事故発生率に影響しているとも解される．

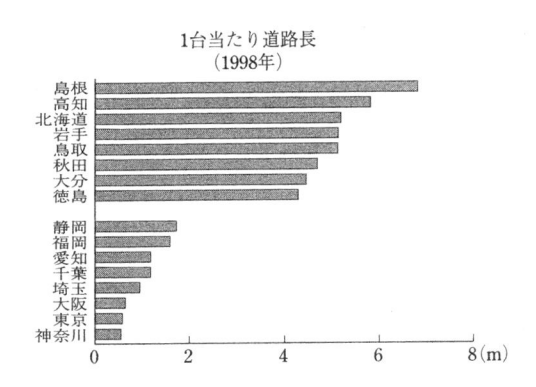

1台当たり道路長
(1998年)

島根
高知
北海道
岩手
鳥取
秋田
大分
徳島
静岡
福岡
愛知
千葉
埼玉
大阪
東京
神奈川

0　　2　　4　　6　　8(m)

医療過誤

事件数は交通事故ほどではないが，理論的な観点から最も議論が多いのが医療過誤である．近時も，血友病患者に対する HIV 薬害事件や，患者を取り違えて手術を実施した事件などが，社会的にも大きな問題となった．

医療過誤は，① 注射に関する過誤，② 投薬に関する過誤，③ 薬物ショックに関する過誤，④ 麻酔に関する過誤，⑤ 手術に関する過誤，⑥ 輸血に関する過誤，⑦ 治療に関する過誤等に分類される．血友病患者に対する HIV 感染が問題となった事件は ② に分類され，患者の取り違えは ⑤ に当たることになる．

数の上で最も多いのは，**注射**に関する過誤である．点滴液に逆性石鹸液を入れた行為，ビタミン剤と誤認してアドレナリンを注射した行為，蒸留水のかわりに稀塩酸を混入させた行為，ワクチンのかわりに消毒液を接種した行為などが医療過誤とされた．さらに，静脈と動脈を誤ったもの，筋肉注射をすべきところを静脈注射したものなどがある．最近も，血液凝固

阻止剤と過って消毒剤を点滴して患者が死亡した事故(都立広尾病院, 1999年2月), 人工呼吸器の加湿器に過って消毒用アルコールを注入し患者が中毒死した事故(京大付属病院, 2000年2月), 機器の操作を誤り点滴チューブ内に空気が入り血液に吸気が入り患者が死亡した事故(千葉県立東金病院, 2000年5月)など, 多数報告されている.

投薬に関する過誤としては, 母親用の薬を誤って小児用の薬袋に入れたため服用した子どもが死亡した事案, セデスと塩酸コカインを取り違えて交付した事案, ポリオワクチン液のかわりに消毒液を投与した事案などがある. 最近の最大の投薬事件はHIV薬害事件であるが, その後も, 1980年代に輸入されたヒト乾燥硬膜の移植患者に, クロイツフェルト・ヤコブ病が発症した事件(ヤコブ病事件)も発生している.

HIV薬害事件 HIV薬害事件とは, 1970年代から80年代にかけて, 非加熱血液製剤を投与された血友病患者ら1,400人以上がHIVに感染し, 約500人もが死亡した事件である. 現在進行しているHIV薬害事件に関する刑事裁判は, 過失犯の理論を大きく塗り替える可能性がある. 当時の厚生省生物製剤課長が業務上過失致死傷罪で起訴されているが, このような起訴自

> 体が従来の基準からは大きく一歩踏み出した判断だからである．患者に直接投薬したのは医師であり，この事件でも医師が起訴されている（東京地判平13・3・28判時1763・17——無罪，平成16年2月に公判停止）．製剤課長については医師とは別個の，「危険な製剤を医師に使用させないようにする注意義務」が問題となるが，高度な専門性を有する医師の行為を，厚生省課長がコントロールできたかは微妙である．ただし，薬事法に基づく薬剤の安全対策が問題となり得，課長が非加熱製剤の販売中止措置等を採らなかった不作為は，業務上過失致死傷罪に該当する（東京地判平13・9・28公刊物未登載）．なお，非加熱製剤を製造した製薬会社の歴代社長に対しては，2002年8月に業務上過失致死傷罪の控訴審有罪判決が出されている．

薬物ショックに関する医療過誤判例の特色は，過失が否定される場合が特に多い点にある．薬物ショックの確率は数百万分の1であるとされることが多く，平均的な医師の持つべき医学上の知識からはショックにより死亡することの予見可能性はないとされることが多いからである．たしかに，ペニシリンショックのように一般によく知られている類型に関して予見可能性が否定されることはないが，新しい薬物については，ショックの予見が困難だったとして無罪とされることがある．

麻酔に関する過誤も非常に多い．麻酔用クロロホルムを麻酔薬オウロパンソーダと誤認して注射したため患者を死亡せしめたり，蒸留水を混合すべきところ稀塩酸を混合したため，左眼瞼腐蝕等の傷害を負わせたもの，酸素ボンベ用ゴム管と笑気ボンベ用ゴム管を誤接続したもの等が存する．

手術に関する過誤も，無罪になる率が比較的高い．注射や投薬に比し医学的専門性の高い領域であり，事実の立証困難性に加え，医師の裁量権が影響していることは否定できない．刑事事件として立件されて有罪となるのは，酩酊して虫垂炎の手術をしたため虫垂の発見が遅れ，患者を失血により死亡させたり，右肘と左肘とを誤って切開手術をしたり，患者の腹腔内に鉗子を置き忘れ約半年後その患者が膵臓壊死で死亡したものなど，極めて初歩的なミスに限られる．ただ，最近はこのような初歩的なミスが多く報告され，心臓手術患者と肺手術患者を取り違えた横浜市立大付属病院事故（1999年1月），検査結果を取り違え，肺ガンでない患者の肺の一部を切除した事故（筑波大付属病院，2000年7月，9月）などがある．

> **横浜市大病院患者取り違え**
>
> **外科部長ら4人無罪主張**
>
> 地裁初公判「他の医師、確認のはず」
>
> 横浜市立大付属病院（横浜市金沢区）で昨年一月、心臓病と肺疾患の患者を取り違えて手術を行い、けがを負わせたとして起訴された医師四人と看護婦二人に対する初公判が二十七日、横浜地裁（田中亮一裁判長）で開かれた。罪状認否で第一外科部長、高畠吉則被告（56）が「看護婦や他の医師が冒険、患者を確認していると考えていた」と述べるなど六人中四人が無罪を主張。一方、検察側は冒頭陳述で、患者の搬送、麻酔、手術の各場面で六被告が患者の氏名や容ぼうの確認を何度も怠り、間違いが正されないまま手術が行われた経緯を詳述した。
>
> **2人は起訴事実認める**
>
> 無罪を主張した心臓手術執刀医の高畠被告は、「自分は手術に途中から参加した。すでに患者の頭には布で覆われていたため胸部しか見ておらず、本人かどうかの確認はできなかった」などと述べた。麻酔医の芦田川美佐子被告（30）と、同、宮原宏範被告（29）も「注意義務は果たした」、看護婦の河埜陽子被告（35）の弁護人は「刑事責任を問うほどではない」と主張。看護婦、富山泉被告（36）は起訴事実を認めたが、「病院の管理体制に問題があった」と、事故防止体制の不備を強調した。
>
> 検察側冒陳によると、天川被告（当時74）と肺疾患の男性患者（同84）を河埜被告らが受け渡したが、同被告が手術室では芦田川被告が、入れ歯や頭髪の色など患者の違いに気付かず麻酔を実施。別の手術室でも肺の手術の担当だった宮原被告が氷山の一角にとどまっているとされる医療過誤。横浜市大病院のケースのように、当事者の医師や看護婦らが刑事責任を問われるのは異例だ。警察、検察による捜査が行われ、刑事裁判の審理が始まったことで、原告側にとって取材に有利な事実解明が期待される。一方で、刑事裁判の目的
>
> **医療過誤刑事裁判 再発防止効**
>
> 2000.7.28（日経）

過失犯の理論

　事故死のように見えても，死の結果について故意がある行為者により惹き起こされた場合は殺人罪の問題となる．被害者に対する傷害・暴行の故意があれば傷害致死罪となり，これも過失犯とはならない．ただ，もちろんこれ以外の事故がすべて過失犯になるわけではない．**結果(傷害ないし死)の発生と因果関係のある過失行為が必要である**．

　過失とは一般に**注意義務違反**と理解されている．注意義務違反とは，「意識を集中していれば結果が予見でき，それに基づいて結果の発生を回避することができたのに，集中を欠いたため，結果予見義務を果たさず，その結果を回避できなかったこと」である．すなわち，過失の注意義務と

は，**結果予見義務**と**結果回避義務**の2つから成り立つ．そして「結果を予見せよ」という義務を課すには，「一般人ならば予見することが可能であった」という**予見可能性**が前提となる．結果回避に関しても**回避可能性**が必要である．そして，伝統的な過失犯論は，過失の中心を予見義務(予見可能性)中心に構成し，しかもそれを，犯罪論体系上，故意と並ぶ責任要素と位置づけてきた(旧過失論).

> **過失の種類** 過失には，**認識なき過失**と**認識ある過失**との区別がある．認識ある過失についての過失責任非難は争いがなく，過失犯と無罪との限界が問題となるのは認識なき過失である．認識ある過失に関しては，未必の故意との限界が問題となる(→123頁)．刑法は，**業務上**の注意義務違反について，その刑罰を加重している(117条の2，129条II項，211条前段)．業務とは各人が社会生活上の地位に基づき反復継続して行う事務である．また，注意義務違反の程度が重大なものを**重過失**といい通常の過失より重く罰する(例えば117条の2後段)．自招の酩酊による殺害行為等は，重過失致死罪(211条後段)となる．

新過失論

交通事故の多発化が主たる動因となり，戦後わが国の過失論は激しく変化する．1950年代から1960年代前半までは，自動車事故の急増に伴い「一億総犯罪人」となってしまうとの危惧から，過失処罰を限定する方向へと動いた．その動きを理論化したのが**新過失論**であった．旧来の予見可能性中心の過失犯論では，自動車を運転する以上なんらかの事故発生の危険性の予見が可能で，事故が生じた場合にはすべて過失が認められることになり処罰範囲が広がりすぎると批判したのである．

新過失論は，「予見できても結果を回避する義務がなければ過失は成立しない」とする，結果回避義務中心の過失論である．この「守るべき回避措置を怠った」という理論構成は，特に交通事故の領域では，実践的に「分かりやすい議論」であった．交通事故では，事故回避のための行動基準が交通取締法規に規定されることが多いからである(たとえば速度の制限，一時停止など)．この結果回避義務の違反を，責任(不注意という内心)の問題ではなく，結果発生を導く違法な行為であると位置づけたのである．そし

て，新過失論は，交通をはじめとした社会の生き生きとした発展のためには，結果回避義務をあまり厳しくすべきではないとした．処罰範囲を限定するという実践的理論だったのである．

> **許された危険** 新過失論の発展の基礎となったのが，許された危険の理論であった．許された危険とは，社会生活上不可避に存在する法益侵害の危険をともなう鉱工業・高速度交通・医療行為などの行為につき，その社会的有用性を根拠に，法益侵害の結果が発生した場合にも一定の範囲で許容する考え方で，19世紀末以来ドイツで主張されたものである．わが国でも，社会の円滑な発展のためには，危険防止という視角から100点満点の結果回避義務を要求すべきではなく，合格最低限の60点の回避措置さえ尽くせば十分であり，たとえば自動車の運転で安全のために過度の措置(制限速度を極端に低くする，交差点ごとに一時停止を課すなど)を要求すると交通渋滞を招き，社会全体の発展にとってマイナスであるとされた．HIV訴訟でも，弁護側からは，危険な非加熱製剤であっても，血友病の治療のために使用せざるを得なかったという許された危険に基づく主張がなされた．

> **信頼の原則** 被害者ないし第三者が適切な行動を取ることを信頼するのが相当な場合には，たとえそれらの者の不適切な行動により犯罪結果が生じても，それに対して刑事責任を負わなくてよいとする理論．信頼の原則は，最高裁にも採用され，さらに適用領域も，交通事故ばかりでなく，企業活動や医療活動にまで拡大してきた(札幌高判昭和51・3・18高刑集29・1・78)．

不安感説(危惧感説)

ところが1960年代後半からは，一転して過失の処罰範囲を拡大しようとする動きが生ずる．その当時，交通事故の増加が耐え難い状態にまで達したこともあろうが，直接的には**森永砒素ミルク事件**(1955年)に代表される公害・薬害事件の登場が，**不安感説**という新しい過失論を生む．不安感説とは，被害の重大性に鑑み，結果回避義務として非常に厳格な内容を要求し，その前提として，具体的結果の予見可能性は不要で，行為になんらかの不安感(危惧感)が伴えば足りるとする理論である．新過失論が戦後日本の高度成長期の過失犯論であるとすれば，不安感説は安定成長期の過失

犯論ということができよう．そして，その厳しい結果回避措置を成り立たせるため，具体的な予見可能性に代えて不安感・危惧感があればそれを払拭するだけの厳しい措置が必要であると主張したのである．

> **森永砒素ミルク事件**　森永乳業徳島工場が，信用ある薬問屋から粉乳の溶解度を高めるための安定剤を購入して添加していたところ，一時期，従来の物質と全く製造方法の異なる，砒素を含んだ薬剤が納入され，それを添加した粉乳を製造し多数の乳児を死傷せしめた事件．徳島地判昭和38・10・25（判時356・7）は，納入した薬問屋を信頼してよいなどの理由を挙げて，工場長などの過失責任を否定した．しかし，控訴審の高松高判昭和41・3・31（高刑集19・2・136）は砒素を含む物質が業界に出回ることは予見不可能であると認めた上で，ただし商取引においては，注文と異なるものが納入されることがあり得ることを1つの根拠とし，「食品に添加する場合において，右薬品を使用するものは一抹の不安を感ずる等である」として業務上過失致死罪の成立を認めた．この判旨を学説が発展させ不安感説が完成された．しかし，その後実務が不安感説を採用することはなかった．

予見可能性の重要性

すべての犯罪理論がそうであるが，特に過失犯論は日本社会の変動を反映して，激しく変動した．ただ，刑罰を科すだけの過失行為といえるか否かの判断は，それほど振れ幅のあるものではない．国民が処罰を納得するためには，責任主義の要請から，やはり予見可能性が必要であろう．結果が生じた後から観察すれば，それを防ぐ回避措置は容易に見いだせる．結果の重大性のみに目を奪われて，高度な結果回避措置を認めるのは悪しき結果刑法といわざるを得ない．

> **監督過失**　業務その他の社会生活上の関係から，他人が過失により法益侵害を侵さないように監督する義務者の責任を監督責任という．作業事故等の現場監督者の責任が最もよく問題とされる．さらに，工場事故における工場長や社長の責任，ホテルやデパートの火災における経営者の監督責任も問題とされる．監督義務は，事前に安全体制を確立する義務と，結果発生接着時の結果回避義務に大別される．前者は，スプリンクラー等の安全装置の設置義務などを指し，後者は安全体制をとるよう日頃から指導する義務や避難訓練

を行う義務などをいう．この監督過失は，分業が完全に確立していれば成立しない．個々の関与者の直接的な過失行為を処罰すれば足りるからである．また直接行為者を信頼し得ない場合に監督義務が生じるので，信頼の原則を拡張する動きとは逆の方向性を持った理論といえよう．**ホテルニュージャパン事件**では，社長の監督過失責任が問われた（最決平成 5・11・25 刑集 47・9・242）．

新聞記事：ホテルニュージャパン火事　死者32、重軽傷28人　客室から出火　防災欠陥だらけ　再三の警告　刑事責任追及へ　宿泊客に元韓国閣僚　1982.2.8（日経）

⑮ 刑法で保護される自由と名誉
私生活の平穏も刑法上の法益

　生命・身体につぐ重要な個人法益として，刑法は「自由」を挙げている．ただ，刑法で問題とする自由は，働く「自由」や遊ぶ「自由」といった抽象的なものではない．**身体の移動の自由**を侵害する罪（逮捕・監禁罪）や，義務のないことを行わせたり，権利のあることを止めさせるという**意思決定の自由**を侵害する罪（強要罪），さらに**性的自由**に対する罪としての強姦罪や強制わいせつ罪といった具体的な自由の侵害に限って処罰される．

女性監禁 37歳男を逮捕

2000. 2. 12（日経）

監禁罪──身体の移動の自由を奪う罪

　自由に対する侵害のうち，最も典型的な身体の移動の自由に対する罪が**逮捕・監禁罪**である．もちろん，警察官が行う逮捕令状に基づく逮捕は，違法性が欠け処罰されない．また，一般人による現行犯逮捕も法令による正当行為(130頁)である．このような正当化事由のない逮捕が逮捕罪として処罰される．

　逮捕とは，人の身体を直接拘束して，その身体の自由を奪うことをいい，**監禁**とは，一定の区域からの脱出を不可能もしくは著しく困難にすることをいう．身体の移動の自由を侵害する罪であるから，自分で行動する能力のない乳児は被害者とならない．熟睡，泥酔して「移動することができない者」に対し，例えば部屋の外から鍵をかけてしまったらどうか．これらの者は乳児と違い，「潜在的行動能力」があるため，監禁罪になるとするのが多数の見解である．ただし，熟睡している者が監禁に気づく前に鍵を開けた場合にまで処罰するのは，行き過ぎであろう．

> **被害者に監禁されていることの認識は必要か？**　泥酔者に対する監禁罪を認めると，被害者に監禁されていることの認識がなくとも監禁罪が成立することになる．強姦の目的を隠して，「家まで送ってやる」と偽り女性を自動車に乗せた場合，女性が事態に気づかず，単に「送ってもらっている」と思っている間も監禁罪は成立する(広島高判昭和51・9・21判時847・106)．たしかに，本当のこと(強姦目的)を知ったら乗らなかったであろうとはいえる．しかし，自動車に乗れば行動の自由が奪われることは女性も認識しているはずである．意思に反して行動の自由が奪われることが監禁だとすれば，気づくまでは監禁罪ではないとすべきであろう．

逮捕・監禁の方法

　たとえば，殴って手足を縛り車に乗せて隠れ家に連れていき部屋に鍵をかけて閉じこめてしまった場合，形式的に見ると，殴る行為は暴行罪，手足を縛る行為は逮捕罪，自動車に乗せる行為，部屋に閉じこめる行為は監禁罪に当たる．ただ，逮捕する手段としての暴行は逮捕罪の中に評価されているので別罪は成立しない．また，監禁行為はその手段として逮捕行為

を伴うことが多いが，逮捕罪と監禁罪が別個に成立するのではなく，包括して220条の逮捕・監禁罪が成立すると考える．

　特に監禁の手段に関しては，様々な態様が考えられる．鍵をかけるとか暴行を加えて逃げられないようにするという物理的な方法だけでなく，動くと殺すといって脅したり，羞恥心を利用して一定の場所から動けなくする(例えば入浴中の衣類を持ち去る)といった無形的方法でもよいとされている．

> **オウム信者監禁事件——親による監禁**　監禁は被害者の意思に反することが必要であるが，未成年者の子に対する親の監護権(民法820条は親権を行う者は，子の監護及び教育をする権利を有し，義務を負うとする)の範囲内であれば，法令による正当行為として，たとえ子の意思に反しても逮捕・監禁罪には当たらない．嫌がる5歳の幼児を親が無理矢理家に連れ戻す行為が逮捕・監禁罪に当たる余地はない．しかし，同じく未成年者であっても19歳の子を幼児と同様に扱うことはできない．オウム信者の親が19歳の娘を，意思に反して教団施設に監禁した行為は逮捕・監禁罪に当たるとされた(東京地判平成8・1・17判時1563・152)．民法上の親権の行使と，刑法で保護される身体の自由とは，保護しようとする利益が異なる．身体・行動の自由という観点からは，19歳の子の意思に反する身体の拘束は，刑法上の逮捕・監禁罪に当たると考えられる．同様の問題は未成年者の略取・誘拐についても生ずる(→168頁)．

略取・誘拐罪

　未成年者などをその保護されている生活環境から離脱させ，自己又は第三者の事実的支配下に置く罪である．逮捕・監禁罪と類似するが，逮捕・監禁が身体を直接拘束したり，脱出を著しく困難にする必要があるのに比べ，略取・誘拐罪における身体の拘束の程度はより緩やかなものでよい．暴行・脅迫を手段とする場合が**略取**で，欺罔・誘惑を手段とする場合が**誘拐**に当たる．略取・誘拐罪には未成年者を被害者とする**未成年者略取・誘拐罪**(224条)，**営利目的等略取・誘拐罪**(225条)，**身の代金目的略取・誘拐罪**(225条の2)，**所在国外移送目的略取・誘拐罪**(226条)の4類型からなり，さらに平成17年に人身売買罪(226条の2)が新設された．

略取・誘拐罪は，伝統的には貧しい農村から人をさらって働かせる，あるいは「人買い」などを念頭に置いていた．現行刑法典はまさに女工哀史の時代に作られたのである．ただ，このような行為は現在では職業安定法，児童福祉法，売春防止法でカバーされる．現在ではむしろ，政治目的や身の代金目的の誘拐が問題である．身の代金目的の略取・誘拐罪は昭和39(1964)年に新設され(225条の2)，政治目的については昭和53(1978)年に**人質強要罪**が特別法として制定されている．

> **人質強要罪**　特別法である「人質による強要行為等の処罰に関する法律(昭和53年)」に規定された犯罪．逮捕・監禁して人質をとり，第三者に強要する行為につき，単独で行った場合に6月以上10年以下の懲役，2人以上共同して行えば無期又は5年以上の懲役，人質を殺害した場合は死刑又は無期懲役に処せられる．よど号乗っ取り事件(1970年)により**ハイジャック防止法**(「航空機の強取等の処罰に関する法律」昭和45(1970)年)が制定されたが，日本赤軍によるハーグのフランス大使館占拠事件(1974年)など，政治目的で大使館を占拠して政治犯の釈放などを要求する行為が各国で多発し，航空機に限らず，人質を取る行為自体を処罰するための条約が締結され，それに伴う国内法として人質強要罪が制定された．

未成年者略取・誘拐罪の被害者は親権者か未成年者本人か

　略取・誘拐罪の中で特に発生件数が多いのが，未成年者略取・誘拐罪である．被害者は表にあるように，未成年の女子の割合が高く，小学生の被害も多い(1999年の被害者総数249人の181人(72.7%)が未成年者である)．そして，1999年の検挙人員(164人)の44%(72人)が，性的欲求を直接の犯行動機としており，これが被害が年少の女子に集中する理由となっている．

　被害者が未成年者の場合，未成年者自身が被害者なのか，それとも親などの監護権者が被害者なのかは見解が分かれる．特に，監護権者が略取・誘拐することに同意しているが，未成年者本人は同意していない場合，逆に未成年者は同意しているが親が同意していない場合が問題となる．極端な場合は子の養育をめぐり両親が争う場合のように，監護権者自身が未成年者を略取・誘拐することもあり得る．

　基本的には，未成年者自身の自由が侵害されたか否かで判断すべきであ

略取・誘拐罪の被害者
(1999年)

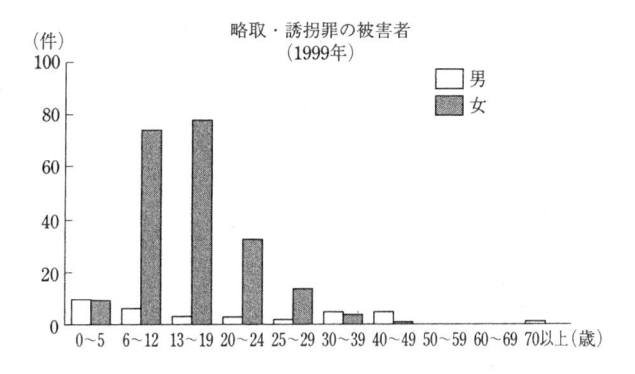

ろう．本人の真摯な同意があるにもかかわらず，監護権者が同意しなければ略取・誘拐罪に当たるとするのは不当であるし（未成年者の「駆け落ち」が誘拐罪になるのは不当である），本人が同意していない場合には監護権者が行っても略取・誘拐罪に該当すると解すべきだからである．たしかに，小学生やそれ以下の幼児の場合には監護権が優先すると考えられるが，そのような幼児にはそもそも「同意」がないといってよい．法的に有効な同意が認められると一般に解される未成年者（買春等処罰法などを勘案するとおおむね18歳以上であろう）については，本人の同意があれば略取・誘拐罪の成立は否定されると解すべきである（→親による監禁罪167頁）．

略取・誘拐された者の「安否を憂慮する者」 昭和39(1964)年に新設された身の代金目的略取・誘拐罪は，「近親者その他，被略取・誘拐者の安否を憂慮する者の憂慮に乗じて」身の代金を要求することを必要とする．親族以外にどの範囲までこの「憂慮する者」に当たるかは争いがあるが，一般に判例ではかなり広範囲の者を含む．銀行の社長を誘拐し幹部に要求した場合（最決昭和62・3・24刑集41・2・173），銀行員を誘拐し頭取に要求した場合（東京地判平成4・6・19判タ806・227），大学学長を誘拐し事務局長に要求した場合（浦和地判平成5・11・16判タ835・243）につき，幹部，頭取，事務局長を，いずれも「安否を憂慮する者」とした．銀行員と頭取のように，個人的には面識すらない者についても認められているのが，最近の判例の特色である．

性的自由に対する罪

性的自由に対する罪とは，**強制わいせつ罪**(176条)と**強姦罪**(177条)を指す．「性的自由」の侵害とは，被害者の意思に反して姦淫行為等の性的行為を行うことを受忍させ，被害者の性的な意思決定の自由を害することを意味する．致死傷の結果を生ぜしめた場合には刑が加重される(181条)．

強制わいせつ罪，強姦罪は，公然わいせつ罪(174条)，わいせつ文書頒布等罪(175条)，淫行勧誘罪(182条)，重婚罪(174条)と共に，風俗秩序を侵害する社会法益に対する罪として立法された．すなわち，賭博罪(185条)や礼拝所不敬罪(188条)等と並んで，国民の倫理，道徳，宗教等の感情に対する犯罪の一部と捉えられたのである．しかし現在では，強制わいせつ罪，強姦罪については個人の自由を侵害するとして，個人法益に対する罪と解すことで争いはない．

強制わいせつ，強姦罪ともに，13歳以上の者に対しては暴行・脅迫を手段とする場合に限るが，13歳未満の者に対してはたとえ被害者の同意があっても成立する．また，強姦の被害者は女性に限るが，強制わいせつの被害者は女性に限らない（ただし，1999年の強制わいせつの認知件数5,346件のうち，男性被害者は141件で2.6％にすぎない）．なお，18歳未満の男女に対する性交類似行為は，対償(金品等)を供与した場合には**児童買春等処罰法**で処罰され(→33頁)，金品等が介在しない場合でも条例により処罰対象となる場合が多い．恋愛感情から他人につきまとったり待ち伏せする行為については，**ストーカー規制法**(→35頁)により処罰の対象となる．

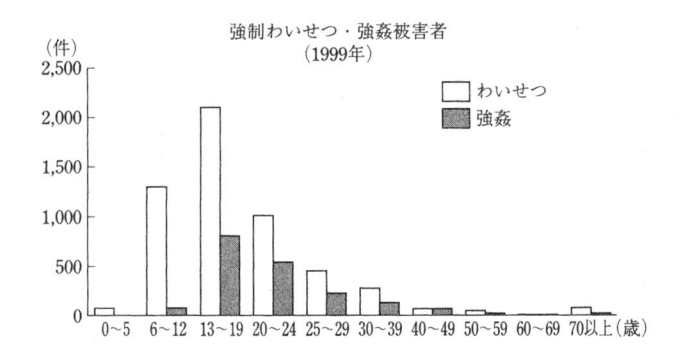

強制わいせつ・強姦被害者
(1999年)

わいせつの目的 強制わいせつ罪は，行為者がわいせつ目的を持っている場合に限って成立する犯罪（一定の主観的傾向の現れとみられる場合にのみ処罰するもので，**傾向犯**と呼ばれる）とされ，わいせつ行為をしている認識があっても，主観的傾向として性欲を刺激・興奮させる意図がなければ処罰されないとされている．判例も，わいせつ目的ではなく復讐目的で女性を脅して裸にし，写真を撮る行為は強制わいせつに当たらないとする（最判昭和45・1・29刑集24・1・1）．しかし，被害者に性的羞恥心を抱かせるような客観的行為を行っている以上，性的自由の侵害はあり，強制わいせつ罪として十分処罰に値すると解すべきである．

「治療」行為と準強姦 霊感治療などと称して女性を騙し，姦淫する行為が後を絶たない．刑法178条（準強制わいせつ・準強姦罪）は「人の心神喪失若しくは抗拒不能に乗じ，又は心神を喪失させ，若しくは抗拒不能にさせて，わいせつな行為をし，又は姦淫した者は，前2条（強制わいせつ及び強姦罪）の例による」と規定している．これは一般に睡眠薬を飲ませて強姦する場合などを想定しているが，治療であると騙して姦淫する行為も含まれる．東京地判昭和62.4.15（判夕640・227）は，治療と検査のためと称して偽医者が姦淫した行為につき，準強姦罪の成立を認めている．

住居の平穏

　自由に対する罪として説明する見解が有力化してきたのが**住居侵入罪**（130条）である．同条は，正当な理由がないのに人の住居や建造物に侵入する行為を，3年以下の懲役又は10万円以下の罰金に処すると規定する．自由に対する罪と考える見解は，**自己の住居に誰を立ち入らせるかを決定する自由**を保護するのが住居侵入罪であると解するのに対し，**住居の平穏が害されること**が住居侵入であるとする見解もある．近時，自己決定権やプライバシーの保護が重視されるに伴い，住居権者の意思決定の自由を保護法益とする見解が有力となってきている．

　ただ，住居権者の意思を重視すると，処罰範囲が拡大しすぎるおそれがあり，特に公共建築物の場合にそれが顕著である．たとえば，偽名を使って参議院議場に立入る行為も建造物侵入に当たるとされ（東京高判平成5・

2・1 判時 1476・163)，ビラ貼り目的で郵便局員が郵便局に立ち入る行為(最判昭和 58.4.8 刑集 37・3・215)や，隣接した邸宅の様子を探るために深夜に小学校の校庭に立ち入る行為(東京高判平成 5・7・7 判時 1484・140)も，建造物の管理権者が承認しない立入りであるとして建造物侵入罪が認められた．

しかし，住居者や建物管理者の「意思」の重視を徹底すると，大学校門に「学外者立入禁止」の立札や，マンション入口に「セールスマンお断り」の掲示があれば，それに反した立入りがすべて侵入罪として処罰されかねない．さらに，姦通目的で妻(夫)の不在中に立入る行為も侵入とする見解がある．しかし，いずれの場合も住居侵入・建造物侵入罪としての当罰性は低いであろう．

刑法と「秘密」

住居侵入罪と併せて，私生活の平穏を害する罪とされるものに「秘密を犯す罪」がある．正当な理由なく封書を開ける行為(133 条，**信書開封罪**．1 年以下の懲役又は 20 万円以下の罰金)，医師，薬剤師，弁護士，公証人，さらに宗教の職にある者等が，正当な理由なく業務上知り得た秘密を漏らす罪(134 条，**秘密漏示罪**．6 月以下の懲役又は 10 万円以下の罰金)がある．133 条が秘密を探る罪で，134 条が秘密を漏らす罪である．

情報の探知という意味では，現代では信書以上に，**盗聴**などの手段による場合が問題となる．電気通信事業法 104，105 条は，盗聴を処罰する規定を設けている．また，情報の漏示についても，公務員については職務上知り得た情報を漏らす行為は処罰の対象となるが(国家公務員法 110 条 I 項，地方公務員法 34 条，自衛隊法 59 条など)，民間企業の場合にはそのような規定がない．企業の従業員が顧客情報を漏示する行為は頻発しており，処罰するための立法が必要な時期に来ている．近時発生した，警視庁警察官が犯罪歴情報などを情報調査会社に提供した事件では，地方公務員法違反の他，見返りに金銭の供与を受けたとして収賄罪に問われた(2000 年 10 月)．

情報の保護 金融機関や通信事業者の個人情報が名簿業者に流出するなどの事件が多発したことから，政府は平成 12(2000)年 10 月に**個人情報保護基本法大綱**を発表し，平成 15 年に「個人情報保護法」が制定された．本法は生

存する者の個人を識別できる情報を「個人情報」とし，その集合物である「個人情報データベース等」を事業の用に供する者を「個人情報取扱事業者」として，その事業者に対する，個人情報の利用目的の制限，適正な取得・正確性の確保・安全管理措置，第三者提供の制限等を定めた．同年には，「行政機関の保有する個人情報の保護に関する法律」，「独立行政法人等の保有する個人情報の保護に関する法律」も制定された．

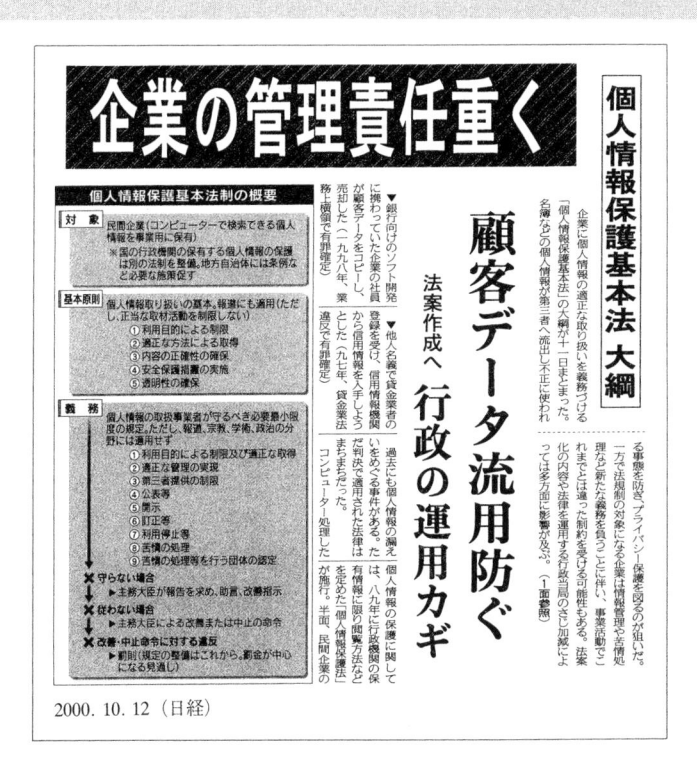

2000.10.12（日経）

名誉毀損と報道

　名誉侵害は，民法上も損害賠償の対象となるが(民法710, 723条)，刑法上も**名誉毀損罪**(230条)として処罰される．230条は，公然と事実を摘示し，人の名誉を毀損する行為を，3年以下の懲役若しくは禁錮，又は50万円以下の罰金に処すると規定する．

　特定の人の社会的評価を害するような事実を，具体的に示す(摘示する)ことが必要である．たとえば，「東京都民は短気で言葉遣いがぞんざいだ」

というような内容は，特定の人を対象としておらず，具体的な事実を摘示してもいないので名誉毀損にはならない．また，摘示する相手は不特定または多数の者であることが必要で，特定の少人数の者(例えば友人2人に対して摘示する場合)などは含まない．

摘示された事実が真実か虚偽かは問わない．真実であれば処罰しないとするのがドイツ刑法の考え方であるが，逆に真実であればあるほど法益侵害が大きいとするイギリス法の考え方もある．わが国の現行刑法はいわば折衷的な立場をとり，230条の2という規定を設け，公共性の高い事実については一定の条件の下に真実を述べる行為を不処罰とした．報道機関が公人の不正行為などを暴く行為が，名誉毀損として処罰されるのは不当だからである．このような場合，「国民の知る権利」と「個人の名誉」とが対立することになるが，その調整を図るのが230条の2である．

同条Ⅰ項は，① 行為が公共の利害に関する事実に係り(摘示事実の公共性)，② その目的が専ら公益を図るためのものであり(目的の公益性)，③ 事実が真実であると証明があったとき(事実の真実性)には，名誉毀損として処罰されない．Ⅱ項では，犯罪報道等の公訴提起前の犯罪行為に関する事実は ① の公共性を有するとみなし，Ⅲ項は，公務員や議員に立候補した者等に関する事実については ① 公共性，② 公益性を証明しなくてもよいとする．現在では，裁判時に真実であることが立証できなくとも，相当な根拠に基づいて報道した場合には，正当行為として違法性が欠けるとする見解が有力である．

名誉毀損罪が「公然と事実を摘示して」名誉を毀損する場合であるのに対し，具体的な事実を挙げずに特定の人の社会的評価を害する表示を行う行為が**侮辱罪**(231条)である．

信用・業務を害する罪

人の社会的名誉を害する行為が名誉毀損であるのに対し，経済的信用を害するのが**信用毀損罪**(233条)である．たとえば「A商店は暴利をむさぼる盗賊商売だ」と業界新聞に掲載すれば，その商店の経済的信用(支払い能力や意思)が低下するおそれを生じさせたとして信用毀損となる．ただし，「B酒店の酒は腐っている」と吹聴する行為は，経済的信用ではなく名誉

を毀損したことになる．

　業務妨害罪は手段により分類され，虚偽の風説を流布したり偽計を用いたりする**偽計業務妨害罪**(233条後段)と，威力を用いて妨害する**威力業務妨害罪**(234条)とがある．偽計業務妨害とされた判例としては，3ヵ月間に970回の無言電話を中華料理店にかけた行為(東京高判昭和48・8・7高刑集26・3・322)や，デパートの寝具売場の布団280点に合計469本の針を混入させた行為(大阪地判昭和63・7・21判時1286・153)などがある．

　これに対し威力業務妨害罪とされたものとしては，弁護士の鞄を奪って隠してしまう行為(最決昭和59・3・23刑集38・5・2030)，猫の死骸を消防署長の机の引き出しに入れておき同人が執務を執れない状態にした行為(最決平成4・11・27判時1441・151)，参議院本会議場の傍聴席から演説中の首相にスニーカーを投げつけた行為(東京高判平成5・2・1判時1476・163)，国体の開会式会場で掲揚されていた国旗に火をつけ会場内に投げつけた行為(那覇地判平成5・3・12判時1459・157)などがある．

> **電子計算機損壊等業務妨害罪**　コンピュータを損壊したり，虚偽の情報を入力することにより業務を妨害する行為は，234条の2の**電子計算機損壊等業務妨害罪**で処罰される．テレビ会社のホームページに不正に侵入し，天気予報の画像をわいせつ画像に書き換えた行為(大阪地判平成9・10・3判タ980・285)などが本条に当たる．偽造カードを用いて銀行のCD機から現金を引き出す行為のように，虚偽の情報を与えてはいるが銀行業務に具体的な障害が生じていない場合には，本罪には当たらず，偽造罪，窃盗罪などで処罰される．

＊**読書案内**　性犯罪の捜査に取り組む現職警察官によるものとして，板谷利加子『御直披』(角川文庫，2000年)がある．

16 財産犯の構造
犯罪の大半は財産に関するもの

　財産に対する罪(財産犯)は，刑法典の最後部に位置するが，1章で述べたようにその発生件数は非常に多い．とりわけ窃盗罪は，全刑法犯認知件数の6〜7割(1999年の全認知件数2,901,051件中窃盗罪は1,910,393件)を占め，実務上も刑法理論上も重要な犯罪となっている．しかも，自転車等や置き引き，さらに万引きなどの軽微な窃盗は警察への届け出がなされないことも多いと考えられ，実際の発生件数は膨大な数に上ると考えられる．少年犯罪でも財産犯，特に窃盗罪と遺失物等横領罪とが急増している．しかし，窃盗罪の検挙率は1987年に60.2％あったものが1999年には29.4％にまで激減した．重大犯罪ではないとはいえ，現代の犯罪の中核中の中核である窃盗罪を適正に処理することが，他の財産犯，さらには凶悪犯を防止するためにも是非必要である．

財産犯の分類

財産犯の典型は窃盗罪や強盗罪であるが，下図に示したように，この他，

```
領得罪 ┬ 直接領得罪 ┬ 占有移転 ┬ 意思に反する ─┬ 窃盗罪
       │            │          │                └ 強盗罪
       │            │          │
       │            │          └ 瑕疵ある意思  ┬ 詐欺罪
       │            │            に基づく      └ 恐喝罪
       │            │
       │            └ 占有不移転 ─────────── 横領罪
       │                                       遺失物
       │                                       横領罪
       │                                       背任罪
       │
       └ 間接領得罪 ─────────────────── 盗品等の罪

毀棄罪 ────────────────────────────── 毀棄罪
```

侵入盗の手口として激増しているピッキング(朝日新聞社提供)

詐欺罪・恐喝罪，横領罪・背任罪，さらに盗品等に関する罪(盗品と知りつつ買受ける等の行為)，財物を壊す毀棄罪がある．

領得罪と毀棄罪

財産犯は，財産的な利益を得ようとする犯罪(**領得罪**)と，利益はないが財産を侵害する犯罪(**毀棄罪**)とに二分される．もちろん，窃盗罪をはじめ財産犯の大部分は領得罪であり，毀棄罪は器物損壊罪(261条)と建造物損壊罪(260条)のみである．財産的侵害という面では毀棄罪の方が大きいともいえるが，毀棄罪は建造物損壊でも5年以下の懲役にとどまるのに対し，窃盗罪で10年以下の懲役(又は50万円以下の罰金)，強盗罪では5年以上の有期懲役に処せられる．領得罪の方が，一般に発生しやすく，犯罪を防止するためには重い処罰を設ける必要があるからである．歴史的に見ても，古今東西を問わず窃盗罪には死刑が科されることが多かった．

十両盗めば首が飛ぶ　江戸時代には「十両盗めば首が飛ぶ」といわれたが，御定書百箇条には金銭あるいは財物の価格が十両以上で死罪，十両未満の場合には入墨の上敲(たたき)刑が科されるとされていた．入墨は刑罰の一種である．ただし，これは「手元にある金銭を取った場合」で，現在でいえば「横領罪」や店員が店の金品を取る窃盗罪に当たる場合であった．いわゆる侵入盗の場合には金額にかかわらず死罪とされた．「死罪」とは死刑の一種

で，斬首の後「様(ためし)斬り」にされる．様斬りされない「下手人」より重く，首を晒される「獄門」より軽い(石井良助『盗み・ばくち』(1990年，明石書店)参照).

窃盗罪と強盗罪

窃盗罪，強盗罪は被害者の意思に反して他人の占有する財物を奪取する罪である．暴行・脅迫を手段とし，相手を反抗できない状態にした上で奪う行為が強盗で，そのような手段を用いない場合が窃盗罪である．「窃」とは元来「密かに」という意味であるが，被害者の面前で奪う場合も窃盗に当たる．

刑法上の占有は「事実上の支配」である．被害者が現に手に持っている場合ばかりではなく，外出中の留守宅内の物にも所有者の支配が及ぶ．動物のように動く財物の場合，所有者(飼主)から離れた場所に移動していても，飼主の支配は及んでいる．事実上の支配が及ばなくなるほど財物と所有者との距離が離れた場合には「占有離脱物」となり，占有離脱物横領罪(遺失物等横領罪)の客体となる．一般的に，距離，時間共に一定程度以上離れれば占有離脱物となるとされ，例えば大型スーパーマーケット内のベンチに10分間置き忘れた財布は，すでに被害者の支配下にはないとして占有離脱物横領罪となる(東京高判平成3・4・1判時1400・128)．人の出入りしない事務所などの建物と比べ，道路上や電車内，さらにスーパー店内な

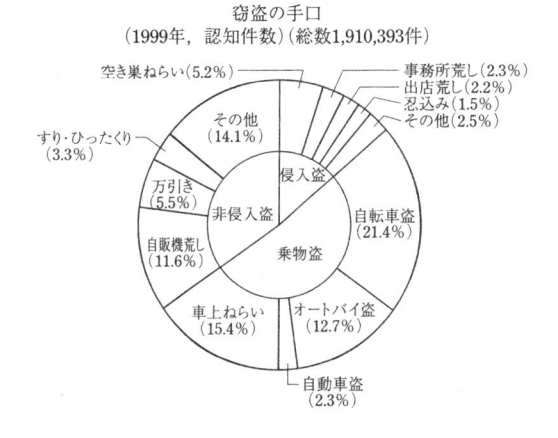

窃盗の手口
(1999年，認知件数)(総数1,910,393件)

- 空き巣ねらい(5.2%)
- 事務所荒し(2.3%)
- 出店荒し(2.2%)
- 忍込み(1.5%)
- その他(2.5%)
- 侵入盗
- その他(14.1%)
- すり・ひったくり(3.3%)
- 万引き(5.5%)
- 非侵入盗
- 自販機荒し(11.6%)
- 乗物盗
- 自転車盗(21.4%)
- 車上ねらい(15.4%)
- オートバイ盗(12.7%)
- 自動車盗(2.3%)

どは，短距離，短時間でも所有者の占有から離れたとされやすい．

　また，所有者が置き忘れた場合に比べ，意識的に置いた場合の方が「事実上の支配」は認められやすい．自転車置場として利用されていた橋の上に 14 時間放置された自転車，旅行者が長距離バスの待合室に 1 時間置いておいたカバンなどは，いずれも事実上の支配があるとされた．

> **不法領得の意思**　領得罪には，単に財物を奪うという認識があるだけでは足りず，① 権利者を排除して他人の物を自己の所有物として，② その物の経済的・本来的用法に従って利用・処分する意思が必要であるとされる．これを**不法領得の意思**という．たとえば自転車を一時的に利用し元に戻しておく行為は，① 権利者を排除して所有権者として振る舞う意思が欠け，また身元をわからなくするために殺害した被害者の時計を奪って捨てる行為は，② 本来的用法に従って利用・処分する意思が欠ける．不法領得の意思が欠けると，窃盗罪をはじめとした領得罪の構成要件該当性が欠けることになる．ただ一時的な利用といっても，自動車のように高価な物の乗回しや，企業の機密資料をコピーのために社外に持ち出すような行為は，たとえ返還する意思が明確であっても財産的侵害は重大であるから，窃盗罪の成立を認めるのが判例である．

　強盗罪は，暴行・脅迫により相手方の反抗を抑圧して，財物，財産上の利益を得る罪である．刑が極めて重い点に特色があり，単純な強盗でも 5 年以上の有期懲役(236 条)，致傷罪(240 条前段)は無期又は 6 年以上の有期懲役，致死罪(240 条後段)は死刑又は無期懲役の刑に処せられる．殺人罪(199 条，死刑・無期又は 3 年以上の有期懲役)と比べても，強盗罪の刑は極めて重いが，これは，現行刑法が制定された明治末期に強盗が多発し，重罰化の要請が強かったためであった．

　さらに，もともとは窃盗犯人であった者が，被害者らに発見され逃げるため，あるいは盗品を取り戻されるのを防ごうとして暴行・脅迫を加えた場合にも強盗罪とする規定(**事後強盗罪**，238 条)や，強盗犯人が強姦を犯すと単なる強盗罪や強姦罪よりもさらに重く処罰される規定(**強盗強姦罪**，241 条)などがある．

> **死者の占有**　財物を占有することができるのは生きている者に限る．死体が

> 身につけている物を奪っても占有離脱物横領が成立するにすぎない．ただ，強盗犯人が，当初から財物を奪う目的で被害者を殺害することは多く，この場合には強盗殺人罪となる．これに対し，殺害時には財物を奪う意図がなく，殺害後にはじめてその意思が生じた場合，判例は「被害者が生前有していた財物の所持は死亡直後においてもなお継続して保護する」とするとして殺人罪と窃盗罪の成立を認める（最判昭和41・4・8集20・4・207）．

詐欺罪と恐喝罪

窃盗，強盗罪が被害者の「意思に反する」奪取罪であるのに対し，詐欺罪，恐喝罪は被害者が「意思に基づき」自ら財物を相手に交付する罪である．もちろん「意思に基づく」といっても，その意思は瑕疵（欠陥）があるものであって，詐欺であれば錯誤に陥り，恐喝であれば畏怖して，その結果交付しているにすぎない．

詐欺罪は，行為者の**欺罔行為**（騙す行為）（→191頁）により被害者が錯誤に陥り，その結果財物を欺罔した者に交付することにより成立する（246条Ⅰ項の詐欺）．騙す行為があるように見えても，親切盗のように「ゴミが付いていますよ」と被害者の注意を他に向けさせ，その隙に被害者の鞄を持ち去る行為は，被害者による**交付行為**がないため，詐欺罪ではなく窃盗罪に当たる．

詐欺罪は被害者が錯誤に陥ることが必要であるため，「騙される」ことのない機械に対しては詐欺罪は成立する余地はない．そこで，コンピュータに虚偽の情報を与えることにより利益を得る行為を処罰するため，昭和62（1987）年にコンピュータを不正に使用して利益を得る罪が新設された（電子計算機使用詐欺罪，246条の2）．

平成12（2000）年に制定された不正アクセス禁止法（→37頁）は，他人になりすます等によりコンピュータに許可なくアクセスする行為を処罰するが，電子計算機使用詐欺罪は，あくまで虚偽の情報を与えた結果，財産上不正の利益を得ることが必要である．たとえば，銀行のホストコンピュータに不正に侵入し，顧客の預金残高データを操作し，自己の預金残高を増加させた場合，アクセスした時点で不正アクセス禁止法違反，預金残高を増加した時点で246条の2が成立する．

恐喝罪は，畏怖という瑕疵ある意思に基づき，被害者が自ら財物を交付する態様の犯罪であるが，被害者が自ら財物を交付する場合の他，畏怖している被害者から行為者の側が奪う場合も含む．そこで，恐喝罪の実態は強盗罪に近い．手段としての暴行・脅迫が強く，反抗を抑圧する程度に至れば強盗罪，その程度が弱く相手が畏怖した程度にとどまれば恐喝罪に当たることになる．

横領罪と背任罪

窃盗罪などが被害者の占有する財物を奪う罪(**奪取罪**)であるのに対し，177頁の分類にあるように「占有を移転しない」罪が**横領罪**である．犯人自身が既に占有している物について，それを着服する行為がこれに当たる．客体は，自己の占有する他人の物である．委託されて預かっている他人の所有物を，その委託の趣旨に背いて処分する行為が横領行為である．厳密には**委託物横領罪**(252条)という．占有侵害を伴わず，また動機も誘惑的であることから，他の財産犯に比べ刑が軽い(5年以下の懲役)．

委託物横領罪を業務者が行った場合の加重類型として，**業務上横領罪**(253条)がある．業務上他人の財物を保管する者(運送業者や倉庫業者が典型であるが，一般の企業でも現金等を仕事上で保管する者は「業務者」に当たる)が横領した場合を，10年以下の懲役に処する．

横領罪には，委託物横領罪以外に**遺失物等横領罪(占有離脱物横領)**(254条)が規定されており，他人の占有を離れた物，典型的には落とし物を着服する行為に対し，1年以下の懲役又は10万円以下の罰金若しくは科料という，かなり軽い刑を科す．遺失物等横領罪の認知件数は極めて多いが(→1章参照)，そのほとんどは放置自転車や放置オートバイの着服である．事実上窃盗罪に極めて近い行為態様であるため，発生件数は多い．

> **認知件数の増減**　主要な財産犯の認知件数につき，1989年と1999年とを比較したものが下の図である(1989年を100とした場合の指数)．突出して増加しているのが強盗罪と遺失物等横領罪である．強盗罪の増加は近時の犯罪の凶悪化を象徴するものであるが，遺失物等横領罪も自転車等，オートバイ等などの比較的軽微な犯罪の多発を表す数字である．

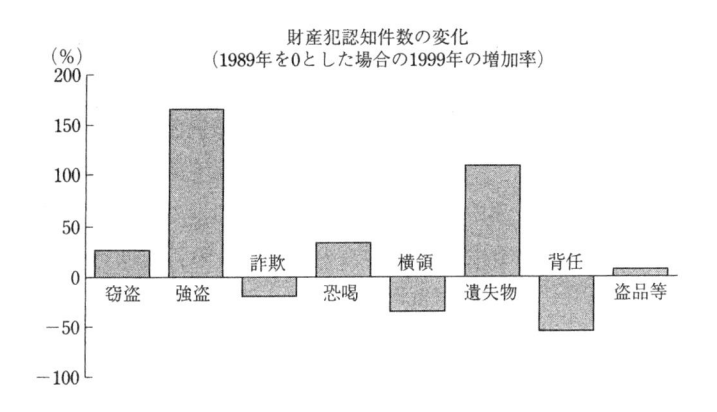

財産犯認知件数の変化
(1989年を0とした場合の1999年の増加率)

財産犯の分類の中でやや異色の存在が**背任罪**(247条)である．247条は，「他人のためにその事務を処理する者が，自己若しくは第三者の利益を図り又は本人に損害を加える目的で，その任務に背く行為をし，本人に財産上の損害を加えたときは，5年以下の懲役又は50万円以下の罰金に処する」と規定する．自己の利益を図る場合だけでなく，本人に損害を加える目的であっても成立することから，領得罪としてのみ説明しきれない面を持つ．

背任罪は，① 他人のためにその事務を処理する者(事務処理者)が，② 図利加害目的をもって，③ 背任行為(任務違背行為)を行い，④ 本人(会社等)に財産上の損害を生じさせる犯罪である．典型例として，近時問題となっている「不正融資」があるが，例えば銀行の支店長(事務処理者)が，会社の利益のためとはいえない動機で(図利加害目的)，十分な担保を取らずに(任務違背行為)融資する行為がこれに当たり，不良債権となった時点で損害が発生したことになる(具体的には17章参照)．

さらに，自分には全く利益がないのに，専ら会社に損害を加える意図から，会社の資金で非常に危険な投機的取引を行うような場合には「本人に損害を加える目的」に当たるが，これも背任罪となる．したがって，物を壊す「毀棄罪」に近い性格も持つ．

直接領得罪と間接領得罪

窃盗，強盗，詐欺，恐喝，横領，背任罪が，被害者の占有を被害者自身

から直接領得する**直接領得罪**であるのに対し，**間接領得罪**とされるのが**盗品等に関する罪**である．一度第三者(窃盗犯人など)が領得した盗品を，さらにその犯人から領得する行為をいい，もともとの被害者から見れば「間接的」に領得するのでこのように呼ばれる．刑法256条は盗品を有償・無償で譲り受ける行為，運搬，保管する行為につき処罰の対象としている．無償で譲り受ける場合を除き10年以下の懲役及び50万円以下の罰金に処せられ，窃盗罪などより法定刑は重い．

　盗品等に関する罪は，親族どうしで盗品罪を行った場合，刑が免除される点に特色がある．257条I項は「配偶者との間又は直系血族，同居の親族若しくはこれらの者の配偶者との間で前条(盗品譲り受け等)の罪を犯した者は，その刑を免除する」と規定する．例えば，夫が盗んだ盗品を妻が隠す場合(保管)「刑が免除」される．窃盗罪等の直接領得罪にも類似の規定があり(**親族相盗例**，244条)，親族間の窃盗は刑が免除される，ないしは親告罪となるが，257条は一律に刑の免除を認めており，より不処罰の範囲が広い．このような「寛大」な措置が認められる理由は，「身内の犯人を匿う，あるいはその犯罪を助けるのは無理からぬ側面があり，責任を問えないからである」と説明されている．

利益も保護される

　財産犯で保護するのは，個人の「財産」であるが，これには「財物」の他，「財産上の利益」も含む．強盗罪，詐欺罪，恐喝罪は，それぞれI項で「財物」を，II項で「財産上の利益」を侵害する罪(II項犯罪とも呼ぶ)を規定している．また，背任罪も，財産上の利益に対する罪である．ここでいう「利益」には，債務の免脱の他，タクシーや電車に無賃乗車する利益等も含む．

　しかし，窃盗罪と横領罪には利益を処罰する規定がない．そこで，会社の機密資料ファイルを社外に持ち出し，コピーを取った後に会社に戻す行為のように，情報のみを奪う行為は処罰できないように見える．しかし判例は，**機密資料の持ち出し**行為を窃盗罪として処罰する．すぐに返還したとしても，価値の高い情報が書かれたファイルの一時持ち出しは，処罰に値する財産的侵害があると評価するのである(→180頁)．

> **新薬産業スパイ事件**（東京地判昭和 59・6・28 判時 1126・6）　新薬製造承認申請に関する秘密資料を，競争相手の企業の者と厚生技官とが共謀し，コピー目的で持ち出し，7 時間後に返還したという事件．たとえ返還されたとしても，権利者の独占的排他的利用が阻害されるとし，不法に領得する意思があることを認め，窃盗罪の成立を肯定した．

　これに対し，ホストコンピュータ上の機密資料にアクセスし，その情報を自分のフロッピーディスク等にコピーした上で，そのフロッピーディスクを相手企業に渡すような行為は，刑法上は犯罪には問えない．「財物」は一切「移動」していないからである．移動したのは「情報」であるが，「情報」は財物には当たらず，さらに利益ともいえない（さらに 172 頁参照）．仮に「情報」を利益としたとしても，窃盗罪の客体に利益は含まれないので，窃盗罪には問えない．

　これらの行為は不正アクセス禁止法違反の罪の他，会社に損害を与えれば背任罪に該当する余地がある．

> **情報と窃盗罪**　信用金庫の支店長が専務理事と共謀し，信用金庫の預金事務センターのホストコンピュータに接続して幹部の預金情報等を入手し，それを支店プリンターで印字した上で専務理事に郵送した行為が問題となった．東京地裁は，本件の情報は究極的には理事長が管理するものである以上，情報が印字されたプリンタ用紙の占有は理事長にあるとして，支店長に窃盗罪を認めた（城南信用金庫事件・東京地判平成 9・12・5 判時 1634・155）．しかし，仮に，支店の用紙ではなく自己の用紙を持ち込んで印字した場合であれば窃盗罪の成立を認めることは困難であろう．また，銀行の顧客情報に関するソフトウェアの開発に関わった業者の従業員が，顧客情報を自分のフロッピーディスクにコピーし名簿業者に売却した行為は，貼付されていた紙片の書類につき業務上横領罪が成立したのみで，フロッピーディスクについては犯罪が成立しなかった（東京地判平成 10・7・7 判時 1683・160）．

16　財産犯の構造

©いしいひさいち／双葉社　　　©いしいひさいち／チャンネルゼロ

　立ち読みも，覚えてしまえば「情報」という利益を得たことになるが，利益窃盗は不処罰なので犯罪とはならない．もちろん，本を食べてしまえば毀棄罪である．

＊**読書案内**　池波正太郎の『にっぽん怪盗伝』（角川文庫，1972 年）の中の一編（「白浪看板」）に，夜兎の角右衛門という盗賊が登場する．盗みを「つとめ」と称し，貧乏人から盗むな，人を殺傷するな，女性を手込めにするなという三箇条を「看板」としていた．ある日押し込み強盗をした際，手下が人に傷害を負わせたことから盗賊の「看板」を降ろさざるを得なくなり，後に鬼平の片腕となるのだが，角右衛門の第二，第三の理はまさに強盗傷人（240 条），強盗強姦（241 条）に当たる行為である．あるいは江戸時代から，この種の行為は盗賊仲間ですら許されないと考えるほどに，極悪な行為とされていたのかもしれない．この話は，六代目三遊亭圓生により「白浪看板」と題する人情ばなしに仕立てられている．

⑰ 現代的経済犯罪
詐欺，横領，背任

　バブル経済の崩壊に伴い，経済犯罪事件が目立つ．1つは経済状況の悪化により生じたといえるもので，不正融資などが典型である．他方，経済状況の悪化に伴い，従来からあった問題が顕在化したのが総会屋をめぐる事件などである．これらの経済犯罪には，刑法典上の詐欺罪，横領罪，背任罪，偽造罪などが適用される場合もあるが，商法その他の特別法により処罰されるものも多く，独占禁止法違反，出資法，訪問販売法，さらに外為法違反などがある．総会屋に対する利益供与は商法で処罰される．本章では，詐欺，横領，背任罪を中心に，経済犯罪と刑法の関係について検討する．

1999.12.1（朝日）

詐欺罪——新しい犯罪類型

詐欺行為が犯罪として処罰の対象となったのは，財産犯の中で最も新しく，ヨーロッパでは 18 世紀になってからであった．それまでは，「騙される者が悪い」と考えられていた．

> **詐欺罪の歴史** 「詐欺」概念の萌芽はローマ法にまで遡るとされるが，もともとは通貨の偽造や，秤，物差し等の偽りを処罰するものであった．現行刑法のように，偽ることにより財産を取得する「財産犯」としての詐欺罪が形成されたのは，イギリスにおいては 1757 年ジョージ II 世 30 年第 20 法律，ドイツにおいては 1794 年プロイセン一般ラント法が最初である．わが国では江戸時代の御定書百箇条(1742 年)に「巧事かたり事」として詐欺罪の規定があり，獄門ないし死罪(→178-9 頁)とされていた．

詐欺罪ほど時代を反映する犯罪はない．折からの利殖ブームに乗り，1981 年から 85 年にかけ，約 3 万人もの被害者を出したのが**豊田商事事件**であった．実際には金地金の保有がないのに，顧客には金の現物を購入すればその運用により多額の利子収入を得ることができると偽り，2,000 億円以上の資金を集めたペーパー商法で，取引の実体のない集金行為が詐欺罪として処罰された(大阪地判平成元・3・29 判時 1321・3)．また，1993 年には国債を使った**ネズミ講**で金を集めた行為が詐欺罪で有罪となった(**国利民福の会事件**)．

さらに，近時も低金利の状況が続く中，有利な利殖を謳って金員を集め

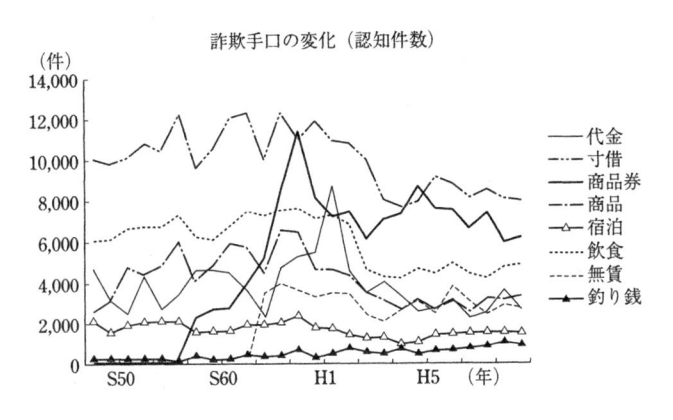

詐欺手口の変化（認知件数）

たオレンジ共済事件(東京地判平成 12・3・23 判時 1711・34)，KKC 事件(東京地判平成 12・5・31)につき，相次いで詐欺罪の有罪判決が出された．土地騰貴に伴う原野商法，株取引の過熱に伴う投資顧問詐欺事件など，まさに詐欺罪は時代を映す鏡である．

　1999 年の詐欺罪の認知件数は 43,431 件で 1989 年の 53,605 件と比較し，やや減少している．両年の詐欺の手口を比較すると，寸借(持ち逃げ)，無銭飲食・宿泊など古典的な手口が依然として多い一方，商品券詐欺が多数を占める．商品券詐欺の大部分が**カード犯罪**である．カード犯罪とは，偽・変造したキャッシュ・カードの使用をはじめ，クレジット・カードの不正使用，さらにサラ金のカードシステムを利用した犯罪等をいう．

> **クレジット・カード詐欺**　盗取などの不正手段で入手した他人名義のカード，あるいは偽造カードを使って商品を購入する行為は，明らかに詐欺罪に当たる．また，自己名義のカードであっても，支払意思・能力があるように装い商品を購入する行為も，商品を受け取った時点でその商品に対する詐欺罪(I項詐欺)が成立する(福岡高判昭和 56・9・21 刑月 13・8＝9・527)．これに対して学説の中には，たとえカードが不正使用された場合でも，原則として商店は信販会社から代金相当額を受け取るのであるから，「被害者」とはいえないのではないかとする批判がある．そこで，商品の交付時，あるいは顧客の預金口座から引き落としができなかった時点で，信販会社に対する II 項詐欺の成立を認める見解も有力である．

悪徳商法と刑罰

　悪徳商法には種々の形態があるが，主なものとして①豊田商事事件のような現物まがい商法(金などの現物を売買するように装い，実際には現物を渡さず，顧客が受け取るのは預かり証券という紙片のみであるというペーパー商法)，②投資顧問詐欺(投資顧問業者が顧客から金を預りいわゆる呑み行為などを行うもの．投資ジャーナル事件(東京地判昭和 62・9・8 判時 1269・3 で詐欺罪成立)などがある)，③原野商法(無価値の原野を別荘地などとして売却する行為)，④商品先物取引，海外先物取引関連の詐欺，⑤ネズミ講，マルチ商法などがある．無店舗販売の増加，サービス(役務)という無形商品の増加，さらに利殖商法の増大・多様化などが被害の拡大に拍車を掛けている．豊田商

事事件や，国利民福の会事件，さらにオレンジ共済事件，KKC事件などは詐欺罪の成立が認められた数少ない事例であるが，いわゆる悪徳商法の多くは詐欺罪の立件が容易でないのが現状である．

東京都消費生活条例施行規則で禁じられた不適正な取引行為(不当勧誘行為)の一例(東京都生活文化局作成パンフレットより)

そこで詐欺まがい商法に対しては，事件が発生する度にその行為を規制・処罰する特別法が立法されることが多い．現物まがい商法に対しては「特定商品等の預託等取引契約に関する法律(商品預託取引業法)」(昭和61年)，投資顧問詐欺に対しては「有価証券にかかる投資顧問業の規制等に関する法律(投資顧問業法)」(昭和61年)，先物取引については「商品取引所法」，「海外商品市場における先物取引の受託等に関する法律(海外先物取引規制法)」(昭和57年)，またネズミ講に対しては「無限連鎖講の防止に関する法律」(昭和53年)などがある．マルチ商法は従来より「訪問販売法」(昭和51年)で規制されていたが，昭和63年に規制が拡大され，不当勧誘等の禁止や，書面交付義務などが盛り込まれている(同法は平成13年6月より，名称が「特定商取引に関する法律」と変更される)．

和牛商法と出資法違反 不特定・多数の者に「高金利を保証する」と申し向けて金員を集める行為は後を絶たない．平成7(1995)年から9年にかけて社会問題化した「和牛預託商法」もその1つであった．和牛のオーナーとなることが有利な利殖となるとして，業界全体で約7万人余りから1,000億円を集めたとされる．出資法2条は銀行などの法律で定める金融業以外の者が，一般大衆から金員を集める行為を禁止している(「預り金の禁止」)が，和牛商法はこれに違反するものであった．いわゆる金融詐欺と呼ばれる豊田商事事件やKKC事件，さらにネズミ講やマルチ商法も，結局は出資法2条の「預り金の禁止」を僣脱するために考案された悪徳商法であった．

このような新しい犯罪現象に対して刑法上の詐欺罪の適用が困難である背景には，詐欺罪の沿革も影響している．詐欺罪は，歴史的には取引関係

における欺罔行為(たとえば秤や物差しをごまかしたり，偽造文書を使って契約する行為)を処罰するものであって，当該取引の知識を十分持った者でも騙されるような場合に限られていた．あくまで自己責任が原則であり，取引知識もなく敢えて契約を結んだ者まで保護する必要はないと考えられてきたのである．ただ，現在では，様々な新しい商品，取引が登場し，ごく一般の人々でもそれらに関与することが多い．このような状況では，何がどの程度危険かを見分けるのはかなり困難で，販売者(金融業者，証券業者)をある程度信用せざるをえないのが現状であろう．そうだとすれば，その信用を逆手にとって，取引の実体そのものを偽り金を騙し取る行為は，詐欺罪として当罰性が高いといわざるをえない．

消費者契約法・金融商品販売法 一連の証券不祥事等を契機として，企業の情報開示と消費者の自己責任の原則が求められるようになった．そして，企業に比較して圧倒的に情報力・交渉力が劣る消費者に対し，その格差是正をめざし両者間に市場メカニズムを導入しようとしたのが，消費者契約法(平成13(2001)年4月施行)である．同法は事業者に対し消費者を誤認・困惑させるような勧誘を行った場合に，消費者が契約を取り消すことができることとした．一方，同じく平成13(2001)年4月に施行される金融商品販売法は，金融取引のルールを定めたもので，金融商品の販売に際して説明義務を課し，その違反に対し賠償責任を負わせるなどの規定を設けた．両法共に民事法上の特別法であるが，悪徳商法から消費者を保護するという観点からは，詐欺罪の議論にも影響を与えうる．

騙す行為(「欺罔行為」)

詐欺まがい商法が非難されるべきことは明らかであるが，他方でうまい話にのる消費者の側に落ち度がある場合もあろう．そこで，詐欺罪が成立するためには，厳密な意味での「欺罔」行為が必要である．欺罔とは，簡単にいえば「騙すこと」であるが，より具体的には「一般人を錯誤に陥らせる行為」であるとされる．しかも，単に錯誤に陥らせるだけではなく，その錯誤により被害者が犯人に財物や利益を移転させる(交付あるいは処分という)ことが必要である．

詐欺罪と窃盗罪の限界——処分行為の有無　詐欺罪と窃盗罪はおよそ異なるように見えるが，実はその区別は微妙である．いわゆる親切盗(被害者の服の汚れを取るように装い，その隙に被害者の所持品を持ち去る行為)は，「汚れを取る」という「嘘」をついてはいるが，それが「相手の交付・処分」を誘発していないため詐欺罪とはならず，窃盗罪である．左のマンガでも，店の主人の「どうぞ」は商品を店外に持ち出すことまでの許可ではなく(したがって交付はない)，そこで，「ちょっとはいてみてもいいですか？」という言葉も，交付を導く欺罔とはいえない．この客の行為は，窃盗罪(未遂のようだ)に当たる．もっとも，この場合はそもそも店主の方が「詐欺まがい商法」といえるかもしれない．

©いしいひさいち／チャンネルゼロ

　欺罔行為の有無は，ネズミ講のような場合にも問題となる．ネズミ講の構造を十分理解し，早く「子」を見つけ自分だけ儲けて逃げようと考えている者は，「欺罔」されたとはいいにくいからである．ただ，そのネズミ講の主宰者が，会員に出資金を納めさせた段階で分配金を支払う意思が全くなかったような場合は，「ネズミ講」としての実体すらなく，詐欺罪となる．単に出資法上の「預り金の禁止」にとどまらず，詐欺罪となったオレンジ共済やKKCは，その主宰者が出資者の金を約定通りに運用する意図が全くなかったと認定されたからこそ，出資者に対する欺罔行為が認められたのである．

　また，クレジット・カードと欺罔行為も微妙な問題を含む．支払意思・能力を偽って自己名義のカードを使用した場合でも，カード加盟店店員の

側が「いずれにせよ信販会社から商品代金が入金されるのだから，カード所持人の資産状況にかかわらず商品を交付する」と考えていたとすれば，店員は「欺罔された」ことにならないともいえるからである．しかし，他人名義のカード使用が争いなく欺罔行為であると認められる以上，仮に加盟店側が「信販会社からの代金入金」を理由に，カード所持人の支払意思・能力という事情を問題としないとしても，その事情は名義により差はないはずである．自己名義についても欺罔行為性を認めるべきであろう．

　これらの悪徳商法，カード犯罪を契機として，欺罔行為は弛緩する傾向にある．伝統的な「欺罔」の解釈を若干緩めてでも処罰する必要性のある事案が増大したためである．現在では，**被害者が期待していたような取引の実体がない場合**には，欺罔行為が認められると解されている．そして，欺罔行為の拡大の象徴が，**宗教活動に対する詐欺罪の適用**である．宗教活動は，まさに信者の「心の問題」であり，詐欺罪処罰とは最も遠い存在であったはずである．しかし，宗教活動を「口実」とした集金行為の跋扈(ばっこ)とともに，詐欺罪の処罰が拡大せざるを得ない状況となった．

宗教活動と詐欺罪　平成12(2000)年5月に宗教法人「法の華三法行」の代表らが，詐欺罪容疑で逮捕された．少なくとも数年前まで，宗教活動に伴う資金集めに関し，刑事罰が適用されることはまれであった．しかし，オウム真理教の一連の事件により宗教活動に対しても刑事罰を適用すべき事例があることが強く認識され，平成8(1996)年以降，宗教活動まがいの金員の騙取をめぐり，詐欺罪の適用を認める判決がいくつか出されている(富山地判平成10・6・19判タ980・278)．そこでは，宗教活動としての実体がないこと(たとえば金員を徴収するためのマニュアルを用いて活動しているなど)が欺罔行為を認める重要な要件となる．

キセルは詐欺罪か　いわゆるキセル乗車につき，判例・学説ともに詐欺罪に当たるとする見解が有力であるが，理論的にはかなり困難な面もある．詐欺罪には，「欺罔」とそれに基づく「処分(交付)」が必要であるが，たとえば入場券で乗車駅構内に入り，下車駅改札口では定期券を見せて通過した例を考えると，下車駅の改札係員は正規の運賃を支払った乗客であると思っており，自分が本来徴収すべき料金を「免れさせた」(処分行為)ことの認識すらなく，およそ何かを処分したとはいえないという疑問があるからである．た

だ，現在では「料金を取らずに改札口を通過することを許している」という意味での「処分」をしていると考える見解が有力で，理論的にはすべてのキセル行為は詐欺罪(10年以下の懲役)に該当する．ただ，実際に立件されるのは特に悪質な場合に限られる．さらに，自動改札機を通過する場合には，「機械は騙されない」ために詐欺罪とはならない(下記参照)．

機械は騙されるか？ 釣り銭が多いことに気付きながら黙って受け取る行為(釣り銭詐欺)は詐欺罪に当たる．しかし，自動販売機で機械の故障で釣り銭が多く返却されてきた場合は，それを持ち去っても詐欺罪には当たらない．機械は騙されないと考えられているからである(ただし窃盗罪となる)．マンガも，上3コマについては機械は騙されないから詐欺罪ではない．ただし，結局は機械に「騙された」ようだが……．

©いしいひさいち／チャンネルゼロ

業務上横領罪と背任罪——地位がなければ犯せない犯罪

　企業の従業員が仕事上保管する金銭を着服すれば，「業務上他人の物を占有する者」の横領を処罰する業務上横領罪(253条)で処断される．一方背任罪(247条)は，他人のためにその事務を行う者(事務処理者)が，任務に背く行為を行う犯罪である．そこで，従業員の着服行為は，背任罪に当た

る余地もある．ただし，背任罪でいう「事務処理者」は，単純な機械的労働の従事者を含まず，一定程度の裁量権を有する地位の者に限る．そこで実際には銀行の支店長や，取締役等の，かなりの地位を有する者が犯人となることが多い．

> **特別背任罪** 刑法247条の懲役の上限は5年であるが，特に企業幹部の背任罪については会社法が「特別背任罪」(960条以下)を規定している．取締役，監査役，支配人等の背任行為につき，10年以下の懲役または1,000万円以下の罰金という，刑法の背任罪よりもかなり重い刑を定めている．マスコミ等で取り上げられる重大な背任事件の多くが，この特別背任罪に該当する事案である．

不正融資——横領と背任の限界

背任罪の成立には，行為者自身が利益を得る目的(図利目的)ないし本人(会社)に損害を加える目的(加害目的)が必要である．背任事件の被疑者は，しばしば「会社を救うためにやったのであって，私腹を肥やすつもりなど全くない」と主張する．企業の経営にリスクはつきものであるが，そのリスクが許容範囲内のものか，その者の権限を越えたものか，あるいは個人的な利得を得る目的であったのかを判断することは，かなり難しい．

背任事件の典型が，銀行の支店長等が銀行の内部規則に違反して貸付限度額を超過したり，十分な担保をとらずに融資するいわゆる**不正融資**である．主として次の3つの類型に分けられる．

【1】銀行にとって貸し倒れの危険性は常にあるが，通常は内部規則に沿った手続を採り，支店長としての権限の範囲内で行為する限り，たとえ結果的に銀行に損害を与える結果となっても，**背任罪は成立しない**．ただし，不良債権化する可能性を一定程度以上認識しつつ，なお融資した場合には，その融資を行う緊急性，必要性がなければならない．

平和相銀事件に関する最決平成10・11・25(判時1662・157)は，銀行の取締役らと顧問弁護士が，不良債権化することがかなり明確な融資をした行為につき，背任罪の成立を認めた．この融資は，銀行と運命共同体の関係にあったレジャークラブの経営危機救済のため，同クラブの所有不動産

を売却する必要が生じ，その土地の売却先に，売却資金を融資する形で行われたものであったが，第三者(クラブ)図利目的があるとされた．たしかに，クラブを救済し，ひいては平和相銀を救うという動機がなかったわけではないが，本件融資には必要性・緊急性がないとして，相銀のためという動機は，主たる動機とはいえないとした．

【2】**東京相互銀行事件**では，支店長が，顧客企業に対し従来より当座預金の不足分充当等の，銀行内部規則に違反する便宜を図っていたが，同社の資金状態が悪化した後も，不正の便宜が銀行幹部に発覚するのをおそれ，継続的に便宜を与え，結果的に銀行に損害を与えた事案につき，最決昭和63・11・21(判時1297・141)は，銀行に損害を加えるという積極的な意図がなくても，背任罪の要件である図利加害の目的はあるとし，**背任罪の成立**を認めた．

【3】さらに，東京地判昭和58・10・6(判時1096・151)のように，金融会社支店長が正規の手続きを採ることなく，支店の貸付限度額を大幅に超えて融資するような事案については，業務上横領罪の成立が認められる．

また，会社幹部が，自社株の買い占めを図る仕手集団に対抗するため，株買い占め工作を企て，その資金等に当てるため会社の資金を第三者に交付した行為が業務上横領罪に問われたものとして，**国際航業事件**控訴審判決(東京高判平成8・2・26判時1565・131)がある．

【1】から【3】でわかるように，「不正融資」といっても，まさに種々の態様があり，許容される「行き過ぎた取引」と，背任行為，さらに全く私的な着服行為としての業務上横領罪との差は微妙である．一般に，個人(犯人)の「計算」で行う，つまり所有権者でなければできないような処分をするのが横領罪，それに対し本人(銀行等)の「計算」で行う場合には背任罪とされる．すなわち，委託の趣旨からいって絶対に許されない行為は横領であり，一応権限の範囲内であると評価できれば背任罪に当たることになるが，これも抽象的な基準であり，具体的な事案ごとの検討が重要となる．「会社のため」の行為であると行為者が主張したとしても，個人の計算であると評価される場合は十分あり，その者の有する権限から見て許容されるものであったのか否かがポイントとなるのである．

> **冒険的取引** 金融機関や商社等では，最近の為替相場の変動や株価の動向を見るまでもなく，日々が冒険的取引の連続であり，少々危険な取引を行ったからといって背任罪となる可能性は低い．それに対し，例えば未成年者の後見人が，その管理する財産を冒険的取引に投資するような行為は，背任罪となる可能性が高い．背任となるか否かは，客観的な損害発生の危険性の大小だけでは決まらず，どのような任務違背があったかによる．

＊**読書案内** 経済刑法全般について幅広く解説したものに，芝原邦爾『経済刑法』(岩波新書，2000年)がある．

＊**HP案内** 国民生活センター http://www.kokusen.go.jp/ センターに持ち込まれた相談の具体例や解決方法などが掲載され，注意すべき悪質商法の手口が分かる．

⑱ 偽造罪
カード犯罪とその対策

　偽造罪に関し，現在最も問題となっているのが通貨偽造とカード犯罪である．通貨偽造の中でも，外国通貨を変造し自動販売機で用いる事案が多発している．特に韓国の500ウォン（約50円相当）がわが国の500円硬貨と類似していることから事件が多発し社会問題化した．事実上500円硬貨は自販機での使用が不可能となり，平成12年に新500円硬貨を発行せざるを得ない事態に立ち到った．一方カード犯罪については，クレジット・カードの偽造と，テレホンカード，パチンコカードなどのプリペイドカードの偽造が極めて深刻である．諸外国では偽造カードの所持自体も処罰されることが多いが，わが国では処罰されてこなかった．平成13年の刑法改正でクレジット・カード等の支払用カードに関する罪が新設され，不正作出，不正カード所持等が処罰対象となった(163条の2以下)．

偽造罪の構造

偽造罪は，社会法益に対する罪(→143頁)の中でも，特に経済秩序に対

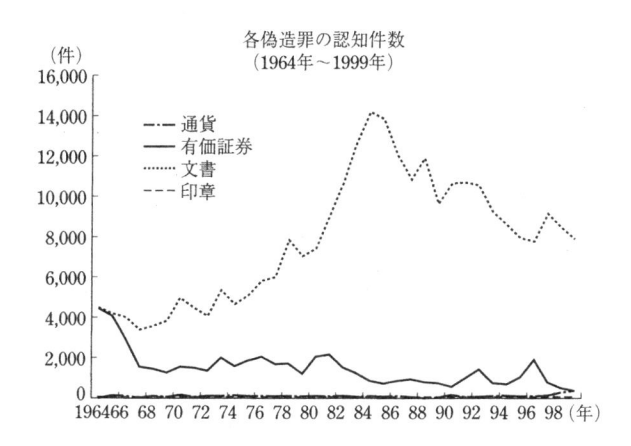

各偽造罪の認知件数
(1964年～1999年)

する罪とされる．現行刑法では**通貨偽造罪**(148条〜153条)，**有価証券偽造罪**(162条〜163条)，**文書偽造罪**(155条〜161条)，**印章偽造罪**(165条〜167条)が規定されている．さらに，コンピュータに記録された情報やフロッピーに記録された情報の改ざん，不正作成(不正作出という)行為が，**電磁的記録不正作出罪**(161条の2，昭和62年新設)として処罰される．

通貨偽造罪の法益

通貨偽造罪が保護する法益は，(a)国家権力が有する**通貨発行権**であるとする見解と，(b)通貨に対する**社会的信用，取引の安全**であるとする見解があり，歴史的には(a)から(b)へと考え方が変わってきたとされている．ただ，取引の安全という観点からは，たとえ不正に作成された偽造通貨であっても，真貨と全く異ならず，事実上有効に使用できれば「取引の安全」は害されないのではないかという疑問がある．

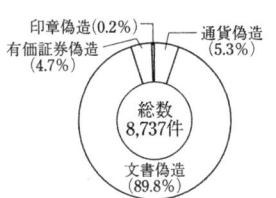

たしかに，通常は例えば財務省印刷局の職員が不正に印刷するなどということはあり得ないから，無権限で作成しかつ有効であるということは考えにくい．しかし，第2次大戦後旧円から新円への切り替えのため，旧紙幣に「証紙」を貼って使った時期があった．証紙は国民1人当たり100円分の割当てが定められていたが，それを超えて不正に証紙を入

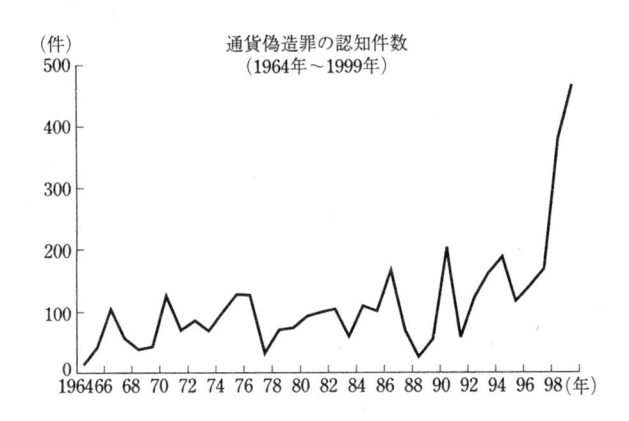

偽造罪の認知件数（1999年）
- 印章偽造(0.2%)
- 有価証券偽造(4.7%)
- 通貨偽造(5.3%)
- 文書偽造(89.8%)
- 総数 8,737件

通貨偽造罪の認知件数（1964年〜1999年）

手し，それを旧円に貼った行為が通貨偽造罪に問われた事件があった（最判昭和22・12・17刑集1・94）．まさに，不正に，しかし有効な紙幣を作成した場合であった．判例は通貨偽造罪の成立を認めた．有効な紙幣への通貨偽造罪の適用は，(a)通貨発行権の侵害を処罰したようにも見える．しかし，(b)通貨に対する信用と考える見解からみても，不正に作成された紙幣が流通しているという疑念が国民の間に生ずれば，やはり通貨に対する社会的信用は害されることになる．

証紙貼付券（大蔵省印刷局『お札なぜなぜ質問箱』より）

通貨の偽造・変造と模造

通貨の**偽造**とは，一般人をして真貨と誤信させるような外観のものを作り出すことである．真貨と誤信させるに足りない程度のものを作成した場合は，「通貨及び証券模造取締法」の対象となり，通貨に「紛らわしい外観」のものの製造，販売行為として1月以上3年以下の懲役及び4,000円以上8,000円以下の罰金が科せられる（**模造罪**）．手品の種として本物の1万円札に類似したオフセット印刷の「100万円札」を作成した場合の他，1万円札に類似したものを5枚束にして帯封を付けたカーアクセサリーや，さらに表を100円札に似せ，裏には自店の宣伝を書いた飲食店のサービス券などにつき，模造罪の適用が認められた．

偽札を新たに作成する行為が偽造であるのに対し，真正の通貨を加工して偽札を作る行為は**変造**と呼ばれ，偽造と同じ重さで処罰される．変造も，真貨であるとの外観が必要である．100円札の数字の部分にインクで変更を加え，さらに全体を青っぽく着色して500円札に見せかけた行為や，

[新聞記事見出し]

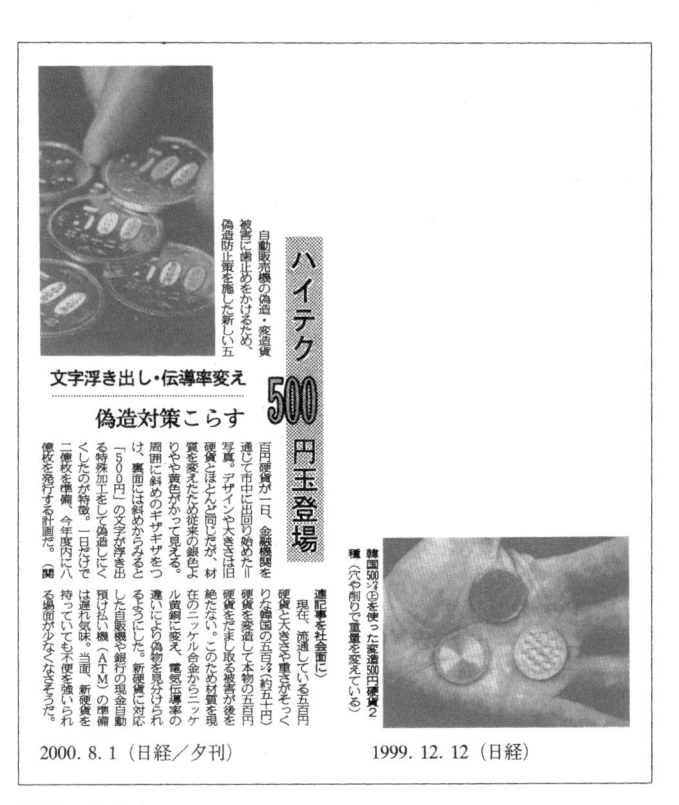

ハイテク500円玉登場

文字浮き出し・伝導率変え

偽造対策こらす

2000.8.1（日経／夕刊）

1999.12.12（日経）

1,000円札の表裏をはがして4つ折にし，間に厚紙を挟んで折って真正な1,000円札のように装う行為は変造となる．

　では，人間の目で見れば「真貨と誤信」しないような外観であっても，自動販売機では通用してしまう場合はどうか．500ウォン硬貨は500円硬貨よりわずかに重く，ドリルなどで削り窪みをつけた上で自販機で用いられていたため，人間の目からは偽造であることが分かりやすい状態であった．たしかに，自販機に針金のようなものを差し込んで商品を取り出したとしても，針金はおよそ通貨の外観を持たないので偽造となる余地はない．しかし，通貨は例えば暗がりや，高速道路の料金所のようなほとんど確認する暇がないような状況でも用いられる．たとえ窪みがあったとしても，上記の2枚に剝がした1,000円札の例と比較し，およそ通貨として「誤信させる外観」がないとはいえない．ちなみに，外国通貨については，それを外国通貨として用いる目的で偽造，変造した場合には**外国通貨偽造罪**

(149条)の適用がある.

通貨偽造罪の成立には**行使の目的**,すなわちその偽貨を真正な通貨として使用する目的が必要である.そこで,行使の目的がなければ偽造罪は成立しない.例えば,教材とする目的や,美術品として飾る目的であればいかに真貨と誤信させる外観のものを作成しても,偽造・変造には当たらない.しかし,「模造罪」は行使の目的がなくとも成立する.ただし,教材に利用するなどの正当な理由があれば,違法性が阻却されることになろう.

有価証券偽造罪とテレホンカードの偽造・変造

有価証券とは,「財産権を表示した証券でその表示された権利の行使に証券の占有を必要とするもの」をいう.国債や株券,手形,小切手等がその代表であり,商法上はこのように流通性のあるもののみが有価証券であるとされる.しかし,刑法では流通性のないもの,たとえば商品券,鉄道の乗車券,定期券,宝くじや競馬の馬券なども有価証券偽造罪の客体となる.郵便切手や印紙などは刑法の有価証券ではないが,これらを偽造,模造する行為は特別法(郵便法,郵便切手類模造等取締法,印紙犯罪処罰法,印紙等模造取締法)で処罰される.

有価証券偽造罪に関して特に問題となったのが,テレホンカードなどのいわゆる**プリペイドカードの偽造,変造**である.使用済みのテレホンカードのパンチ穴部分をテープで塞ぎ,新たに磁気情報(現在の使用可能度数の上限である105度数が多い)をインプットしたものが広範に出廻り,社会問題化した.NTTが公衆電話機の改良やICカードの導入を進めていることや,携帯電話の普及によりそもそもテレホンカードの利用が減少してはいるものの,問題がなくなったわけではない.さらに,テレホンカードに加え,その後パチンコカードでも同様の偽造事件が多発している.

テレホンカードの偽造・変造については,カードに不正な情報を記録する行為が161条の2 I項(**電磁的記録不正作出罪**)に当たり(5年以下又は50万円以下の罰金),そのカードを電話機で使用すれば161条の2 III項(**不正電磁的記録供用罪**)となりI項と同じ重さで処罰されるはずである.ところが,不正作出も供用もせず,改ざんしたカードを金券ショップなどに売りさばく行為が問題となった.この行為は161条の2には当たらないことから,

カード偽造現場摘発

マレーシア人容疑者逮捕　都内、760枚を押収

千葉県警

千葉県警組織犯罪対策本部と新東京空港署は、東京都内の偽造クレジットカード製造現場を摘発、カード約七百六十枚を押収するとともに、偽造グループの中心メンバーの一人とみられる中国系マレーシア人、ライ・グーン・シンク容疑者(33)＝東京都中野区東中野一＝を二十七日、有印私文書偽造の疑いで逮捕した。偽造現場の摘発は九八年一月の大阪府警に次ぎ二例目。

犯行グループは偽造カードを使い都内のデパートなどで商品詐取を重ねていたとみられ、同県警は主犯格二人の逮捕状を取り、行方を追っている。

調べでは、ライ容疑者は九月上旬、中野区内の自宅アパートで、NICOS、VISAなどと印刷されたプラスチックカード六枚に、会社名や会員番号を打刻、磁気情報を入力するなどしたクレジットカードを偽造した疑い。同容疑者は「昨年十月ごろからすでに約千枚のカードを偽造した」と供述しているという。

千葉県警と東京税関成田支署は七月、マレーシアから日本に情報未入力のカード四百五十枚を持ち込もうとした同国人男性(39)を関税法違反(無許可輸入)容疑で逮捕。背後に組織的

押収された偽造クレジットカードと製造に使われた機器（27日、千葉県警本部）

1999. 10. 28（日経）

実務ではテレホンカードを有価証券に当たると考え，偽・変造した有価証券を交付する罪(**偽造有価証券行使等罪**，163条)に該当するとして処罰した．そこで，不正作出，供用に該当する行為態様についても，161条の2ではなく，有価証券の偽造，行使で処罰することとなった．磁気情報を改ざんする行為が偽造で，電話機での使用が行使とされる．

テレホンカードの有価証券性と立法の動き　テレホンカードの改ざんを有価証券偽変造罪で処断することは，上のようないわば特殊な事情が背景にあった．しかし，テレホンカードを株券や商品券と同様の有価証券とみなすことに対しては，学説上有力な批判がある．伝統的に有価証券は文書の一部であ

るとされてきており，文書であれば可視性が要求されることになる．そこで，目に見えない磁気情報部分が重要であるテレホンカードは有価証券ではないはずだとするのである．ただ，外観から見てテレホンカードであるとわかるものであれば，財産権の表示が目に見えない磁気情報の形でなされていても，外観と磁気情報部分を一体として有価証券と見ることができるとするのが判例の立場であった(最決平成3・4・5・刑集45・4・171)．平成13年新設の支払用カード電磁的記録に関する罪では，クレジット・カード，プリペイドカード，銀行のキャッシュカード等の支払用カードの不正作出(163条の2)，不正作出カードの所持(163条の3)，カード情報の取得(スキミング)，提供，保管，不正作出の準備行為(163条の4)が処罰の対象となった．今後は，電磁的記録部分の改ざんは本罪に当たる．

文書偽造罪

　偽造罪の中で圧倒的に発生件数が多いのが**文書偽造罪**であり，理論的にも様々な論点がある．特に，そもそも偽造行為とは何かをめぐって対立がある．偽造とは一般に文書の作成名義を偽ること，文書の作成人と名義人との人格の同一性を偽ることとされている．つまり，XがA勝手にA名義で文書を作成する場合のように，誰が書いたのかという**名義を偽る**のが偽造である(**形式主義**という)．形式主義では，A本人が全く同じ内容の文書を書くであろうと想定される場合のように，内容に偽りがなくとも処罰することになる．これに対し，文書の**内容を偽る**ことを偽造とする考え方もあるが(**実質主義**)，わが国の刑法では形式主義を原則とし，公文書などの特に重要な文書に限り実質主義を取り入れている(公務員の**虚偽公文書作成罪**，156条)．

　一方，名義人でない者が他人の名義を勝手に使用して文書を作成する行為を**有形偽造**と呼び，名義人本人が内容虚偽の文書を作成する行為を**無形偽造**と呼ぶ．つまり現行法では公文書，私文書の有形偽造と，主として公文書に限って無形偽造を処罰していることになる(私文書に関しては，例外的に160条で医師が診断書等に虚偽の記載をする行為を処罰する)．

　名義の偽りといっても，たとえば「A株式会社取締役社長X」という社長名義の契約書を秘書Bが作成する行為は，BがAの承諾の下に作成

している限り，名義を偽ったことにはならない．あくまでＢはＡの手足として「書く行為」をしているのであって，名義人は社長Ａだからである．

文書偽造罪と名義人の承諾

　ところが，名義人が承諾している場合でも，文書の種類により有形偽造となる場合がある．入試の答案や，交通反則切符(交通事件原票)への署名の際に，あらかじめ承諾を得た他人名義を書く場合である．名義人の同意がある以上，契約書の作成と同様のようにも見えるが，判例は私文書偽造罪の成立を認めた．

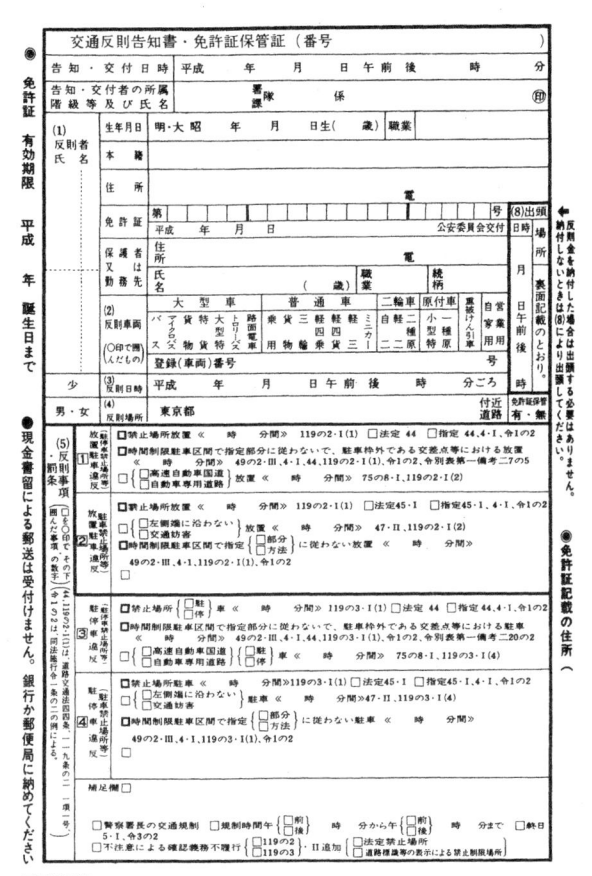

反則切符

その理由として最判昭和56・4・8(刑集35・3・57)は，反則切符のような文書は「名義人以外の者が作成することは法令上許されない」ものだからであるとしている．また，大学入試のいわゆる替え玉受験についても，仮に志願者Aが，替え玉受験者XがAの名義で受験し答案を作成することを承諾していたとしても(実際の事案ではこの認定がなかった)，入試答案のような文書については有形偽造となるとされる(東京地判平成4・5・28判時1425・140)．

契約書と反則切符・入試答案の違いは自署を要求する程度の違いであると説明される．つまり，反則切符は道路交通法違反者に反則金を支払わせるための文書であり，真の違反者でない者が名宛人になっては反則金制度の意義が失われる．入試答案も同様で，まさに志願者本人の学力を判定しなければ入試制度自体が成り立たない．このように「自署性」が厳密に要求される文書については，たとえ名義人の承諾があってもその承諾は意味を持たない．その意味で，名義人と現実の作成者の「人格の同一性」が厳格に要求される文書があるのである．

肩書きの冒用

全く資格のないXが，自分の名前に勝手に「A株式会社取締役社長」という肩書きをつけて文書を作成したらどうであろうか．一般にこのような行為は**代理代表名義の冒用**と呼ばれ，典型的な有形偽造であると考えられている．

これに対し，単なる資格，たとえば弁護士でないXが弁護士Xという名義の文書を作成したり，大学教授でないYが〇〇大学教授Yという名義の文書を作成する場合はどうであろうか．これは一般に「資格の冒用」とされ，弁護士，大学教授でないのにあるように偽ったという文書の「内容の偽り」にすぎず，私文書偽造には当たらないと考えられている．

しかし，たとえ「肩書き」の冒用であっても場合によっては有形偽造となりうる．最決平成5・10・5(判タ838・201)は，同姓同名の弁護士がいることを利用し，弁護士であるように偽って弁護士業務を行い，「弁護士X」名義の報告書や請求書を作成し依頼人に交付した事件につき，私文書偽造罪の成立を認めた．同姓同名の弁護士が現に存在する以上，単に自分

```
┌─────────────────────────────────────────────┐
│  ┌──────┐                                    │
│  │ 収入 │        売 買 契 約 書              │
│  │ 印紙 │                                    │
│  └──────┘                                    │
│   買主Bを甲とし、連帯保証人Cを乙とし、売主Aを丙として、乗用│
│   自動車(以下商品という)の売買についてつぎのとおり契約を締結する。│
│                                              │
│   第1条 丙はその販売にかかる商品を継続して甲に売り渡し、甲はこ│
│        れを買い受けるものとする。             │
│   第2条 丙の甲に対する売り渡し価格は、丙が定める販売店渡価格と│
│        する。                                 │
│              (中略)                          │
│   1995年8月22日                              │
│                    東京都八王子市南大沢1-1-1  │
│                       買主(甲)    B      印  │
│                    東京都八王子市南大沢1-1-1  │
│                       連帯保証人(乙) C   印  │
│                    東京都目黒区八雲1-1        │
│                       売主(丙) A株式会社      │
│                              代表取締役社長   │
│                                    X     印  │
└─────────────────────────────────────────────┘
```

契約書見本

の氏名に偽の肩書きを付したのとは異なる．Xといえば被告人を指すかもしれないが，「弁護士X」といえば実在の弁護士を意味してしまうからである．文書を作成した被告人Xと「弁護士X」とはまさに別人格であり，有形偽造に当たるのである．

　同姓同名の利用が有形偽造となるのであれば，極端な場合には肩書きや資格を付けなくとも偽造となる場合もあり得る．たとえば「長嶋茂雄」という名前の人物が，「長嶋茂雄」という名義の文書を書いたとしても，読売巨人軍監督の長嶋氏を意味することになる場合には，偽造となる可能性がないとはいえない．ただ，もちろんその文書の性質が重要であり，平成5年の事案でも弁護士業務にかかわる文書につき偽造となった事案である．長嶋氏の場合でも，監督としての資格が重要とされる，例えば選手の推薦や，契約に係わるような文書についてその名義を冒用した文書を作成すれば，本名であっても偽造となる余地はある(行使の目的は必要とされる)．

> **履歴書と私文書偽造**　私文書については無形偽造は処罰されないので，履歴書に虚偽の年齢などを記入しても偽造罪にはならない．しかし，氏名，住所など人格の同一性判断にとって重要な事項を偽れば，もちろん偽造罪となる．たとえ虚偽の氏名・住所などを記入した履歴書に自己の真正な写真を貼付しても，それだけで人格の同一性に偽りはないとはいえないので，やはり偽造罪となる（東京高判平成9・10・20高刑集50・3・149）．また，実在しない架空人の名義であっても「名義の偽り」に当たり，有形偽造となる．ただし，ペンネームなど広く用いられる名義については，人格の同一性を偽ることにはならない．

電磁的記録と文書

　文書偽造罪における**文書**とは，「文字又はこれに代わるべき符号（点字や速記符合を指す）を用い，ある程度持続的に存続することのできる状態で，意思又は観念を表示した物体」をいう．その中には象形的符号としての図画（とが）も含まれ，タバコの外箱のデザインを盗用するような行為も「文書」偽造となる．さらに拡大してはじめて読むことのできるマイクロフィルムに記載されたものも文字である以上文書に当たる．これに対し，レコードやテープのように音声を録音したものは，可視的ではないため文書ではないとされてきた．

　ところが，コンピュータ用の磁気ディスクや磁気テープにある記録（「電磁的記録」という）を改ざんする事件が発生するようになり，そのような媒体上の情報が「文書」に当たるか否かが判例，学説上争われるようになった．結果的には刑法典に7条の2が新設され（昭和62年），文書等とは別に処罰されることとなった．それに伴い偽造に関しても，**電磁的記録不正作出及び供用罪**（161条の2）が新設された．磁気情報化された馬券のはずれを的中したように改ざんした行為（甲府地判平成元・3・31判時1311・160）や，銀行のキャッシュカード大のプラスチック板に磁気テープを貼り，暗証番号等を印磁した行為（東京地判平成元・2・22判時1308・161）が161条の2に該当するとされている．

　＊**読書案内**　村松喜秀著（中尾祐賜・漫画）『偽造鑑定人マル秘調査ファイル』

(講談社,2000年).著者は,偽ドル札鑑別機開発者で,偽造の手口が紹介されている.

＊HP案内 財務省印刷局 http://www.pb-mof.go.jp/ 同造幣局 http://www.mint.go.jp/ 日本銀行貨幣博物館 http://www.imes.boj.or.jp/cm/ これらのサイトでは,通貨について偽造対策も含めて紹介されている.

⑲ 社会秩序に対する罪
刑法が保護する社会秩序・道徳秩序

　殺人罪，傷害罪や窃盗，強盗罪が個人の法益を守るのに対し，「社会」の法益を侵害する罪が社会秩序に対する罪である．ここでいう社会法益には，大きく三類型ある．第1が**公衆の安全に対する罪**で，騒乱罪や放火罪がこれに含まれる．また道路や列車の安全を妨害する往来妨害罪や往来危険罪，さらにアヘンを取り締まる条文もある（実際に問題となる覚せい剤などは特別法で規制されている→3章参照）．第2の類型が**偽造罪**である（→18章）．そして第3の分類が**風俗秩序に対する罪**で，わいせつ罪（公然わいせつ罪，わいせつ物頒布罪等），賭博・富くじに関する罪，さらに宗教感情に対する罪として墳墓発掘罪，死体損壊罪等がある．

社会に対する罪の意義

　社会に対する罪といっても，「個人」と同様の目に見える形で「社会」というものが存在するわけではない．また「国家」に対する罪とも異なる．ここでいう社会とは，あくまでも個人の集合体としての社会をいう．つまり社会法益に対する罪というのは，被害が多くの国民に及ぶ可能性のある犯罪を意味する．

新宿騒乱事件（1968. 10. 21）
（朝日新聞社提供）

ただ，特に騒乱罪などは，多数の個人の法益を侵害するというよりも，一定の「社会秩序」という抽象的な法益を守るものとする考え方もないわけではない．また，わいせつの罪なども「見たい人間が見る」のであるから，個人に対する被害というよりは，国家が考える「あるべき風俗秩序」を保護する罪であるとする説明もある．しかし，これらの罪も，多数の国民の生命・身体，財産や私生活の平穏に何らかの危険を及ぼすことを根拠に処罰が認められると考えるべきである．

ただ，社会秩序に対する罪は被害が多数の国民に及ぶため，個々人に対する直接の被害が発生する前の，抽象的な危険の段階で処罰する必要性がある点は否めない．騒乱罪などは，個人の住居などが現実に壊される前に適用されるからである．それだけに，個人の利益を離れた「社会秩序」「風俗秩序」そのものが一人歩きし，抽象的な保護法益として理解されると，犯罪成立の限界が曖昧となり，処罰が拡大するおそれがある．

公衆の安全に対する罪

騒乱罪，放火罪，往来妨害罪などは，公衆の安全に対する罪と呼ばれる．**騒乱罪**(106条)は，「多衆で集合して暴行又は脅迫する行為」を罰し，①首謀者は，1年以上10年以下の懲役又は禁錮，②他人を指揮し，又は他人に率先して勢いを助けた者は，6月以上7年以下の懲役又は禁錮，そして付和随行した者は，10万円以下の罰金に，それぞれ処せられる．1949年の平事件，1952年の**メーデー事件**，**吹田事件**，**大須事件**など，戦後に多発した．また，1968年には安保闘争に伴う**新宿騒乱事件**(最決昭和59・12・21刑集38・12・3071)があったが，その後は全く発生していない．

騒乱罪は国民の集合状態そのものを犯罪行為に取り込む可能性のある類型であり，集会の自由，表現の自由との関係で，慎重な解釈運用が要求される．そこで，「一地方の平穏を害するに足りる程度の暴行・脅迫に適する人数」が集合することが必要である．また一般住民の生命・身体・財産に対し直接危害の及ぶおそれがなければならない．「多衆」の具体的な人数は1,000人を超す場合が多いが，凶器を持った暴力団員30人程度を多衆とした判例もある．また「一地方」とは，関東地方や東北地方というのとは異なり，例えば新宿騒乱事件では，「新宿駅周辺」が一地方とされた．

破壊活動防止法 通称「破防法」と呼ばれ，騒乱罪等の特別法として昭和27(1952)年に制定された．暴力主義的破壊活動(内乱罪等に関与する行為や政治目的での騒乱，放火，往来危険，殺人行為等)を行った団体に対し，団体活動の制限や解散の指定を行う他，破壊活動を行った個人に対し，刑罰の加重適用を可能としている．集会，表現の自由との抵触や，破壊活動の不明確性に対しては批判も強い．

最近ではオウム真理教に同法を適用し，解散指定処分をすべきかが争われ，公安審査会はこれを否定した．しかし，平成11(1999)年「無差別大量殺人行為を行った団体の規制に関する法律」が成立し，構成員らがサリンを使用するなどして無差別大量殺人行為を行った団体につき，規制措置をとることが認められた．同法に基づき平成12(2000)年2月にオウム真理教(現在「アレフ」に改称)に対し，行政処分(観察処分)がなされている．

放火罪

放火罪も典型的な公衆の安全に対する罪である．個人住宅が燃えれば個人法益に対する罪のように見えるが，住宅や建造物が燃えれば周辺の多数人の生命・身体・財産が侵害される危険が生ずる．そのような多数の者の法益保護の危険(これを**公共の危険**という)が放火罪処罰の根拠である．ただ，放火される客体の財産的価値，所有関係により刑が異なり(居住者の承諾がある場合や自己所有の場合に刑が軽くなる)，純粋な社会法益のみでは説明しきれない側面もある．

放火罪の条文は，やや複雑な構成である．まず狭義の放火罪の主要類型は，**現住建造物放火罪**(108条)と**非現住建造物放火罪**(109条)，さらに**建造**

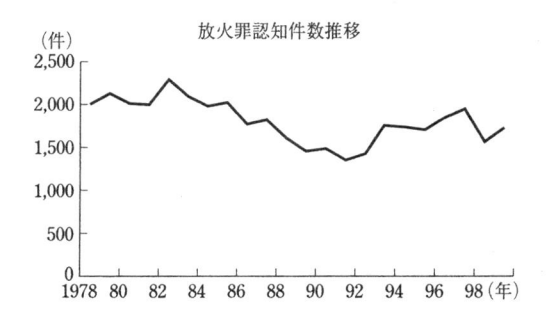

放火罪認知件数推移

物等以外放火罪(110条)とに分かれる．**現住建造物**とは，「人の住居に使用し又は現に人がいる建造物，汽車，電車，艦船又は鉱坑」をいう．放火時に人が中にいればもちろん該当するが，住居として使用している建物であれば，放火時点で無人であってもよい．放火犯人が居住者を旅行に連れだし，その留守に放火する場合も「住居として使用している建物」であれば，現住建造物放火罪に当たる(最決平成9・10・21刑集51・9・755)．その危険性の大きさから，放火罪は一般に刑が重いという特色があるが，現住建造物放火罪では，死刑，無期もしくは5年以上の懲役という，極めて重い刑が科せられる．

渡り廊下などでつながった建物についても，その一部に人が居住していれば現住建造物に当たる．平安神宮の無人の社殿に対する放火で，社殿自体は住居ではないが，回廊でつながれた社務所(165 m離れていた)に宿直員がいれば，社殿全体として1個の現住建造物となる(最決平成元・7・14刑集43・7・641)．

一方，マンション内の一軒に放火する場合，居住者がいればもちろん現住建造物放火罪となるが，空室やエレベーター部分に放火する行為は「現住建造物」といえるかが問題となる．具体的には，他の部分に燃え広がるおそれがどの程度あるかで判断されるが，余程の防災設備がない限り一般のマンションでは延焼のおそれがないとはいえず，判例上もマンション全体として1個の現住建造物放火罪とされることが多い．エレベーターにつ

平安神宮の回廊

いても，居住者が必ず通る「玄関」のようなものであり，現住建造物性が認められる(最決平成元・7・7判時1326・157)．

非現住建造物とは，「現に人が住居に使用せず，かつ，現に人がいない建造物，艦船又は鉱坑」をいう(109条)．具体的には物置小屋や住居と別棟の社殿などがこれに入る．109条Ⅱ項は，放火犯人自身の所有する非現住建造物につき刑を軽くし(他人所有の場合は2年以上の有期懲役，自己所有の場合は6月以上7年以下の懲役)，しかも公共の危険を生じなかったとき(つまり延焼のおそれがない場合)は，罰しない(具体的危険犯)．

耐火性建造物と焼損の意義

放火罪は，放火して**焼損**することにより既遂となり，焼損に至らなければ未遂である．どの程度燃えれば焼損といえるかにつき，判例は「火が媒介物を離れて目的物に移り，独立に燃焼を継続する状態」に達すればよいとする**独立燃焼説**を採る．独立燃焼説はドイツの通説であるが，石造りが多いドイツの建物では独立燃焼までに時間がかかるのに対し，木と紙でできた日本の住居では独立燃焼に至るのが早く，既遂が早すぎるとの批判がある．天井や床が30 cm四方焼けた時点で，既遂とした判例もある．

> **効用喪失説** 独立燃焼説を批判する**効用喪失説**は，目的物の重要部分が焼失し，その効用を失った時点で焼損であるとし，一般に既遂時期が最も遅いと考えられている．そして，独立燃焼説と効用喪失説の中間にあるのが，物の重要部分が炎を上げ燃焼を始めた時点が既遂時期とする**燃え上がり説**や，火力により目的物が毀棄罪の損壊の程度に達することとする**毀棄説**である．

しかし，日本でも耐火性建造物が増加するに伴い，① 独立に燃焼しないが，火力により効用が著しく毀損される場合や，② 燃えなくとも有毒ガスが発生して，生命・身体に危険が及ぶ場合が生ずるようになった．そこで耐火性建築については効用喪失の有無で判断すべきであるとする主張も登場した．

たしかに，判例の採用する独立燃焼説は，既遂時期が早すぎるように見える場合も認められる(エレベーター内部の化粧板が$0.3\,\text{m}^2$燃えた場合でも焼損となる)．しかし，放火罪は多数人の生命・身体・財産に危険を及ぼすこ

とにより処罰する犯罪類型である．エレベーター内部の，0.3 m² という燃焼面積にのみ着目するとマンション建造物全体についての焼損（既遂）とするのは早いようにも見えるが，エレベーターのように人が立ち入る可能性の高い場所であるということも含めて考えれば，放火罪で処罰すべき公共の危険があったといえよう．

交通会館地下放火事件 有楽町の交通会館地下2階のごみ処理場で放火したところ，耐火性建築だったため燃焼はしなかったが，内壁のモルタルの剝離，蛍光灯の損傷などが生じた．検察は，効用が失われた以上既遂となると主張したが，判例は独立燃焼に致っていないとして未遂にとどまるとした（東京地判昭和 59・6・22 刑月 16・5＝6・467）．独立燃焼説によれば，たとえ熱により建材から人体に有毒なガスが発生したとしても，それにより焼損があったとはいえないであろう．

町火消 江戸では，定火消，大名火消の他，享保3(1718)年に，江戸町火消が組織され，享保5年にはいろは 48 組が編成された．いろはの内「へ」「ら」「ひ」「ん」は語呂が悪いとして，それぞれ「百」「千」「万」「本」とされた．これが明治5(1872)年に「消防組」，昭和14(1939)年に「警防団」，昭和22(1947)年に消防団と改組された．現在は昭和23(1998)年の消防組織法に消防団の定めがある．

江戸時代，放火の取締りは「火附盗賊改」によっていた（鬼平こと長谷川平蔵宣以（のぶため）が有名）．捕らえられた放火犯は，引廻の後，火罪（火焙り刑）に処せられた（東京消防庁監修『新消防雑学事典』（東京法令出版，1996年），石井良助『盗み・ばくち』（明石書店，1990年）参照）．

出水・水利に関する罪 放火罪が火による公共の危険を発生させる犯罪であるのに対し，同様の危険を水により発生させるのが**出水罪**である．現住建造物の場合には死刑・無期もしくは3年以上の懲役（119条），非現住建造物の場合には1年以上10年以下の懲役に処せられる（120条）．**出水させる**ことにより建造物等を**浸害**する行為が処罰されるが，出水させるとは池や川のように制御された状態にある水を氾濫させることで，浸害とは水力により建造物等を流失・損壊し，あるいはその効用を害することである．

水利妨害罪（123条）は，「堤防を決潰させ，水門を破壊し，その他水利の妨害となるべき行為又は出水させるべき行為」を2年以下の懲役又は20万

円以下の罰金に処するとする犯罪類型である．農業の灌漑用水や発電用の水などにつき，その利用を妨害する罪である．

往来を妨害する罪

道路，鉄道，水路などを損壊したり，障碍物を置くなどして，通行困難な状態を生じさせて妨害する行為が**往来妨害罪**(124条)である．例えば，幅約6mの県道に，4mあまりの乗用車を斜めに置き，ガソリンを撒いて炎上させた場合は，道路に約2mの余地が残っていても「妨害」したとされる（最決昭和59・4・12刑集38・6・2107）．

これに対し，標識を損壊する等して汽車，電車，船舶の往来に危険を生

線路の置き石 神奈川

カラスも「クロ」

列車妨害犯はカラスだったー．JR東海道線の線路で相次いでいる「置き石」事件を、調べていた神奈川県警は、横浜市内での一部の"犯行"が、カラスの仕業だったことを二十五日までに突き止めた。殻の硬いクルミを車でひかせて食べるなどカラスとの"知恵者"ぶりは知られているが、食べられない石もわざわざ線路上に仕掛けているのは、なぜか。家らは「遊びのたぐい」と説明、今一つ神経をとがらせているJR東などの担当者は「目撃したら注意を呼び掛けるしかないか」と、カラスの"出来心"に苦り切った表情だ。

神奈川県警捜査一課と栄署の調べによると、八日と十九日、二十四日の三回、停車を感じて数分間停車。いずれも線路上で衝撃を感じて数分間停車。いずれも線路上でカラスの足跡も発見している列車に石が砕かれた跡があった。

3件の"犯行"確認 会社員が証拠写真

東海道線の線路で相次いでいる「置き石」事件として捜査していたが、同市港南区下永谷の会社員飯島芳明さん(30)から二十二日朝、同橋の上で電車の写真を撮影中、カラスが石をくわえて線路近くに置いていたとの目撃情報を得た。飯島さんは"犯行現場"をカメラに収めることにも成功した。捜査員が調べたところ、二十三日と二十四日、数羽のカラスがうずら卵大の石のカラスがうずら卵大の石を次々と線路にくわえてきて三件の置き石の"犯行"確認した。

神奈川県内では今年、二十件あまりの置き石を含む七十一件の列車妨害が起きているが、県警は「カラスによるものではない」と話している。

線路上で石をくわえるカラス（22日早朝、JR東海道線の戸塚一大船間）＝飯島芳明さん撮影

1996.6.26（日経）

じさせる行為が**往来危険罪**(125条)である．鉄道のレールに置き石などをする行為もこれに当たるが，あまりに軽微で往来の危険が生じないような場合は含まない．ただし，新幹線のレールに障碍物を置く行為は，「新幹線鉄道における列車進行の安全を妨げる行為の処罰に関する特例法」により，具体的に危険が生じなくとも処罰される．国鉄争議に関連して，無人電車を暴走させたという**三鷹事件**(1949年)や，正規の運転計画に従わずに電車を運行した**人民電車事件**(同年)は，いずれも往来危険罪に当たるとされた．

さらに，人の乗っている汽車，電車を転覆させたり，艦船を転覆させる行為は**転覆罪**(126条)により，無期または3年以上の懲役に処せられ，その結果人を死亡させた場合には死刑又は無期懲役が科せられる．

ハイジャック防止法 現代では航空機の安全を害する行為が，汽車，電車と並んで重大な法益侵害を生じさせるおそれを持つが，現行刑法典は航空機を対象としていない．そこで，**航空機の強取等の処罰に関する法律**(いわゆるハイジャック防止法)が昭和45(1970)年に，さらに昭和49(1974)年には，**航空の危険を生じさせる行為等の処罰に関する法律**が，それぞれ特別法として制定されている(→168頁参照)．

公衆の健康に関する罪 刑法典は公衆の健康に関する犯罪として，**あへん煙に関する罪**(136〜138条)及び**飲料水に関する罪**(142〜144条)を定めている．ただ現在では，むしろ麻薬，覚せい剤，大麻等の薬物が重大な問題となっており，これらはいずれも特別法で処罰される(→3章参照)．**飲料水に対する罪**は，飲料水を汚染する行為，水道水や浄水を汚染する行為を処罰している．

人の健康に係る公害犯罪の処罰に関する法律 水俣病などの公害問題の発生を契機として昭和45(1970)年に制定された特別法．故意・過失により工場から有害物質を排出する行為を処罰している．

風俗秩序に対する罪

刑法典の中でも処罰すべきか否かが最も議論されるのが風俗に対する罪

である．現行法は，**わいせつの罪**（わいせつ物販売等），**賭博及び富くじに関する罪**（賭博罪等），**宗教感情に関する罪**（墳墓発掘罪，死体損壊罪等）を規定している．特にわいせつに対する罪や賭博罪は，人々にとって非常に身近な犯罪といえよう．

　刑法は174条から184条にわいせつの罪をおいているが，このうち177条の強姦罪や178条の強制わいせつ罪は，今日では個人の性的自由を侵害する罪として，逮捕・監禁罪や，脅迫罪・強要罪に近い犯罪と考えられている（→15章）．そこで社会法益としてのわいせつの罪の中心となるのは，**公然わいせつ罪**（174条）と**わいせつ物頒布等罪**（175条）である．

　現在でも判例・学説上は，わいせつの罪は「善良な性風俗」を保護するものであるとする見解が有力である．しかし，「善良な性風俗」とは何かが，現代では必ずしも明らかではなく，また個人の道徳観に対し刑罰権をもって介入することが妥当か否かも問題とされている．

---

iモードにわいせつ画像　愛知県警 2容疑者を逮捕

インターネットに接続可能なNTTドコモの携帯電話サービス「iモード」の利用者に，わいせつ画像を掲載したホームページ（HP）を見せていたとして愛知県警保安課と中署などは十九日，宮崎県小林市細野，家事手伝い，東郷和男（31），静岡県熱海市水口町，会社員，田辺義雅（36）の二容疑者をわいせつ図画公然陳列容疑で逮捕した．同県警によると，iモードを悪用したわいせつ事件の摘発は全国初という．

　調べでは東郷容疑者は今月十三日，また，田辺容疑者は今年八月十六日，インターネットのプロバイダー（接続業者）のサーバーコンピューター内にデータを記憶させ，iモード利用者二人にわいせつ画像が載ったHPを見せた疑い．

　田辺容疑者はこづかい銭欲しさで犯行に及んだとみられ，同課などは犯行の経緯について調べている．

　NTTドコモによると，iモードは昨年二月にサービスを開始，現在の加入件数は千二百万件を越えるという．

　東郷容疑者は借金の返済や生活費にあてるため，円を受け取っていたという．

　同県警の調べによると，iモードを悪用した利用者にわいせつ画像を流し，代金として約十三万

2000.9.19（日経／夕刊）

公然わいせつ罪とは，不特定または多数人が認識できる状態でわいせつ行為を行う場合で，路上で全裸になる行為やストリップ・ショウなども含む．わいせつ物頒布等には，わいせつな文書，写真，ビデオなどの，頒布（無償での交付），販売，公然陳列行為が含まれる．わいせつな映画の上映などは公然陳列行為に当たる．ダイヤルQ^2の回線を利用したわいせつ番組の再生も公然陳列行為に当たるとされている（大阪地判平成3・12・2判時1411・128）．

> **わいせつ画像とインターネット**　現在最も問題となっているのが，インターネットを通じてのわいせつ画像の販売行為である．判例は，この行為を175条のわいせつ物・図画公然陳列罪で処罰する．かつては当該画像データが記録されているサーバー・コンピュータが「わいせつ物」であるとされていたが，「ハード」がわいせつ物であるというのは苦しい．そこで，情報としてのデータがわいせつ物・図画の概念に含まれると解されている（岡山地判平成9・12・15判時1641・158）．

これらの行為は，見たい者，読みたい者に，提供するにすぎず（見る側，買う側は処罰されない），いわゆる**被害者なき犯罪**の典型例として当罰性が低いという議論も盛んである．インターネットを通じたわいせつ画像に関しても「わいせつ物」には当たらないとする批判も強い．たしかに，法律で「あるべき淳風美俗」を強制することは妥当ではないが，特にインターネット上のわいせつ画像は，あらゆる場所，人に対して開かれており，見ることを欲しない者の目に触れる可能性は非常に高い．そのような者の利益を保護する必要性は高い．さらに，児童買春・児童ポルノ処罰法の制定過程で議論されたように，特に児童の場合には被写体となった者の人権侵害は重大である．児童ポルノのサイトは，同法の違反で摘発されている．

賭博罪・富くじ罪

「賭事」は勝っても負けても本人の責任で，刑法が介入する必要はないようにも見える．しかし現行法が賭博，富くじを処罰するのは，労働による財産の取得という健全な経済生活の侵害を防止することだけではなく，賭博や富くじに付随して発生するおそれのある財産犯などの犯罪を防止す

ることや，さらには賭博や富くじ行為を行うことにより他人の財産に危険を生じさせることが理由となっている．

185 条は「一時の娯楽に供する物を賭けたにとどまるとき」は処罰しないと定める．軽微な価値しかない物・利益(一般に，食事等が挙げられる)を指すが，金銭については金額の多寡にかかわらず賭博罪に当たるとするのが判例である．ただ，友人間で行われる少額の賭け麻雀等については，構成要件該当性を否定せざるを得ないであろう．**常習賭博**や，**賭博場を開帳する行為**は，186 条により 185 条の単純賭博よりも重く処罰される．

ただ，競馬，競輪，競艇等のいわゆる公営ギャンブルも，賭博行為であることに変わりはない．これが処罰されないのは，専ら**競馬法**，**自転車競技法**，**モーターボート競走法**等の特別法により正当化されているからにすぎない．また自治体等の発行する宝くじやいわゆるサッカーくじも富くじ

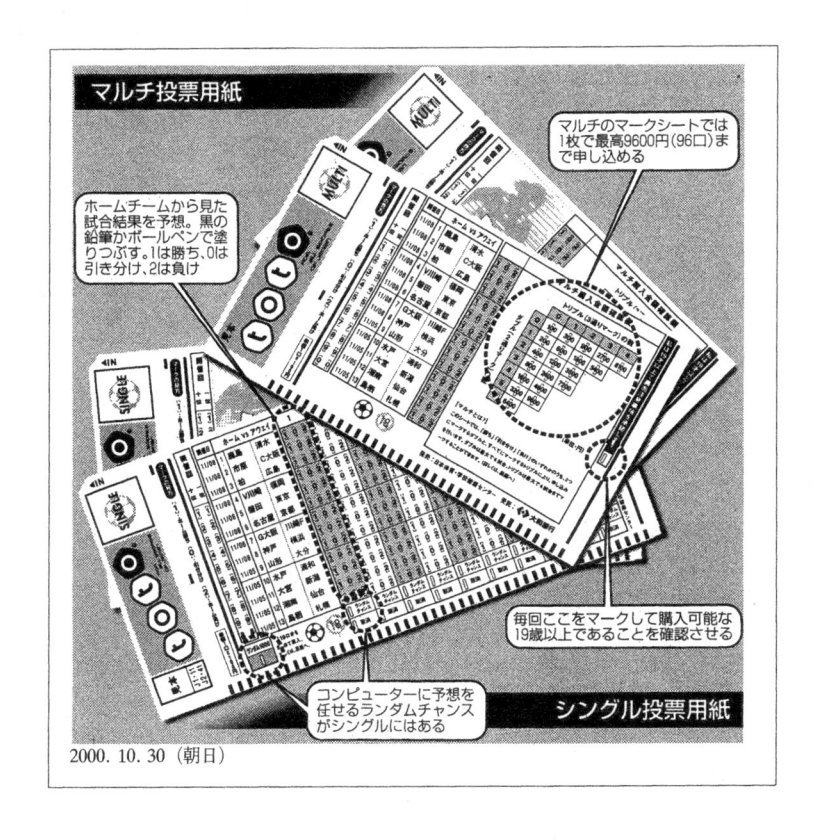

の一種ではあるが，やはり特別法で違法性が阻却されている(→131頁参照).インターネットを通じて海外の賭に参加する行為も増加しているが，海外で適法なくじ，賭であっても，日本から参加する行為は富くじ罪に当たる.海外の宝くじ購入を日本国内で取り次いだ行為が，富くじ取次ぎ罪(187条II項)で処罰された例もある.わいせつと並び賭博，富くじ罪に関しても処罰すべき行為とそうでない行為との限界が流動化してきているといえよう.

＊読書案内　東京消防庁監修『新消防雑学事典』(東京法令出版，1996年).江戸，東京を中心とした消防の歴史，現状が様々な角度から紹介され，放火が不況と無関係でないことも指摘されている.

賭博関係では，ギャンブルとギャンブル依存症の実態について書かれた谷岡一郎『ギャンブルフィーヴァー』(中公新書，1996年)がある.

＊HP案内　東京消防庁 http://www.tfd.metro.tokyo.jp/ 生活安全情報や119番のかけ方の他，上記の雑学事典も読むことができる.

⑳ 賄賂罪
国家制度の侵害は国民の利益の侵害

　国家法益に対する罪の中で最も重要なのが，賄賂罪である．国家を外部から物理力により転覆しようとするのが内乱罪であるのに対し，賄賂罪は，公務員を「買収」することにより，国家（地方自治体を含む）を内部から腐敗させる罪である．戦後最大の賄賂事件はロッキード事件（1976年）であるが，その後も一連の大蔵省汚職事件，日銀汚職事件，厚生省次官汚職事件など，官僚の不祥事が続いた．その結果，平成12年4月から**国家公務員倫理法**が施行され，政治家についても平成12年11月に**あっせん利得処罰法**が制定された．平成13年1月の省庁再編（それに伴う大蔵省の解体）も，これらの汚職事件が大きな契機となっているといえよう．

国家の存立に対する罪と国家の作用に対する罪

　国家法益に対する罪には，国家の存立に対する罪と，国家の作用に対する罪とがある．前者の典型が**内乱罪**（77条）である．その他，外国と通謀して日本に武力行使をさせる**外患に対する罪**（81条，82条）があるが，いずれも現実にはほとんど発生しない．

　現実に問題となるのは，国家の作用に対する罪である．**司法作用**を侵害する類型として，逃走の罪，犯人蔵匿及び証拠隠滅の罪，偽証の罪，虚偽告訴があり，**国家作用一般**を侵害する類型として，公務の執行を妨害する罪，汚職の罪がある．国家の存立に対する罪が外部的侵害から国家を守ろうとするのに対し，国家作用に対する罪は内部からの腐敗・堕落を防止するための規定である．さらに，国家の外交作用に対する罪として，**外国国章損壊罪**（92条）や，外国に対し私的に戦闘行為を行うための予備や陰謀を処罰する**私戦予備・陰謀罪**（93条）がある．

　逃走の罪には，既決，未決の被収容者が自ら逃走する**単純逃走罪**（97条）や暴行等を手段とする**加重逃走罪**（98条）の他，拘禁された者を奪取する**被拘禁者奪取罪**（99条），逃走を助ける**逃走援助罪**（100条）などが規定されて

> 「首相の犯罪」確定
> 嘱託調書 証拠能力は否定
> ロッキード事件（丸紅ルート）最高裁判決
> 桧山被告らの上告棄却
> 田中元首相 5億円収賄 職務権限広く解釈
> 判決理由の骨子
>
> 1995. 2. 23（日経）

いる．これに対し**犯人蔵匿・犯人隠避罪**(103条)は，罰金以上の刑に当たる罪を犯した者や拘禁中逃走した者をかくまったり，逃走資金を与えたりする行為である．**証拠隠滅罪**(104条)は他人の刑事被告事件に関する証拠を隠滅する行為で，自己の事件については処罰されない．身内をかくまう行為は期待可能性が減少すると考えられるので，親族の間で蔵匿，隠滅する行為も処罰しない(105条)．さらに昭和33(1958)年に刑事事件の証人や親族に圧力を加える行為を罰する**証人威迫罪**(105条の2)が新設された．

身代わり犯人と犯人隠避　「隠避」とは匿うこと（蔵匿）以外の方法で犯人の発見逮捕を免れさせることをいい，身代わり犯人を立てることもこれに当たる．たとえ真犯人が逮捕された後であっても，捜査の円滑な遂行に支障を生じさせるので，隠避となる．犯人自身が身を隠す行為は103条に当たらないが，他人に命じて身代わりとして出頭させれば，犯人自身にも103条の教唆犯が成立する．

偽証罪には，法律により宣誓した証人が虚偽の陳述をする**偽証罪**(169条)と**虚偽鑑定・通訳罪**(171条)がある．また**虚偽告訴の罪**(172条)は，人に刑事または懲戒の処分を受けさせる目的で，虚偽の告訴，告発をする行為である．

公務員犯罪

収賄罪は，賄賂を贈る行為(贈賄罪)，受け取る行為(収賄罪)の両方を処罰するが，収賄罪は公務員のみが主体となる身分犯である．公務員が主体となる犯罪は，収賄罪以外にも，職権濫用罪(193条)，虚偽公文書作成罪(156条)，公務員の秘密漏泄罪(地方公務員法34条等)がある．このうち，公務員の職務に関する罪とされるのが，賄賂罪と職権濫用罪であり，**汚職の罪**と呼ばれる．国家ないし地方公共団体を構成する公務員が腐敗し，国家作用を侵害することを防止するための規定で，①国家・地方公共団体の作用一般の公正さを保護すると同時に，②公務の公正さに対する国民の信頼を守ろうとするものである．

> **公務員** 公務員とは，「国または地方公共団体の職員その他法令により公務に従事する議員，委員，その他の職員をいう」(刑法7条I項)．ただし，公務員とみなされる職種は多く，公社，公団，公庫などの一部職員の他，民営化されたNTT，JR職員も，特別法により賄賂罪に関しては公務員と同様の扱いとなる(日本電信電話株式会社法18条，旅客鉄道株式会社法16条)．公務員は，清廉さが求められ民間人にはない犯罪の主体となる側面がある一方，その公務が一般の業務よりも厚く保護されるという側面もある(**公務執行妨害罪**95条I項)．

職権濫用罪は，公務員が職権を濫用して他人の権利を侵害した場合で，検察，警察等の特別公務員については，特に重く処罰する規定として**特別公務員職権濫用罪**(194条)及び**特別公務員暴行陵虐罪**(195条)が設けられている．職権濫用罪は起訴率が非常に低いが，検事の取り調べ中の暴行(東京地判平成6・6・1)，警察官による所持品検査を装ったパトカー内でのわいせつ行為(大阪地判平成5・3・25判タ831・246)，警察官が逮捕の際，抵抗する被害者に発砲して死亡させた行為(最決平成11・2・17刑集53・2・64)な

どにつき195条の適用が認められている．

賄賂罪の現状

　賄賂罪は直接の被害者がいないこともあり，非常に暗数が多いといわれている．昭和50年代，60年代のロッキード事件，リクルート事件，さらに一連の官僚の不祥事など，近年は大事件が目立つが，賄賂罪の検挙人員の推移は，昭和24(1949)年をピークとして，年々減少し，近年は横ばい状態が続いている．

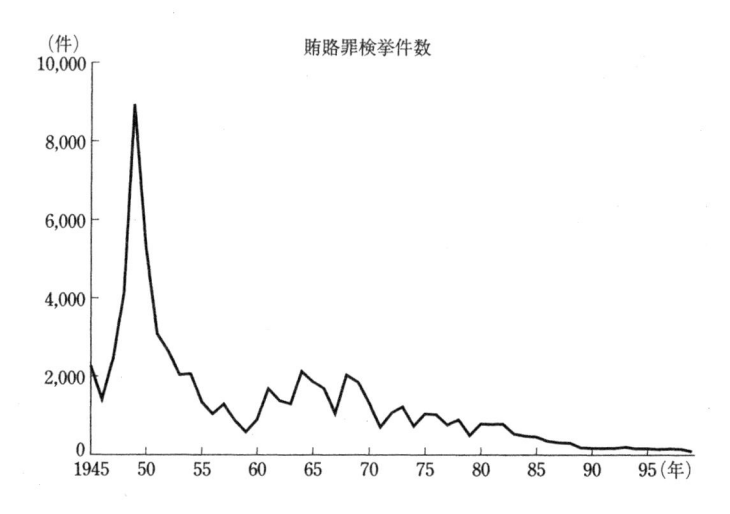

賄賂罪検挙件数

　単純収賄罪以外の収賄罪の各類型は，成立要件が厳格で，特に「請託」(→228頁)は密室でなされるため立証は困難であるとされてきた．このた

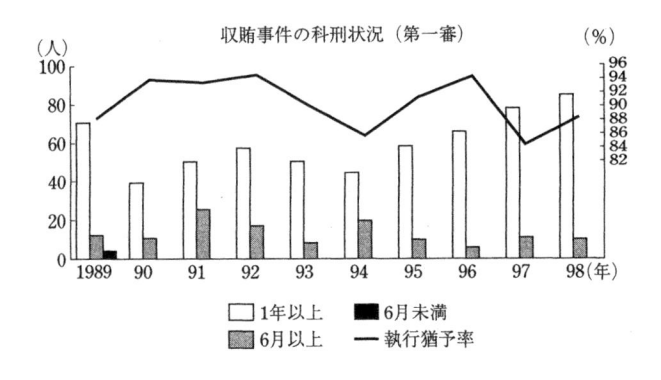

収賄事件の科刑状況（第一審）

□ 1年以上　　■ 6月未満
▨ 6月以上　　― 執行猶予率

め，1998年の収賄罪の有罪人員95人の内，単純収賄が70人(73.7%)であるのに対し，受託収賄13人，事前収賄1人，加重収賄6人，あっせん収賄は5人となっている．また，収賄罪は執行猶予の率が高い．

地方公務員・種類別賄賂検挙人員
(1998年(内)，99年(外)／計83人，63人)

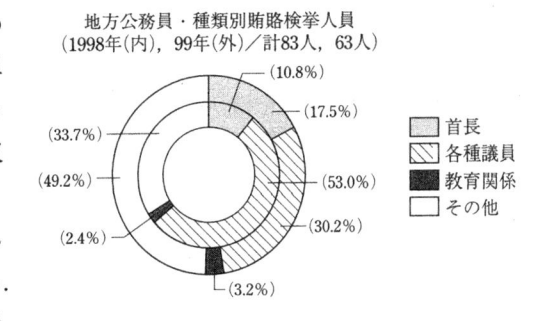

(10.8%)
(17.5%)
(33.7%)
(49.2%)
(53.0%)
(30.2%)
(2.4%)
(3.2%)

□ 首長
▨ 各種議員
■ 教育関係
□ その他

公務員の種類別にみると地方公務員の数は，数の上では国家公務員115万人に対し約2.5倍の280万人であるが(1999年)，収賄罪の検挙人員(1999年)は国家公務員1名に対し地方公務員50名と格段に多い．地方公務員の中では，首長，各種議員など，公選公務員の割合が特に高い．

公務員の地位別に見ると，係長が最も多く，年齢で見ると50歳代が最多で4割を占め，次いで40歳代，60歳代(各25%)となっている．一方贈賄側の職種は，建設業が多い(17%)．

賄賂罪の構造

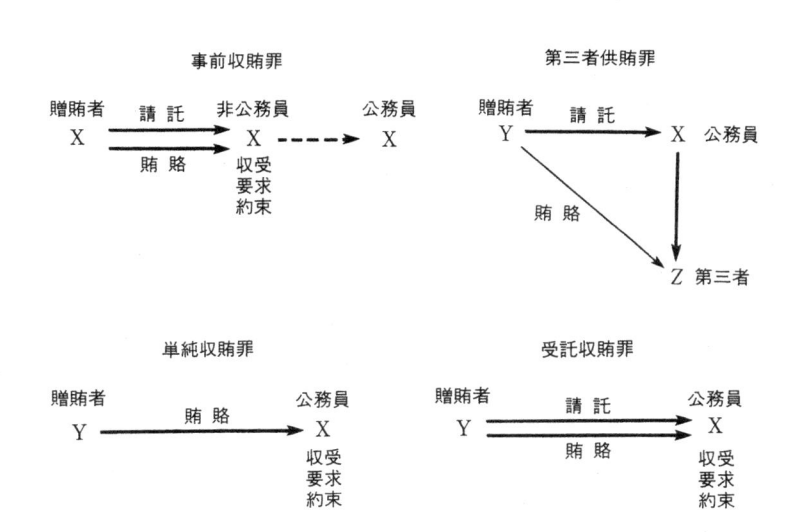

事前収賄罪

贈賄者　請託　非公務員　　公務員
X　　　　　　　X ---→ X
　　　　賄賂　　収受
　　　　　　　　要求
　　　　　　　　約束

第三者供賄罪

贈賄者　請託　　　　　X 公務員
Y　　　　　　　　
　　　賄賂　　
　　　　　　　　　　Z 第三者

単純収賄罪

贈賄者　賄賂　公務員
Y　　　　→　X
　　　　　　収受
　　　　　　要求
　　　　　　約束

受託収賄罪

贈賄者　請託　公務員
Y　　　　　　X
　　　賄賂　　収受
　　　　　　　要求
　　　　　　　約束

単純収賄罪(197条Ⅰ項前段, 5年以下の懲役)は, 公務員がその職務に関して賄賂を収受等する犯罪で, 要求, 約束しただけでも成立する. さらに, 職務に関し一定の行為を行うことを依頼され(**請託**という), 賄賂を収受, 要求, 約束する罪が**受託収賄罪**(197条Ⅰ項後段, 7年以下の懲役)である.

公務員になろうとする者(議員の立候補者など)が, 請託を受けて賄賂を収受・要求・約束する罪が**事前収賄罪**(197条Ⅱ項, 5年以下の懲役)で, 実際に公務員となった場合にのみ処罰される. **第三者供賄罪**(197条の2, 5年以下の懲役)は, 請託を受けて, 第三者に賄賂を与えさせ, あるいはそれを要求・約束する行為を罰する.

賄賂罪は当然なすべき公務を行ったとしても, それに関して賄賂を収受等すれば成立するが, さらに不正な行為した場合にはより重く処罰される(**加重収賄罪**, 197条の3Ⅰ項, Ⅱ項, 1年以上の有期懲役). 2つの類型があり, 賄賂収受後に不正行為を行う場合(**事前加重収賄**)と, 不正行為後に収受する場合(**事後加重収賄**)とがある. 不正行為には, 密かに入札価格を教えるというように積極的に不正行為をする場合の他, 被疑者を送検しないというように相当な行為をしないことも含む.

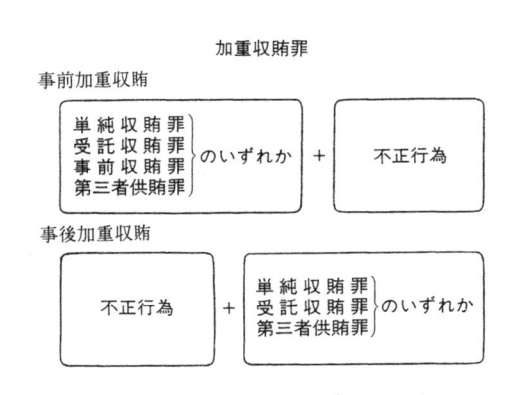

加重収賄罪

事前加重収賄

{単純収賄罪／受託収賄罪／事前収賄罪／第三者供賄罪} のいずれか ＋ 不正行為

事後加重収賄

不正行為 ＋ {単純収賄罪／受託収賄罪／第三者供賄罪} のいずれか

事後収賄罪(197条の3Ⅱ項, 5年以下の懲役)は, 退職後, 在職中の職務違反行為に関して賄賂を収受, 要求, 約束する行為をいう. また, 最近特に問題となっている**あっせん収賄罪**(197条の4, 5年以下の懲役)は, 公務員が請託を受け, 他の公務員に対し, 職務上不正の行為をさせたり, 相当の行為をしないようにあっせんしたり, そのようにあっせんしたことの報酬と

事後収賄罪

Y（贈賄者）—請託→ X（公務員）---賄賂--→ X（非公務員）収受・要求・約束

あっせん収賄罪

Y（贈賄者）⇔ 請託／賄賂 ⇔ X（公務員）収受・要求・約束
↓ 不正行為の斡旋
Z（他の公務員）

あっせん利得処罰法成立

「口利き政治」どう変わる？

橋・道路から就職まで
全部断れば落選する

歓迎ムードの省庁に
「潜在化」指摘の声も

私設秘書は対象外に
野党「ざる法」と批判

権限に基づく影響力 焦点

2000.11.23（読売）

して，賄賂を収受・要求・約束する罪である．元建設大臣が起訴された事件では，建設業界団体から要請を受け，公正取引委員会に対し，談合による刑事告発を思い止まるようにあっせんしたとして一審で1年6月の実刑判決が出されている（東京地判平成9・10・1判時1627・47）．

> **あっせん利得罪** いわゆる，「口利き政治」を封ずることを目的として平成12年11月に成立したのが**あっせん利得処罰法**である．この罪は議員が①行政機関の行う契約や処分に関して，②請託を受けて，③公務員にあっせんし，④報酬として財産上の利益を収受することにより成立する．本罪の特色は，あっせん収賄罪のように「不正行為」についてのあっせんでなくとも成立する点にあり，そのため法定刑も軽い（3年以下の懲役）．しかし立証が困難とされる「請託」が必要な上，第三者供賄罪のような規定がないため，政治家周辺の者に対する利益供与は本罪に当たらないおそれがある．また，行政指導についての口利きも含まれない．実効性は今後の運用次第であるが，新立法の眼目は，「口利き」が犯罪であることを，従来以上に明確に宣言したことにある．

社交的儀礼と賄賂

賄賂とは職務に対する不法な報酬としての利益一般をいう．職務と対価関係に立つことが必要である．利益であれば，金銭や物品のような財産的なものばかりでなく，非財産的な利益（異性間の情交や職務上の地位の提供）も含む．接待や饗応が含まれるのはもちろん，その他担保の提供や保証を引き受けること，家屋の無償の貸与等もある．また，議員の秘書や工事現場の事務員として人員を派遣することも賄賂に当たる．**リクルート事件**(1988〜89年)で問題となったのは，値上がり確実な未公開株を，見込み価格より安く譲り受けた行為であった．このように，供与の対象となる利益が，供与の時点で確定していない場合や，将来生ずる場合であってもよい．

しばしば問題となるのが，香典や歳暮のような**社交的儀礼と賄賂の限界**である．たとえ名目が「歳暮」であったとしても，常識の範囲を超えれば賄賂性を帯びる．刑法上何円以上が賄賂に当たるという線引きはない．

金額の多寡も判断基準の1つではあるが，職務外の交際がある場合には賄賂性が否定されることが多い．たとえ中元や歳暮であっても単なる「社

交的儀礼」とされるとは限らず，当時者間の関係が職務上のつながりに過ぎず，「職務に関し」授受された場合には，賄賂性を生ずる．

近年の判例上賄賂とされたものとしては，厚生省事務次官が福祉団体から6,000万円以上が供与された事例が賄賂に当たるとされた（東京地判平成10・6・24判時1650・38）他，大蔵省証券局，銀行局課長補佐が，証券会社・銀行から5年間に計約350万円の飲食・ゴルフ接待を受けたもの（東京地判平成10・11・13判時1667・153），警視庁警部が証券会社から4年間に計約440万円の飲食接待を受けた行為（東京地判平成10・12・1判時1013・239），日銀調査役，証券課長が銀行から4年間に計約400万円の飲食・ゴルフ接待を受けた行為（東京地判平成10・12・15判時1666・146），日本道路公団理事が証券会社・銀行から2年間に計約720万円の飲食・ゴルフ接待を受けた行為（東京地判平成10・12・24判時1673・152）などがある．しかし，より金額が小さい場合でも賄賂罪は成立する．警察官が信号機業者に交通費など計約40万円を肩代わりさせるなどした場合でも，賄賂罪の成立が認められている（佐賀地判平成12・8・1，朝日新聞夕刊）．

国家公務員倫理法　平成12年4月より施行された国家公務員倫理法は，本省課長補佐級以上の職員が事業者等から5,000円を超える贈与等を受けた場合に省庁の長に報告する義務を課し，また同法施行規則は利害関係者から金品はもちろん，金銭や不動産の貸付け，役務の提供を受けることを禁止し，さらに「割り勘」であっても共に飲食，ゴルフ，旅行などをすること自体を禁じている．ただし，多数人の参加する立食パーティーへの参加や，会議等で茶菓や簡素な飲食の提供を受けることは認められている．倫理法，施行規則の基準がそのまま賄賂罪成立の基準となるわけではないが，一応の目安にはなろう．

賄賂との限界がしばしば問題となるものに，**政治献金**がある．政治資金規制法の対象となる政治献金であっても，理論的には，賄賂となる場合はある．政治資金規正法と刑法上の賄賂とは別の観点による規制だからである．政治資金規正法の範囲内（例えば量的規制の範囲内）であっても，その政治家の政治活動全般に対する支援の趣旨ではなく，何らかの具体的利益を期待する趣旨で金品を渡せば，賄賂に当たる．「政治資金」という名目で渡されても，職務行為との対価性（つまり具体的な見返りを期待しての金品の

交付)があれば，賄賂性は否定されない．

ロッキード事件とリクルート事件

ロッキード事件は，政界トップの前総理大臣が逮捕される大事件であった．同事件は，運輸大臣の受託収賄が問題となった全日空ルートと，総理大臣の受託収賄が問われた丸紅ルートがあったが，ロッキード社が直接贈賄にかかわったのは丸紅ルートであった．総理大臣の収賄に関しては，高裁で有罪判決が出されている(東京高判昭和62・7・29高刑集40・2・77，東京地判昭和58・10・12刑事裁判月報15・10・521．高裁は一審の懲役4年，追徴金5億円を維持した)．元首相は上告中に死亡したため，公訴棄却となったが，上告審判決で，同ルートの贈賄側である丸紅の前会長の有罪が維持され，元首相の収賄罪についても事実上の有罪が確定した(最決平成7・2・22刑集49・2・1)．

ロッキード事件の最大の焦点は，総理大臣の職務権限であった．収賄罪は「職務に関し」金品を受ける行為であるから，民間航空機の導入に関する行政指導が「職務権限」の範囲内の事項かが争われたのである．高裁は，運輸大臣に対する総理大臣の指揮監督は職務権限に属し，また総理大臣が運輸大臣の頭越しに航空会社に対し働きかける行為は職務に密接関連する行為であるとし，収賄罪の成立を認めた．

リクルート事件も，官房長官の収賄が問題となった政界ルート，労働省局長及び担当係官の収賄が問題となった労働省ルート，**NTT**の元会長が被告人となった**NTT**ルート(東京地判平成2・10・9判時1372・45)がある．労働省ルートでは，労働省職安局長の就職情報誌の法規制に関する行政指導が問題となり，職務権限が認められた(東京地判平成4・3・24判タ798・79)．また官房長官に関しては，国家公務員の採用に関する事務は，官房長官の職務権限に属するとされた(最決平成11・10・20刑集53・7・641)．

政治家，官僚両者に関し，大型収賄事件が多発したことから，近年官僚に関する国家公務員倫理法，政治家に関するあっせん利得処罰法が制定された．収賄罪の検挙人員が1998年の82人から99年には62人と減少しているのは，賄賂に関する国民の目が厳しくなっていることの現れとも思われる．

なお，平成10年より外国の公務員に対する贈賄罪が処罰の対象となった(不正競争防止法10条の2)．

＊読書案内 国家公務員倫理審査会編『国家公務員倫理教本』(大蔵省印刷局，2000年)は，倫理法のいわゆる解説パンフレットであるが，事業者側にとっても参考となる．利害関係者であっても「私的関係」があれば香典等を受領することも例外として許されるが，その私的関係とは例えば「高校時代からの友人」でなければならないなど，具体例がイラスト付きで紹介されている．厚生省事務次官の事件(→231頁)で，弁護側は業者との「友人関係」を主張したが，友人といえるためには就職前からのつきあいが必要だということになろう．

賄賂罪の捜査は，検察庁の中の特捜部で行われることが多い．特捜部の歴史，任務，実態につき鮮やかな切り口で示したのが魚住昭『特捜検察』(岩波新書，1997年)である．また，戦後最大の賄賂事件であるロッキード事件につき，立花隆『田中角栄研究全記録(上・下)』(講談社文庫，1982年)がある．

索引

あ
悪徳商法　189
預り金の禁止　190
あっせん収賄罪　228
あっせん利得罪　230
あへん煙に関する罪　218
アメリカの少年法改正　93
安否を憂慮する者　169
安楽死　147

い
遺棄　150
遺棄罪　150
遺失物等横領罪（占有離脱物横領罪）　182
委託物横領罪　182
イタリア学派　100
一事不再理効　69
一部実行の全部責任の原則　139
一厘事件　116
一般刑法　2
一般予防論　103
違法性　113
違法阻却事由　129
医療過誤　157
威力業務妨害罪　175
因果関係　120
因果関係の錯誤　125
因果的共犯論　140
印章偽造罪　200
インターネット　220
インフォームド・コンセント　132
飲料水に関する罪　218

う
丑の刻参り　118

え
HIV薬害事件　158
営利，わいせつ，結婚目的略取・誘拐罪　167

お
応報刑論　98, 102
オウム信者監禁事件　167
往来危険罪　218
往来妨害罪　217
横領罪　182
御定書百箇条　95, 178, 188
汚職の罪　225
おとり捜査　23
小野清一郎　102
泳がせ捜査　23
オレンジ共済事件　189

か
カード犯罪　189, 193
概括的故意　126
外患に対する罪　223
外国国章損壊罪　223
外国通貨偽造罪　202
外国の公務員に対する贈賄罪　233
改正刑法草案　10
改訂律例　95
回避可能性　161
替え玉受験　207
覚せい剤　24
拡張解釈　109
確定的故意　123
過失犯　160
加重収賄罪　228
過剰避難　136
過剰防衛　135
家庭裁判所　62, 87, 88

235

家庭裁判所調査官　90
仮刑律　95
仮釈放　78
科料　72, 79
簡易裁判所　62
管轄　63
監禁　166
監禁罪　166
監獄法　55
慣習刑法の否定　106
間接証拠　65
間接正犯　119
間接領得罪　184
カント　98
監督過失　163

き

毀棄罪　178
毀棄説　215
偽計業務妨害罪　175
危険犯　117
偽証罪　225
キセル乗車　193
起訴　57, 59
偽造　201
偽造罪　199
起訴状　59
起訴状一本主義　59
起訴便宜主義　57
起訴率　55
規範的構成要件要素　112
欺罔行為　181, 191
逆送　89
客体の錯誤　125
客観的帰責　120
旧過失論　161
求刑　69
急迫　134
旧派(古典派)刑法学　98
糾問的捜査観　45
凶悪犯罪　3, 6
教育刑論　101
恐喝罪　182
教唆　140
教唆犯　139
供述証拠　65
強制執行妨害　22

強制捜査　46
強制わいせつ罪　170
共同正犯　139
共犯　139
業務　161
業務行為　131
業務上横領罪　182, 194
業務上過失致死傷罪　155
業務妨害罪　174
虚偽鑑定・通訳罪　225
虚偽公文書作成罪　205
虚偽告訴の罪　225
挙動犯　117
緊急逮捕　46, 52
緊急避難　136
禁錮　72, 76
金融商品販売法　191

く

偶然防衛　135
具体的危険犯　117
具体的事実の錯誤　125
具体的符合説　125
虞犯　87
クレジット・カード詐欺　189

け

傾向犯　171
警察　41
警察官職務執行法　44
警察刷新会議　52
形式主義　205
刑事未成年　137
競売入札妨害　22
刑罰　71
刑罰論　102
競馬法　131, 221
刑法の改正　9
刑法の不遡及　106
KKC事件　189
下手人　179
結果　116
結果回避義務　161
結果犯　117
結果無価値論　113
結果予見義務　161
決闘　66

原因説　121
喧嘩両成敗　134
検挙　8
検挙率　5
現行犯逮捕　46, 51
現在の危難　136
検察　53
検察官　53
検察審査会　32, 56, 58
けん銃　23
現住建造物　214
現住建造物放火罪　213
検証　49
建造物等以外放火罪　213
現物まがい商法　189, 190
権利侵害説　98

こ

故意　123
故意処罰の原則　123
行為　117
行為共同説　139
行為無価値論　113
強姦罪　170
公共の危険　213
拘禁者奪取罪　223
行使の目的　203
公衆の安全に対する罪　212
公衆の健康に関する罪　218
構成要件　111, 115
公然わいせつ罪　219
控訴　69
公訴権濫用論　60
拘置所　55
交通反則通告制度　9
強盗罪　180
強盗強姦罪　180
高等裁判所　62
校内暴力　91
公判　60
公判記録の閲覧　32
公判請求　55
交付行為　181
公務員　225
公務員職権濫用罪　225
公務員犯罪　225
効用喪失説　215

勾留　54
拘留　72
勾留理由開示　54
国外移送目的略取・誘拐罪　167
国際航業事件　196
国選弁護人　51, 64
告訴　44
告発　44
個人情報保護基本法大綱　172
個人責任の原則　116
個人法益に対する罪　143
国家公務員倫理法　231
国家訴追主義　57
国家の作用に対する罪　223
国家の存立に対する罪　223
国家法益に対する罪　144
コントロールド・デリバリー　25
コンピュータ犯罪　36

さ

罪刑専断主義　96
罪刑法定主義　98, 105, 106
最高裁判所　62
財産刑　71
財産上の利益　184
財産犯　177
最終弁論　69
再審　70
財物　184
詐欺罪　181, 188
先物取引　190
作為義務　119
錯誤　124
差押　47
サッカーくじ　221
殺人罪　147
三権分立　109
参審制　63
三兆候説　145
三分説　112, 143

し

資格の冒用　207
死刑　72, 75, 76
事件処理　55
事後強盗罪　180
事故死　154

事後収賄罪	228	宗教感情に関する罪	219
事後法の禁止	107	住居権者	171
死罪	178	住居侵入罪	171
自殺関与罪	147	自由刑	71
自殺行為	132	自由心証主義	66
事実上の支配	179	従属性説	140
事実の錯誤	125	従犯	139
死者の占有	180	修復的司法	33
自首	73	銃砲刀剣類所持等取締法	23
自署性	207	収賄罪	225
私人訴追	57	主観主義的犯罪論	102
事前収賄罪	228	主刑	72
自然犯	7	手術	159
私戦予備・陰謀罪	223	受託収賄罪	228
実行行為	117	出資法	190, 192
実行従属性	140	出水罪	216
実行の着手	137	準起訴手続	56
執行猶予	74	準強制わいせつ・準強姦罪	171
執行力	69	傷害罪	149
実質主義	205	条件関係	121
実質的違法阻却	129	条件説	121
実体的デュー・プロセス	108	証拠隠滅罪	224
自転車競技法	131, 221	上告	69
児童虐待	149	証拠物	65
児童虐待防止法	35	証拠法	65
自動車検問	45	証拠方法	65
自動車交通事故	155	焼損	215
児童自立支援施設	90	証人	65
児童買春・児童ポルノ処罰法	33	証人威迫罪	224
忍び返し	134	証人尋問	32
自白	66	少年	9, 85
自白法則	67	少年院	90
司法警察員	41	少年簡易送致	8
司法巡査	41	少年鑑別所	90
事務処理者	183, 195	少年審判	88
指名手配	51	少年犯罪	83
社会秩序	212	少年非行	87
社会的相当性説	129	少年法	9, 87, 92
社会防衛論	101	消費者契約法	191
社会法益に対する罪	143, 211	情報	172, 185
社交的儀礼	230	条例	107
写真撮影	46	触法行為	87
惹起説	140	職務権限	232
自由	165	職務質問	44
重過失	161	所持品検査	44
銃器	23	書証	65
宗教活動と詐欺罪	193	処断刑	73

職権主義　59
職権濫用罪　225
処分行為　192
人格の同一性　207
新過失論　161
人工妊娠中絶　130, 145
新宿騒乱事件　212
信書開封罪　172
心神耗弱　137
心神喪失　137
真正不作為犯　119
親族相盗例　184
迅速な裁判　65
身体刑　71
シンナー　24, 86
侵入窃盗　18
新派(近代派)刑法理論　100
神判　66
審判　88
審判不開始　90
信用毀損罪　174
信頼の原則　162
心理強制説　98
新律綱領　95

す

水利妨害罪　216
ストーカー規制法　35

せ

性格責任論　101
政治献金　231
青少年保護育成条例　34
請託　228
性的自由に対する罪　170
正当防衛　133
性と犯罪　15
生命刑　71
生来性犯罪人説　100
政令　107
責任　113
責任共犯論　140
責任主義　113
責任能力　137
接見　50
絶対的応報刑論　103
絶対的不定期刑の禁止　106

窃盗罪　179
全件送致主義　87
先行行為　120
宣告刑　73
専断的治療行為　132
占有　179
占有離脱物横領罪(遺失物等横領罪)　179

そ

訴因　60
総会屋　187
臓器移植法　145
送検　53
捜査　45, 54
捜索　47
捜査の端緒　44
相対的応報刑論　103
相当因果関係説　121
騒乱罪　212
贈賄罪　225
措置入院　130, 137
即決裁判　9
損害回復的司法　33
尊厳死　147

た

耐火性建造物　215
第三者供賄罪　228
胎児　145
逮捕　49, 166
逮捕・監禁罪　166
ダイヤルQ^2　220
代用監獄　55
代理代表名義の冒用　207
宝くじ　221
多衆　212
堕胎罪　145
奪取罪　182
たぬき・むじな事件　124
弾劾的捜査観　45
単純収賄罪　227
単純逃走罪　223

ち

地下鉄サリン事件　126
地方型犯罪　12
地方裁判所　62

注意義務違反　160
中止犯　138
抽象的危険犯　117
抽象的事実の錯誤　125, 126
抽象的符合説　127
中断論　121
懲役　72, 76
直接領得罪　184

つ

追徴　80
通貨偽造罪　200
通貨発行権　200
通常逮捕　50
通信傍受　47
釣り銭詐欺　194

て

DNA鑑定　68
ディバージョン　8
テレホンカード　203
電気窃盗　110
電子計算機使用詐欺罪　181
電子計算機損壊等業務妨害罪　175
電磁的記録　209
電磁的記録不正作出・供用罪　203, 209
伝聞証拠　65
伝聞法則　67

と

同意傷害　132
同害報復　103
東京相互銀行事件　196
投資顧問詐欺　189
当事者主義　59
逃走援助罪　223
盗聴　172
当番弁護士制度　51
盗品等に関する罪　86, 184
図画　209
徳島市公安条例事件　109
特定商取引に関する法律　190
毒物及び劇物取締法　86
特別刑法　2, 7
特別公務員暴行陵虐罪　225
特別背任罪　195
特別予防論　103

独立性説　140
独立燃焼説　215
都市型犯罪　12
賭博罪　220
富くじ罪　220
ドメスティック・バイオレンス　150
豊田商事事件　188
図利加害目的　183

な

内乱罪　223
ナポレオン刑法典　97

に

任意捜査　46
認識ある過失　161
認識なき過失　161
人証　65
認知件数　6
任務違背行為　183

ね

ネズミ講　188, 190, 192
年齢と犯罪　14

の

脳死　145

は

ハイジャック防止法　168, 218
陪審制　63
陪席判事　64
背任罪　183, 194
破壊活動防止法　213
パチンコカード　203
罰金　72, 79
発射罪　23
犯行時間　13
犯罪共同説　139
犯罪行為　87
犯罪の地域的特色　12
犯罪被害者　31, 32
犯罪被害者給付金制度　32
犯罪率　2
犯罪論　102, 111
犯人蔵匿・犯人隠避罪　224

ひ

PTSD　149
被害者　31
被害者なき犯罪　220
被害者の同意　132
被害者保護法　31, 32
被疑者国選弁護制度　51
非供述証拠　65
非現住建造物　215
非現住建造物放火罪　213
被告人　60
被告人質問　65
微罪処分　8
非常救済手続　70
ピッキング　178
必要的弁護事件　64
人　144
人クローン技術規制法　145
人質強要罪　168
人の健康に係る公害犯罪の処罰に関する法律　218
秘密漏示罪　172

ふ

不安感説（危惧感説）　162
風俗秩序に対する罪　218
フェリー　101
フォイエルバッハ　98
不確定的故意　123
付加刑　72
不作為の因果性　119
不作為犯　119
侮辱罪　174
不処分　90
不真正不作為犯　119
付審判手続（準起訴手続）　56, 58
不正アクセス禁止法　37, 181
不正電磁的記録供用罪　203
不正融資　183, 195
物証　65
不能犯　138
不法共犯論　140
不法領得の意思　180
不保護　150
フランス学派　101
不利益変更の禁止　69

プリペイドカード　203
文書　209
文書偽造罪　205

へ

併合罪　73
平和相銀事件　195
ヘーゲル　98
ベーリング　111
ベッカリーア　97
変造　201

ほ

ボアソナード　95
保安処分　72
防衛の意思　135
法益　143
法益衡量説　129
法益侵害説　113
放火罪　213
法規範違反説　113
冒険的取引　197
暴行罪　149
幇助　139, 140
法人処罰　116
法曹一元制度　63
傍聴　32
法定刑　73
法定証拠主義　66
法定的符合説　125
法定犯　7
冒頭陳述　64
冒頭手続　64
法の華三法行　193
方法の錯誤　125
法律主義　107
暴力団対策法　22
暴力団犯罪　21
法令行為　130
補強証拠　67
保護観察　74, 75, 90
保護観察官　90
保護司　90
保護主義　92
保護法益　143
保釈　61
補充性　136

索引　241

ま

母体保護法　130, 145
没収　72, 80
ホテルニュージャパン事件　164
ポリグラフ検査　68

ま

牧野英一　101
町火消　216
マネー・ローンダリング　25
麻薬　25
麻薬及び向精神薬取締法　25
マルチ商法　190
万引き　18

み

みかじめ料　22
身代わり犯人　224
未遂犯　137
未成年者略取・誘拐罪　167, 168
三鷹事件　218
身の代金目的略取・誘拐罪　167, 169
未必の故意　123

む

無形偽造　205
無差別大量殺人行為を行った団体の規制に関する法律　213

め

明確性の理論　108
名義人　205
名義人の承諾　206
名誉毀損罪　173
名誉刑　71
メーデー事件　212

も

燃え上がり説　215
目的刑論　103
黙秘権　46, 54
模造罪　201
森永砒素ミルク事件　162, 163

や

薬物犯罪　24

ゆ

誘拐　167
有価証券偽造罪　203
有形偽造　205
許された危険　162

よ

要素従属性　141
予見可能性　161, 163
よど号乗っ取り事件　168
予備　137
夜型犯罪　14

ら

来日外国人犯罪　25

り

リクルート事件　230, 232
リスト　101
略式手続　55
略式命令　9
略取・誘拐罪　167
量刑　74
領得罪　178
両罰規定　116
履歴書　209

る

類推解釈の禁止　106, 109
累犯　73

ろ

ロッキード事件　232
論告　69
ロンブローゾ　100

わ

わいせつ画像とインターネット　220
わいせつの目的　171
わいせつ物頒布等罪　219
賄賂罪　226
和牛商法　190

著者略歴
1955 年　東京に生れる
1979 年　東京都立大学法学部卒業
現　　在　首都大学東京 法科大学院教授，法学博士

主要著書
『財産犯論の研究』1988 年，日本評論社
『主観的犯罪要素の研究』1992 年，東京大学出版会
『詐欺罪の研究』2000 年，東京都立大学出版会
『刑法　第 2 版』2002 年，東京大学出版会
『演習刑法』2003 年，東京大学出版会

刑事法入門　第 2 版

1995 年 12 月 15 日	初　版第 1 刷
2001 年 3 月 23 日	第 2 版第 1 刷
2007 年 3 月 30 日	第 2 版第 5 刷

［検印廃止］

著　者　木村　光江
　　　　 きむら　みつえ

発行所　財団法人　東京大学出版会
代表者　岡本和夫
113-8654　東京都文京区本郷 7-3-1 東大構内
電話 03-3811-8814・振替 00160-6-59964

印刷所　株式会社平文社
製本所　株式会社島崎製本

Ⓒ 2001 Mitsue Kimura
ISBN 978-4-13-032322-2　Printed in Japan

Ⓡ〈日本複写権センター委託出版物〉
本書の全部または一部を無断で複写複製（コピー）することは，著作権法上での例外を除き，禁じられています．本書からの複写を希望される場合は，日本複写権センター（03-3401-2382）にご連絡ください．

本書はデジタル印刷機を採用しており、品質の経年変化についての充分なデータはありません。そのため高湿下で強い圧力を加えた場合など、色材の癒着・剥落・磨耗等の品質変化の可能性もあります。

刑事法入門 第2版

2020年9月15日　発行　④

著　者　木村光江

発行所　一般財団法人　東京大学出版会
　　　　代 表 者　吉見俊哉
　　　　〒153-0041
　　　　東京都目黒区駒場4-5-29
　　　　TEL03-6407-1069　FAX03-6407-1991
　　　　URL　http://www.utp.or.jp/
印刷・製本　大日本印刷株式会社
　　　　URL　http://www.dnp.co.jp/

ISBN978-4-13-009085-8
Printed in Japan
本書の無断複製複写（コピー）は、特定の場合を除き、
著作者・出版社の権利侵害になります。